DANS LA LUNE

CALMANN LÉVY, ÉDITEUR

ŒUVRES COMPLÈTES

D'ALPHONSE KARR

Format grand in-18.

A BAS LES MASQUES!...	1 vol.	MENUS PROPOS......	1 vol.
A L'ENCRE VERTE.....	1 —	MIDI A QUATORZE HEURES.	1 —
AGATHE ET CÉCILE ...	1 —	NOTES DE VOYAGE D'UN CA-	
L'ART D'ÊTRE MALHEUREUX.	1 —	SANIER.........	1 —
AU SOLEIL........	1 —	ON DEMANDE UN TYRAN..	1 —
BOURDONNEMENTS.....	1 —	LA PÊCHE EN EAU DOUCE	
LES CAILLOUX BLANCS DU		ET EN EAU SALÉE....	1 —
PETIT POUCET.....	1 —	PENDANT LA PLUIE.....	1 —
LE CHEMIN LE PLUS COURT.	1 —	LA PÉNÉLOPE NORMANDE.	1 —
CLOTILDE.........	1 —	PLUS ÇA CHANGE.....	1 —
CLOVIS GOSSELIN......	1 —	..... PLUS C'EST LA MÊME	
CONTES ET NOUVELLES ..	1 —	CHOSE........	1 —
LE CREDO DU JARDINIER.	1 —	LES POINTS SUR LES I....	1 —
LES DENTS DU DRAGON..	1 —	POUR NE PAS ÊTRE TREIZE.	1 —
DE LOIN ET DE PRÈS...	1 —	PROMENADES AU BORD DE	
DIEU ET DIABLE......	1 —	LA MER........	1 —
ENCORE LES FEMMES...	1 —	PROMENADES HORS DE MON	
EN FUMANT........	1 —	JARDIN........	1 —
L'ESPRIT D'ALPHONSE KARR	1 —	LA PROMENADE DES AN-	
FA DIÈSE.........	1 —	GLAIS.........	1 —
LA FAMILLE ALAIN....	1 —	LA QUEUE D'OR.....	1 —
LES FEMMES........	1 —	RAOUL.........	1 —
FEU BRESSIER.......	1 —	ROSES NOIRES ET ROSES	
LES FLEURS........	1 —	BLEUES........	1 —
LES GAIETÉS ROMAINES..	1 —	LES SOIRÉES DE SAINTE-	
GENEVIÈVE........	1 —	ADRESSE.......	1 —
GRAINS DE BON SENS ..	1 —	SOUS LES POMMIERS....	1 —
LES GUÊPES........	6 —	SOUS LES ORANGERS...	1 —
HISTOIRE DE ROSE ET DE		SOUS LES TILLEULS....	1 —
JEAN DUCHEMIN.....	1 —	SUR LA PLAGE......	1 —
HORTENSE.........	1 —	TROIS CENTS PAGES....	1 —
LETTRES ÉCRITES DE MON		UNE HEURE TROP TARD..	1 —
JARDIN.........	1 —	UNE POIGNÉE DE VÉRITÉS.	1 —
LE LIVRE DE BORD....	4 —	VOYAGE AUTOUR DE MON	
LA MAISON CLOSE	1 —	JARDIN........	1 —

Imprimerie D. Bardin et Cie, à Saint-Germain. — 2631-83.

DANS LA LUNE

PAR

ALPHONSE KARR

PARIS
CALMANN LÉVY, ÉDITEUR
ANCIENNE MAISON MICHEL LÉVY FRÈRES
3, RUE AUBER, 3

1883
Droits de reproduction et de traduction réservés.

DANS LA LUNE

Une des singularités de l'époque où nous vivons, c'est que la comédie, la satire, le vaudeville, la caricature, la chanson, la « charge » même — sont rendus à peu près impossibles. — Les hommes dits sérieux, juchés dans les « hautes régions du pouvoir », ou ceux aspirant à s'y jucher à leur place, sont tellement ridicules, absurdes, niais, ignorants, dangereusement farces et cruellement cocasses, que les *galimafrés*, les *bobêches*, les *paillasses*, les *jocrisses* n'essayent même pas de les surpasser et ont rarement la chance de les atteindre — si, par hasard, un écrivain gai, un caricaturiste désopilant ont la fortune de tomber sur quelque bêtise, quelque balourdise, quelque boniment audacieux et nouveau, que nos maîtres n'aient pas encore exécutés, ceux-ci ne s'en fâchent pas, ils profitent de l'idée, si bien que deux ou trois jours après, l'écrivain gai, le caricaturiste désopilant n'ont été que de simples prophètes.

On n'a pas oublié les « boniments » de dentistes en plein vent que débitent depuis bientôt un siècle les apôtres de la république — en 1789 il y avait dans ce parti un certain nombre de républicains de bonne foi — du moins pour un temps ; — ils se sont entreguillotinés, puis, parmi les survivants, les uns ont continué à être d'abominables scélérats, de monstrueux assassins.— les autres sont devenus barons et chambellans sous l'empire — en 1830, j'ai encore vu quelques républicains — ceux qui avaient quelque valeur ou beaucoup d'entregent sont devenus ministres, ambassadeurs, préfets, etc. — en 1848, ç'a été la même chose, mais avec moins de républicains — des cinq irréconciliables, trois se disputaient la faveur de Napoléon III — lorsque sous le ministère de l'un d'eux, Émile Ollivier, l'empire tomba.

En 1870 et aujourd'hui, en fait de républicains, il n'y en a pas un — excepté moi.

Quelle prospérité ! devait nous donner la République ; d'abord la liberté, l'égalité, la fraternité pour commencer, puis les impôts diminués, la vie facile et à bon marché, la justice indépendante et égale pour tous. — Ce n'était plus la poule au pot d'Henri IV qu'on nous promettait, c'étaient des dindes truffées.

Vous savez où nous en sommes aujourd'hui — jamais des choses tant promises il n'y a eu aussi peu que sous la prétendue république.

Il y a deux cent cinquante ans, on traita d'extravagances, de folies, d'hallucinations, les ouvrages de Cyrano de Bergerac — lisez-les aujourd'hui, et vous verrez qu'il n'avait fait que deviner et prophétiser les sottises, les énormités, les billevesées, les délires de nos maîtres d'aujourd'hui.

Le démon de Socrate a reçu Cyrano à son arrivée lors de son « voyage dans l'empire de la lune » et l'a pris sous sa protection. — « Je vais, lui dit-il, vous faire souper ; — aussitôt il alla commander le souper, et l'hôte, dit Cyrano, vint nous dire quelque temps après que nous étions servis. On mit le couvert dans ma chambre ; il était très propre, mais je ne vis rien sur la table ; seulement, tout à l'entour, des domestiques empressés sans que je puisse deviner pourquoi — cependant je sentis l'odeur d'un succulent potage, et mon démon m'ayant invité à en manger, je l'assurai que je ne demandais pas mieux — après m'avoir laissé quelques minutes de réflexion : — C'est assez, me dit-il, la bisque d'écrevisses est un ragoût assez pesant ; elle pourrait vous fatiguer l'estomac ; mangeons d'autre chose ; aimez vous la fricassée de poulet ? — aussitôt j'en sentis une, mais je ne voyais rien. — Que diable ! lui dis-je, me parlez-vous de bisque et de fricassée ; où sont-elles ? — Vraiment, me dit mon démon, je vois que vous ignorez qu'on ne vit ici que de fumée, mais on finit par en être rassasié ; — effectivement on servit un rôt, des entremets et du dessert, aussi légers que le premier service ; mais après avoir bien senti tout cela, sans avoir cependant rien vu ni mis sous ma dent, on me dit que j'avais soupé.

— C'est fort bien, dis-je ; mais je vous avoue que je n'aime pas cette manière de se rassasier de fumée, je voudrais sentir quelque chose de plus solide dans ma bouche. — Eh bien! me dit-il, demain ou après-demain, je vous ferai dîner plus solidement, nous avons inventé une poudre dont nous chargeons nos fusils et qui tue, plume, barde de lard et cuit en l'air les alouettes qui tombent ainsi toutes rôties. » Ainsi parlait Cyrano de Bergerac vers l'an 1640.

Aujourd'hui n'est-ce pas ainsi que les soi-disant républicains régalent le peuple?

... De la liberté, en voilà. — Je ne la vois pas. — C'est égal, régalez-vous-en. — Ah! en voilà assez, c'est comme la bisque un mets lourd et indigeste, ça vous fatiguerait l'estomac — mangeons autre chose — la fraternité, etc.; malheureusement jusqu'ici, le peuple, plus patient ou moins hardi que Cyrano, n'en est pas à dire à ses impudents gâte-sauces que leur sale et creuse cuisine le dégoûte, qu'il ne veut plus être nourri de fumée et qu'il veut quelque chose de plus solide à se mettre sous la dent.

Comment cela finira-t-il? Comme toutes nos révolutions; ça commence par la poudre à perlimpimpin et ça finit par la poudre à fusil. — Mais j'ai quelque lieu d'espérer pour cette fois un autre dénouement — j'ai raconté à mes lecteurs par quel hasard, lors du 16 mai, dont nos héros, nos matamores sont sortis si triomphants de quelques hésitations, j'avais appris les cachettes déjà choisies par eux, si bien qu'après la poudre de perlimpimpin, au lieu de la poudre à canon, nous pourrions bien avoir la poudre d'escampette.

Redescendons de la lune sur la terre, et continuons à enregistrer les menus que les soi-disant républicains qui se sont constitués les restaurateurs et cuisiniers de la République, continuent à servir à leurs crédules et jobards clients.

SYMPOSIAQUES

PROPOS DE TABLE

Platon, Xénophon, Aristote, Épicure, Plutarque et d'autres, n'ont pas dédaigné de conserver les entretiens qui s'étaient tenus à table en leur présence ; j'ai décidé de suivre aujourd'hui leur exemple, et d'écrire pour mes lecteurs ce qui m'est venu à l'esprit en déjeunant. La mer, unie, bleue, avec quelques taches de vert glauque, vert Véronèse, s'étend sous ma fenêtre. De temps en temps, comme un grand oiseau aux ailes éployées, passe en glissant un bateau de pêche ; je suis seul. Il n'y a pas aujourd'hui plus de douze personnes vivantes avec qui j'aime mieux être que d'être seul, et je comprends cette boutade d'un philosophe : Il faut aimer diantrement quelqu'un pour le voir.

Depuis douze ans que les soi-disant républicains sont maîtres de la France, je ne vois guère rien de changé, si ce n'est que ce sont d'autres qui s'offrent des festins, des banquets, des ripailles, des gueuletons et galimafrées.

Je vois dans les journaux que hier tel ministre a donné un dîner de quarante couverts, que demain ce sera le tour de tel autre, ou du Président de la prétendue République.

Les ministres, les députés voyagent et parcourent la France en tous sens; les prétextes sont plus ou moins variés : l'agriculture, le phylloxéra, les écoles, les inaugurations de monuments, de chemins de fer; l'ouverture de ceci ou de cela; au fond, ça ne consiste qu'en repas aux chefs-lieux, et on publie les *menus*. Je ne m'aperçois pas qu'il y ait moins qu'autrefois de gens qui ne mangent pas assez, ou ne mangent pas du tout, ou meurent de faim.

Je dirai même, sans crainte d'être démenti par les faits, que le nombre de ceux-là a beaucoup augmenté, parce que les divagations politiques des avocats de bec et de plume, les paroles empoisonnées, les réunions publiques ou privées, les promesses insensées, les haines provoquées, les espérances folles inspirées, les grèves, les impôts qui ont dépassé de beaucoup les plus élevés que la France ait jamais payés sous les « tyrans », rendent la vie plus difficile, les appétits plus exigeants et les besoins plus nombreux.

Le peuple autrefois et — il n'était pas alors seul à le dire — le plus spirituel, le plus gai, le plus sociable, le plus bienveillant, est devenu le plus envieux, le plus haineux, le plus triste et le plus bête de tous.

A mesure qu'un farceur est démasqué ou engraissé, le peuple en cherche immédiatement un autre pareil, qui sera remplacé bientôt à son tour par un troisième de la même farine — et celui-ci par une série semblable, parce qu'il ne peut se passer d'être attrapé, exploité, bafoué.

Sous les « tyrans », les soi-disant républicains annonçaient que si un jour la République était proclamée, le lendemain matin la France deviendrait un Éden ; plus d'abus, plus de privilèges, plus de malheureux, plus de pauvres, presque plus d'impôts, la vie facile et à bon marché, la liberté pour tous, la fraternité universelle, plus de vols, plus d'assassinats, plus de guillotine, plus de prisons, plus de gendarmes. La république existe depuis douze ans, et jamais il n'y a eu tant de ce qui devait disparaître, jamais si peu de ce qui devait régner. Nos soi-disant républicains vérifient une fois de plus, mais avec plus de cynisme et de grossièreté que jamais, ce que j'avais constaté dès 1830.

« Ils attaquent les abus, non pour les renverser, mais pour les conquérir. »

Si, au lieu de déjeuner seul, j'avais des convives, en supposant pour un moment que je ne voulusse leur sacrifier ni mes habitudes ni mes goûts, et que je bornasse mes devoirs d'amphitryon à ne me compter que pour un, voici ce que je me croirais obligé de faire, sous peine d'être un égoïste, un malappris, un cynique, un *voyou*.

Avec les douze invités que je suppose possibles, nous sommes treize.

Plusieurs questions se présentent :

Déjeunera-t-on dans le jardin ou dans la salle à manger ?

Les avis sont partagés : les uns craignent le grand air et le vent, les autres étouffent dans un appartement au mois de juillet; six sont pour le jardin, sept pour la salle à manger.

Devrai-je, obéissant à la majorité, faire mettre le couvert dans la salle à manger et condamner la minorité à souffrir de la chaleur et du manque d'air? Je ne dois pas non plus exposer la majorité à s'enrhumer, à attraper des douleurs, ni même à en avoir peur.

La situation est rigoureusement indiquée ; je fais mettre le couvert dans la salle à manger, devant une large fenêtre toute grande ouverte : ceux qui aiment l'air près de la fenêtre, ceux qui le craignent à l'opposé.

— Boirons-nous du vin blanc ou du vin rouge?

— Du vin rouge le matin... affreux.

— Le vin blanc prend sur les nerfs.

— Combien êtes-vous pour le vin blanc?

— Six.

— Et pour le vin rouge?

— Sept.

— Alors, disent les partisans du vin rouge, la majorité s'est prononcée. On boira du vin rouge.

Nullement, on servira du vin rouge et du vin blanc. On servira même de l'eau.

— Nous avons des œufs à la coque et un gigot de mouton. Comment aimez-vous les œufs? comment aimez-vous le mouton?

— Les œufs? très peu cuits, à peine en lait.

— Moi, je les aime très cuits, presque durs.

— Le mouton n'est bon que saignant.

— La viande saignante... importation anglaise; mes principes et mon goût sont pour la viande très cuite.

— Sept, la majorité pour les œufs presque durs. Sept, la majorité pour la viande rouge et saignante.

Faut-il, au nom du suffrage universel, cette énorme, dangereuse, menteuse et criminelle bêtise, que six, la minorité, mangent ce qu'on leur servira avec dégoût, peut-être même avec inconvénient pour leur estomac?

Nullement. On servira les œufs cuits à différents degrés dans deux plats différents. Quant au gigot, j'y ai pensé, il est très gros. On donnera les tranches extérieures à ceux qui l'aiment très cuit et les autres aux autres.

— Et l'ail?

— C'est l'assaisonnement nécessaire.

— Nous, nous l'avons en horreur.

Très bien, on en a mis seulement dans le « manche » et le goût ne gagnera pas l'extrémité opposée. Il faut que tout le monde soit satisfait et fasse un bon déjeuner.

Je veux faire la part belle aux soi-disant républicains; j'admets pour le moment que l'Assemblée nationale, nommée par le suffrage appelé improprement universel, soit la représentation exacte des opinions et des sentiments du pays. L'Assemblée appelée à fixer la forme du gouvernement s'est prononcée pour la République à une voix de majorité. Ce serait donc 15 millions pour la République et 14 millions 999,900 contre la République.

15 millions de maîtres, 14 millions 999,900 esclaves, ilotes et parias, etc.

Il faut être ignorants, absurdes, aveugles, fous et bêtes pour supposer pendant dix minutes que la moitié moins un — quinze millions moins un — supporteront, accepteront le pouvoir, le despotisme de la moitié plus un, de quinze millions plus un, et ne secoueront pas, ne briseront pas, à la première occasion, un joug injuste, insensé et humiliant.

Il est clair, limpide, évident que, à une nation ainsi partagée dans ses opinions, ses idées et ses sentiments, la seule forme logique, possible, durable est un gouvernement mixte, où chacun en faisant certaines concessions, en admettant pour limites à ses droits et à sa liberté les droits et la liberté des autres, trouve la satisfaction au moins de la plus grande partie de ses aspirations, de ses habitudes, de ses instincts, c'est-à-dire un gouvernement représentatif, une monarchie entourée d'institutions libérales, et que ce n'est que par une surprise, un escamotage, un biseautage, une filouterie, qu'on a pu réussir à imposer momentanément une autre forme de gouvernement.

En 1789, les députés de la France étaient arrivés à l'Assemblée porteurs de cahiers qui leur assignaient rigoureusement leur mandat, ces cahiers exprimaient en réalité et nettement les volontés du pays; tous les cahiers sans exception étaient d'accord sur ces principes. — I. Le gouvernement français est un gouvernement monarchique. — II. La personne du roi est inviolable et sacrée. — III. Sa couronne est héréditaire de mâle en mâle. — IV. Le roi est dépositaire du pouvoir exécutif. — V. Les agents de l'autorité sont responsables. — VI. La sanction royale est nécessaire pour la promulgation des lois. — VII. La nation fait la loi avec la sanction royale. — VIII. Le consentement national est nécessaire à l'impôt et à l'emprunt. — IX. L'impôt ne peut être accordé que d'un terme d'États généraux à l'autre. — X. La propriété sera sacrée. — XI. La liberté individuelle sera sacrée.

Ce n'est que par une infidélité et une double trahison envers le roi et envers leurs commettants, que les membres des États généraux ont fait autre chose que ce que leur prescrivaient les cahiers auxquels ils devaient obéissance.

Lorsque ensuite, le 4 août, sur la proposition de la noblesse et du clergé, on supprima les dîmes, les justices seigneuriales, tous les droits féodaux;

Lorsque le roi renonça pour lui et pour la reine au don de joyeux avènement; lorsqu'il envoya leurs meubles précieux et leurs bijoux à la Monnaie; lorsqu'il apporta les plus sévères réformes dans leurs dépenses personnelles.

Si on se fût arrêté là, si on eût compris que c'était beaucoup, que c'était assez pour un règne, que la France était déjà ainsi le plus libre, le plus paternel des États; — si on eût laissé au temps, aux études sérieuses, ce qu'il pouvait rester de progrès à faire, on eût évité la Terreur, de longues guerres, les deux empires, trois révolutions, trois invasions étrangères, sans compter la situation déplorable et si alarmante de diminution, d'aplatissement, de démoralisation, de dissolution où est la France aujourd'hui.

Il en est de même du choix imbécile du 14 juillet pour une *fête nationale.*

Si le 14 juillet est pour un certain nombre de gens plus imbus de légendes mensongères et intéressées que d'histoire sérieusement étudiée, une époque qu'ils proclament et gueulent glorieuse, c'est pour les autres l'anniversaire de massacres odieux et lâches et le commencement de la pente qui menait à la Terreur et à tout ce qui s'en est suivi, s'ensuit et s'ensuivra.

Une fête nationale ne peut admettre qu'un motif de joie, d'orgueil et de réjouissances pour tous. On ne peut faire entrer pour une part notable, comme assaisonnement, dans les réjouissances des uns les tristesses des autres. La fête du 14 juillet est la fête de la moitié plus un, blessant, choquant, humiliant la moitié moins un. Fête pour les uns, deuil pour les autres.

Pour faire une fête nationale, il fallait chercher dans notre histoire un anniversaire qui rappelât une gloire et un bonheur pour le pays tout entier ; qui permît, qui commandât à tous de se réjouir ensemble.

Nous avions l'expulsion de France des Anglais par Charles VII et la Pucelle d'Orléans.

Nous avions le souvenir du règne de Louis XII, « le père du peuple », qui diminua les impôts d'un tiers, créa l'inamovibilité de la magistrature et mourut regretté de tout son peuple.

Nous avions la naissance ou l'entrée dans Paris

de Henri IV, du « bon Henri », qui, avec son « compère Sully », après s'être montré intrépide dans les combats, consacra tant d'amour, d'intelligence et obtint tant de succès à réparer les maux causés par la guerre.

Et, si on ne voulait remonter qu'à 1789, nous avions la séance du 4 août, dont je parlais tout à l'heure, et à l'issue de laquelle le roi Louis XVI fut proclamé, par la presque unanimité des membres des États généraux :

Restaurateur de la liberté française.

Mais les soi-disant républicains ont préféré donner satisfaction à la sale et ignoble queue de la prétendue République, en fêtant un anniversaire qui promet aux coquins, aux déclassés, aux décavés, aux affamés, aux paresseux, aux ivrognes, aux chenapans, aux voyous, aux arsouilles, aux malandrins, aux incendiaires, aux assassins, aux voleurs, à toutes les sortes de fripouilles, le renouvellement de la Terreur et de la Commune.

Le banquet annoncé pour la reconstruction de l'Hôtel-de-Ville, banquet où plusieurs des convives ont été au moins complices de son incendie et de sa destruction, est plus insensé, plus bête qu'ils ne s'en doutent. Déjà ce banquet a amené parmi eux des envies, des haines, des récriminations. Ce sera le festin des Centaures et des Lapithes.

Et si ce n'est le jour même, ce qui n'est pas impossible, cela ne tardera pas à amener des luttes, des rixes, des batailles.

Et comme disait le poète :

« Les coupes et les verres sont nés pour la joie et

le plaisir, il n'y a que les Thraces et les sauvages qui s'en servent pour se battre et se les jeter à la tête. »

Notis in usum lætitiæ scyphis
Pugnare Thracum est.

Ce que nous verrons.
— C'est ce que je pensai pendant mon frugal déjeuner, en face de la grande mer calme et bleue.

TARTE A LA CRÈME

OU LA

THÉORIE DES RÉVOLUTIONS

Le marquis. — Y a-t-il en Normandie assez de pommes pour tarte à la crème ? Tarte à la crème, morbleu ! tarte à la crème !

Dorante. — Eh bien, que veux-tu dire ? Tarte à la crème ?

Le marquis. — Parbleu ! tarte à la crème, chevalier.

Dorante. — Mais encore ?

Le marquis. — Tarte à la crème.

Uranie. — Mais il faut expliquer sa pensée, ce me semble ; que trouvez-vous là à redire ?

Le marquis. — Moi ? rien. Tarte à la crème.

(Molière, *la Critique de l'École des femmes*.)

C'est en cela — *tarte à la crème* — que consistent la théorie et la science des révolutions, — ce que nous allons démontrer tout à l'heure — après que nous aurons dit quelques mots sur ce qui vient de se passer.

De tous les Français, en ce moment, conservateurs, légitimistes, monarchistes, intransigeants, socialistes, nihilistes, etc., ceux qui haïssent le plus cordialement M. Gambetta, ce sont ceux de ses collègues qu'il a forcés de s'en aller avec lui, et de quitter, à peine installés, des positions grassement rétribuées, auxquelles ils visaient depuis si longtemps.

Quand Jupiter a décidé la perte d'un homme, dit un ancien, il commence par le désarmer de son intelligence ; le héros de Cahors s'est défendu avec une rare maladresse. Dans les menaces qu'il a proférées contre ses adversaires, il a annoncé qu'on aurait bien du mal à former un ministère, si on remerciait le grand ministère. Tels et tels se sont engagés à ne pas accepter ma succession, — tel ne l'oserait, — tel ne le peut pas ; beaucoup de fonctionnaires donneront leur démission si je m'en vais, etc.

Eh bien, on n'a vu là que des vacances prochaines et des places à prendre. Quoi ! tant de préfets et de sous-préfets vont donner leur démission ! Quoi ! tant de préfectures et de sous-préfectures veuves ! N'y en aura-t-il pas une pour moi ?

Quoi ! on sera si embarrassé pour trouver des ministres, qu'on ne pourra réunir la moitié de la douzaine d'hommes, toujours les mêmes, qui, par une tradition singulière, et comme s'il n'y en avait pas d'autres en France, s'attaquent, se renversent, se remplacent entre eux ; qui, déclarés indignes et renvoyés, n'ont qu'à attendre quelques mois ou quelques jours, que leurs vainqueurs et successeurs soient déclarés indignes à leur tour, pour les remplacer, jusqu'à ce qu'ils soient remplacés par eux, et toujours comme cela ! Puisqu'il va être si difficile de trouver des ministres, qui sait si on ne s'adressera pas à moi ? c'est ce que se disait M. Andrieux et plusieurs autres. Si bien que la menace et des démissions de fonctionnaires et de la difficulté de trouver des ministres a produit précisément l'effet contraire à celui qu'en attendait M° Gambetta.

Revenons à la théorie des révolutions. — Tarte à la crème.

Pour faire une révolution, pour exaspérer un peuple ou une Assemblée qui est toujours plus ou moins peuple, il faut trouver un mot, un mot qui ait un sens vague et obscur ; de préférence, un mot qui ne signifie rien, car si ce mot était compris par ceux qui doivent le crier, le hurler tout haut et le couvrir de gloire en le vociférant, ils s'apercevraient bientôt qu'ils ne sont pas d'accord, et la révolution avorterait.

Autre avantage d'un mot qui n'a aucun sens, c'est qu'il n'y a pas moyen de le réfuter. — Tarte à la crème !

De ce temps-ci... Mais remontons un peu plus haut.

Lors de notre première Révolution, en 1789, l'Assemblée constituante, en établissant les droits et les devoirs respectifs des différents corps de l'État, avait laissé au roi, des débris de la puissance de ses prédécesseurs, le droit de *veto*.

Ce droit, qui consiste à s'opposer à une loi, à un décret, était à Rome exercé par les tribuns du peuple. Il existe en faveur du roi ou de la reine dans la Constitution anglaise. Mirabeau, le 1ᵉʳ septembre 1789, en démontra clairement la justice et la nécessité ; mais quoiqu'il soutînt le *veto* absolu, l'Assemblée n'accorda au roi que le *veto* suspensif, c'est-à-dire que l'opposition du roi à une loi qu'il trouvait injuste et dangereuse n'empêchait pas cette loi d'être votée plus tard. Si le roi n'a pas le *veto*, disait Mirabeau, qui empêchera les députés d'éterniser leur autorité, d'envahir le pouvoir exécutif, de s'emparer de toutes les places ?

C'était une bien faible concession à la royauté désarmée ; mais comme *veto* est un mot latin (je *m'oppose* ou je *défends*) et que le peuple ne le comprenait pas, il fut aisé aux révolutionnaires d'en faire aux mains de ce peuple une arme terrible, implacable, contre le roi et contre la reine.

Dans un petit journal quotidien, le *Magasin historique*, rédigé par Brune, *citoyen du district des Cordeliers, demeurant rue Percée-Saint-André-des-Arcs*, on trouve une anecdote assez curieuse sur le *veto*.

Notez que cette feuille était très révolutionnaire, et j'en donnerai une preuve.

Dans son numéro du lundi 12 octobre 1789, elle raconte, sans aucun blâme, comme chose toute simple, sans aucune réflexion, le fait suivant que je copie littéralement :

« Quatre femmes de celles qui ont été à Versailles lundi dernier, couraient le lendemain les rues de Paris avec un tambour de la garde soldée, et l'une de ces citoyennes annonçait au public à haute voix qu'elles venaient d'apporter à Paris les têtes de deux gardes du corps et qu'on pouvait les aller voir au Palais-Royal. »

Voici l'autre récit du citoyen Brune (n° du 4 octobre 1788) :

« J'ai entendu, au Palais-Royal, un citoyen qui disait : Eh ! grand Dieu ! Qu'est-ce que ce *Veto* dont on fait si grand bruit ? Je crois que ça nous jouera quelque vilain tour. *M. Veto*... Est-ce un député ? — Non, dit un autre, c'est un nouvel impôt. Enfin c'est contre le peuple. »

Tarte à la crème.

On ne tarda pas à appeler le roi *M. Veto* et la reine *madame Veto*, et on chantait dans la *Carmagnole* :

> Madame Veto s'était promis
> De faire égorger tout Paris.

Je ne sais plus si c'est au retour de Versailles ou à l'invasion des Tuileries, le roi ayant laissé tomber quelque chose, un homme du peuple le ramassa et le lui rendit, en lui disant :

— Le peuple est honnête, tu n'en aurais pas fait autant, toi, si tu avais trouvé une bourse, bougre de *Veto*.

On donnait également à Marie-Antoinette le nom de « l'Autrichienne, » et ce nom rendait les gens furieux comme si les traditions de la monarchie n'avaient pas toujours appelé au trône des princesses étrangères. Marie-Louise, femme de Napoléon Ier, était Autrichienne ; la femme de Louis XIV, Marie-Thérèse, était Espagnole ; Marie Leczinska, femme de Louis XV, était Polonaise ; celles de Henri IV, du moins la seconde, Marie de Médicis, était Italienne; Marie Stuart, femme de François II, était Écossaise ; comme Marie, femme de Louis XII, était Anglaise ; et la bonne et vertueuse reine Amélie était Sicilienne, etc.

Que signifiait ce cri haineux «Autrichienne ? » Absolument tarte à la crème.

En 1830, la foule furieuse criait vive la Charte ; beaucoup se firent tuer sottement et héroïquement. Il serait curieux de savoir combien des « héros de Juillet», appelés plus tard les « bousingots », avaient lu la Charte et savaient en quoi elle consistait et de quoi elle était menacée ; beaucoup criaient : Vive la *Chatte!* et couraient sus aux soldats et aux coups de fusil, heureux de mourir pour une si belle cause.

Ceux qui cherchent et découvrent ces mots « caligineux, » magiques, privés de sens, savent que, autant que possible, ce cri de ralliement, ce cri guerrier doit se composer de trois syllabes, l'effet en est bien plus sûr et bien plus prompt. Ceux qui criaient vive la Charte criaient plus tard : la Réforme ! et plus tard : *Des Lampions!* et *Poléon, nous l'aurons.* Lorsque M. Floquet cria à l'empereur de Russie : Vive la Pologne meurtrie ! ça ne produisit d'autre effet que de faire rire aux dépens dudit Floquet. C'était trop long, ça n'avait pas la mesure.

Que signifiait : la Réforme ! cri de guerre auquel on renversa la royauté de Juillet ? Ceux qui le hurlaient n'en savaient absolument rien ; sans quoi, ils se seraient séparés, querellés, battus pour l'interprétation, comme ils font aujourd'hui qu'il s'agit de réformer la réforme.

La réforme, c'était la réforme électorale : pour les uns, l'adjonction des capacités ; pour les autres, l'abaissement du cens ; pour les autres, le suffrage universel direct ; pour les autres, le même suffrage à deux degrés, etc. ; mais pour la foule, c'était un cri, c'était un bruit, un signal de tapage ; tarte à la crème.

La réforme, c'est-à-dire le suffrage dit universel, obtenu par les soi-disant républicains, eut un résultat : faire nommer Louis-Napoléon, destructeur de la République, à une immense majorité ; tarte à la crème.

    Poléons
    Nous l'aurons.

Scrutin d'list' ! — au moyen d'une élision que la foule ne marchande ni ne plaint, réunit d'assez bonnes conditions. Ce n'est pas d'être la négation et la confiscation du suffrage universel et la mise du peuple à la porte de la Constitution qui empêcherait de l'adopter, mais peut-être l'a-t-on un peu trop expliqué et, dame ! quand on comprend il n'y a plus d'entrain, plus d'enthousiasme.

Une des armes, un des mots qui ont le plus contribué à ce renversement de la royauté de Juillet, quoique dépassant la mesure et ayant quatre syllabes, a été : Juste milieu. Ce qui a obligé d'inventer « la réforme » et « le banquet » et surtout « des lampions ! » dont l'air est devenu une sorte de *Marseillaise* des voyous.

Le milieu, du consentement non seulement de tous les sages, les philosophes et les hommes politiques, mais aussi de tous les gens de bon sens et de bonne foi de tous les temps et de tous les pays, *le milieu* a toujours été reconnu comme le vrai, le juste, le sensé, la force et la vertu. *In medio virtus.*

Les anciens, dit Bacon, représentaient volontiers la voie moyenne par deux images : la première est la route qui fut prescrite à Icare. Dédale, près de tenter avec son fils la traversée de la mer Egée, au moyen d'ailes faites de plumes jointes par de la cire, lui recommanda de ne voler ni trop haut ni trop bas ; trop haut, le soleil ; trop bas, l'humidité de la mer pourraient disjoindre les ailes ; Icare prit un essor trop élevé, le soleil fondit la cire et il fut précipité dans la mer et noyé.

La seconde image est la route moyenne entre Charybde et Scylla. Si le navire donne dans Scylla, il se brisera sur les rochers, et s'il tombe dans Charybde, il sera englouti. « Cette parabole, ajoute-t-il, s'applique à la navigation, à l'art d'être heureux et de se conduire dans toutes les circonstances de la vie. »

Le bien politique, comme le bien moral, se trouve toujours dans le *juste milieu.* (Montesquieu.)

La vertu tient en toutes choses le *milieu.* (Bernardin de Saint-Pierre.)

La société est un *milieu* organisé de génération en génération pour qu'on y puisse vivre. (Pierre Leroux.)

Soyez dans le *milieu* qu'il faut. (Molière.)

C'est sortir de l'humanité que de sortir du *milieu.* (Pascal.)

Nous ne savons garder, ni envers nos frères, ni envers nous-même, le *juste milieu.* (Bossuet.)

Garder du tout un *juste milieu*, c'est la règle du bonheur. (Diderot.)

Il y a entre les extrêmes *un milieu* qu'on ne néglige qu'aux dépens de la vérité. (Gerusez.)

Si je suis, en ce moment, désagréable aux uns et aux autres, c'est que je tiens au *juste milieu*. (Mirabeau.)

Les Chinois apprécient tellement *le milieu*, que dans l'admiration de leur propre, antique et profonde sagesse, ils se sont intitulés eux-mêmes : « l'*Empire du milieu* ».

Or, en supposant, pour un moment, que tous les membres de la Chambre des députés qui a prononcé l'établissement de la République aient été élus sans intrigues, sans pression, sans influences, sans compromis — en supposant que cette Chambre représentât exactement les sentiments, les idées, les opinions, les intérêts de toute la France — le résultat du scrutin qui prononçait l'adoption de la République à « une voix » de majorité et qui a entraîné cette adoption, devait, au point de vue du bon sens, de la justice, de la prudence et du patriotisme, en faire résolument repousser l'idée, même par ceux dont le vote lui avait été favorable.

C'était en effet livrer le pays à toutes les peines, à tous les maux, à toutes les misères d'une guerre civile — car il n'est pas nécessaire, pour constituer un état de guerre civile, que l'on s'égorge toujours dans les rues, comme on l'a fait pendant la Commune et ce qui pourrait revenir ; c'est bien assez que l'autorité, plus ou moins usurpée, soit sans cesse harcelée, combattue, menacée de ruine, que les délibérations n'aient pas pour but l'intérêt du pays et de tous, mais l'intérêt de tel ou tel parti, de telle ou telle coterie, et le désir de tels ou tels individus de prendre la plus grande part du produit du travail de tous ; que tout soit arrêté, entravé, que le calme momentané ne s'achète qu'au prix de l'immobilité ; que les ministères se succèdent, se combattent, se remplacent, etc., que le pouvoir toujours chancelant, toujours impuissant, ne puisse faire autre chose que se cramponner à sa place et s'y faire arracher les ongles en tombant, sauf à revenir à l'assaut contre les remplaçants quand ses ongles ont repoussé, tandis que jamais il ne s'est rien fait de grand et d'heureux pour la France que par des pouvoirs de longue durée.

En effet, en admettant toujours et momentanément cette convention que la Chambre des députés représentât exactement la France, comment peut-on supposer que la moitié du pays moins un restera humblement soumise à la moitié plus un, que, en chiffres ronds, quatorze millions neuf cent quatre-vingt-dix-neuf mille neuf cent quatre-vingt-dix-neuf Français fassent complètement abnégation de leurs sentiments, de leur volonté, de leurs opinions, pour être les hommes-liges, les vassaux d'un nombre égal, plus un, de leurs compatriotes, et bientôt d'une coterie composée de quelques douzaines d'ambitieux, d'avides et d'intrigants ; comment peut-on supposer une nation divisée en deux nations, formées d'un nombre égal de citoyens, plus un ou moins un, dont l'une serait souveraine et l'autre esclave ?

Supposons même que les quinze millions moins

un se soumettent aux quinze millions plus un, ceux-ci, ne pouvant tous avoir leur part, se divisent à l'instant même, forment de nouveaux partis et de nouvelles coteries.

Rousseau, auquel certains socialistes du conseil municipal de Paris parlaient dernièrement d'élever une statue (Dieu préserve sa mémoire de cet outrage), disait : « La délibération par le suffrage suppose au moins une fois l'unanimité, pour que ce mode soit adopté. »

Et ailleurs, ce même Rousseau, dont ils auraient fait un otage s'ils l'avaient lu, et tant il leur aurait montré d'indignation et de dédain :

« Plus les délibérations sont graves, plus l'avis qui l'emporte doit approcher de l'unanimité. »

Si l'Assemblée, ayant à décider entre la monarchie et la république, avait prononcé pour la monarchie, non pas à une voix, mais à cent voix, j'aurais dit : Ce n'est pas assez près de l'unanimité ; va pour la monarchie, mais pour une monarchie tempérée par assez d'institutions républicaines pour que personne ne soit opprimé, pour que chacun y trouve au moins en partie la satisfaction de ses vœux.

De même, les avis partagés comme ils l'ont été, la République fondée à une voix de majorité, — l'eût-elle été à cent voix et plus, il ne fallait pas prétendre, par une escobarderie et une injustice absurde, à l'établissement d'une république absolue; la République devait alors faire les concessions que j'indiquais pour la monarchie.

La République, comme la monarchie, devait se

placer au juste milieu, comme la Justice tenant la balance.

La monarchie représentative ou constitutionnelle réalise le vœu de justice, de paix, de prospérité, et soyez bien certains que de liberté, c'est tout ce que la France peut supporter; d'ailleurs, au delà, il n'y a plus de liberté, si ce n'est pour les uns la liberté d'opprimer les autres.

Citons encore Rousseau :

« J'appelle république, dit-il, tout gouvernement régi par les lois, sous quelque forme d'administration qu'il puisse être. »

En dehors du *milieu*, il ne peut y avoir que combats, oppression, injustice, haine, revendications, réactions en tous sens et guerre civile à perpétuité.

Si vous êtes six personnes dans une voiture publique, que trois frileux veuillent tout fermer, que trois plus robustes se plaignent d'étouffer et prétendent tout ouvrir, que fera-t-on pour être raisonnable et juste? on abaissera tout ou partie d'une des glaces, et on laissera l'autre levée; personne n'aura tout à fait ce qu'il veut, mais personne n'en sera entièrement privé.

Voici un gigot : j'aime l'ail et vous ne l'aimez pas; que fera notre commun amphitryon ?

Vous fera-t-il manger votre pain sec pour me régaler mieux, en farcissant le gigot de nombreuses gousses d'ail? ou me fera-t-il, pour vous plaire, manger avec dégoût un mets que je trouve fade ?

Non, il mettra une seule gousse d'ail dans le manche du gigot, me coupera une tranche près du manche, et coupera une tranche pour vous à l'extrémité opposée.

Pour revenir à notre titre, — tarte à la crème, — il faudrait encore parler de *rural*, de *clérical*, de *réactionnaire*, de « *ne pas avoir douté de la fortune de la France* », de « *services rendus à la République* », de « *l'infâme capital* », du mot « *travailleur* » substitué à « ouvrier », et surtout des « *élections de clocher* ».

Et autres phrases et rengaines toutes faites, et sans aucun sens, qui servent de mot de ralliement et de drapeaux aux farceurs avides et intrigants.

Ce sera pour un autre jour ; mais, pour aujourd'hui, résumons-nous en six lignes.

La république absolue n'est pas plus possible que ne le serait la monarchie absolue.

Les monarchistes ont à peu près prouvé qu'ils se peuvent résigner à la monarchie constitutionnelle et représentative, c'est-à-dire tempérée par certaines institutions républicaines.

Les soi-disant républicains ont prouvé tout à fait qu'ils ne se contenteront jamais d'une république tempérée, conservatrice, donnant certaines conditions rassurantes aux monarchistes.

Ajoutons, en parenthèse :

Il y a des monarchistes. Il n'y a pas de républicains. Quant à leurs projets, leurs prétentions, leurs protestations, leurs promesses : tarte à la crème, morbleu! tarte à la crème!...

LE 21 JANVIER — RENGAINE

Au moment même où M. Gambetta voulait faire jouer au scrutin de liste le rôle que jouèrent au 18 Brumaire les grenadiers qui firent sauter les députés par les fenêtres, arriva le 21 janvier, anniversaire de l'assassinat de Louis XVI. D'après le rapport uniforme des journaux, jamais l'assistance qui se pressa aux messes d'expiation n'avait été aussi nombreuse; il est impossible de ne pas y voir une éloquente protestation contre les folies, les crimes et les intrigues, auxquels la France est en proie depuis 1870.

Il arrive en ce moment à l'avocat génois ce qui peut arriver à un homme de plus terrible, de plus implacable en France. M° Gambetta n'est plus à la mode et va être mis au magasin des vieilles modes et des vieilles lunes ; lui-même, après une malheureuse et honteuse tentative, va probablement reconnaître qu'il n'est ni maçon ni architecte, mais simplement un vulgaire démolisseur, et va reprendre sa place parmi les démolisseurs, c'est-à-dire dans l'opposition systématique.

J'ai dans mon cabinet la photographie donnée par l'auteur, d'un tableau de ce charmant peintre Hamon, qui, après avoir passé une grande partie de sa vie à Naples et à Ischia, est venu la finir à Saint-Raphaël.

Ça s'appelle le « pouvoir de l'éloquence. »

L'éloquence est représentée par une femme assise, coiffée du bonnet phrygien, et ayant pour sceptre une immense fourchette. Autour d'elle se pressent en foule des colimaçons de toutes couleurs et de toutes espèces. A une certaine distance est un fourneau allumé ; sur le fourneau une casserole, et appuyée sur la casserole une échelle.

La femme parle, et à mesure qu'elle parle les colimaçons, séduits, persuadés, entraînés, se dirigent vers la casserole ; quelques-uns déjà y cuisent, d'autres s'y précipitent la tête la première, d'autres sont sur l'échelle et sont suivis d'une procession de convaincus qui s'empressent d'aller se faire cuire pour le dîner de la harangueuse.

Le scrutin de liste nous a fait assister à l'insurrection tardive, il est vrai, mais sérieuse, des colimaçons.

Les plus myopes, les plus aveugles même ne peuvent plus s'y tromper ; les soi-disant républicains avouent eux-mêmes leur impuissance et leur incapacité. Voici onze ans qu'ils sont les maîtres et les maîtres absolus, et ils viennent déclarer que tout ce qu'ils ont fait n'a pas le sens commun et doit être détruit. Il faut réviser et réformer cette Constitution, leur ouvrage; les uns, les intransigeants, radicaux, etc., crient que les opportunistes marchent à l'encontre de la République, les opportunistes eux-mêmes avouent que, tout en ayant annoncé à chaque nouvelle exigence de leur part, que, une fois cela obtenu, nous allions être en pleine République et en pleine prospérité, les opportunistes eux-mêmes avouent que nous n'y sommes pas encore, que tout est à refaire, et qu'il leur faut le scrutin de liste qui leur mettrait dans la main un pouvoir plus absolu que n'a été celui de Louis XIV et des deux Bonaparte, et ils engagent les représentants à aller... à la casserole.

La coïncidence du 21 janvier et de l'échec de Me Gambetta amène naturellement les esprits sérieux et les gens de bonne foi à remonter aux commencements de la première Révolution et de la première République.

Le règne de Louis XV avait montré autant de despotisme avec moins de gloire et de splendeur que le règne de Louis XIV. Ces deux règnes avaient épuisé la France; déjà Louis XIV avait dû recourir, dans le désarroi de ses finances, à des expédients de « coquin de neveu » et de Léandre de comédie. Louis XV était loin d'avoir amélioré la situation, et le président Hénault, ami de Voltaire, disait dans son abrégé de l'histoire de France: « Nous ne reconnaissons d'autre souverain que le roi, c'est son autorité qui fait les lois, et les états généraux n'ont que la voie des très humbles supplications. »

Le duc de Berry, Louis XVI, monte sur le trône avec la fille de Marie-Thérèse, Marie-Antoinette;

tous deux bons, simples, sensibles, généreux, étaient justement aimés du peuple, et quand, en 1781, la reine mit au monde un fils, les dames de la halle vinrent voir l'enfant et lui dirent : « Vous ne pouvez entendre encore les vœux que nous faisons autour de votre berceau, on vous les expliquera quelque jour, ils se réduisent à voir en vous l'image de ceux dont vous tenez la vie. »

Et à la reine : « Il y a si longtemps que nous vous aimons ; » et au roi : « Nous voilà sûres que nos enfants seront aussi heureux que nous, car cet enfant doit vous ressembler, vous lui apprendrez à être bon et juste comme vous; nous nous chargeons d'apprendre aux nôtres comme il faut aimer et respecter son roi. »

Louis XVI était sans goût pour les plaisirs d'éclat, dit Senac de Meilhan ; sans faste personnel, sans désir d'étendre sa puissance, sans amour de cette gloire si funeste aux peuples qu'on acquiert par les armes, il n'avait aucun penchant à la dépense. Il était instruit, laborieux et, chose remarquable, après les deux règnes précédents, pendant un règne de dix-neuf ans, il n'a eu ni favoris, ni maîtresses. A son avènement au trône il refusa le tribut appelé « joyeux avènement; » la reine, de son côté, refusa celui appelé « ceinture de la reine ; » le dauphin et la dauphine, ce qui est si puissant en France, étaient tout à fait à la mode; il était à la mode d'aimer le roi et d'adorer la reine.

Louis XVI, aussitôt sur le trône, abolit la question et les lettres de cachet, rappela le Parlement exilé par Louis XV, appela au ministère des hommes désignés par l'opinion publique et fit les plus grandes réductions dans les dépenses de sa personne et de sa maison.

Arrivons aux états généraux :

Au mois de juillet 1789, les états généraux assemblés, on fit le dépouillement des « cahiers » que les électeurs avaient donnés à leurs représentants, « cahiers » contenant les instructions imposées et les pouvoirs délégués.

Voici quelques passages de ces cahiers.

Tous, sans en excepter un seul, sont d'accord sur les points suivants :

1º Le gouvernement français est un gouvernement monarchique ;

2º La personne du roi est inviolable et sacrée ;

3º La couronne est héréditaire de mâle en mâle ;

4º Le roi est dépositaire du pouvoir exécutif ;

5º Les agents de l'autorité sont responsables ;

6º La sanction royale est nécessaire pour la promulgation des lois, etc. ;

7º La propriété sera sacrée, la liberté individuelle sera sacrée.

C'était l'expression des vœux et de la volonté de toute la nation.

Le mandat des députés n'allait pas au delà, c'est par un mensonge audacieux, par une prévarication criminelle, qu'ils ont tout renversé, prétendant agir au nom et par la volonté du peuple.

C'est ce que font aujourd'hui nos gens au pouvoir et les représentants et députés, lorsque Mº Gambetta dit : le peuple veut que je sois tout-puissant et que je me baigne dans la baignoire d'argent de Morny ; lorsqu'un député dit : le peuple veut qu'on augmente notre traitement ; lorsqu'un conseiller municipal dit : le peuple veut qu'on nous en donne un ; orsque tel citoyen dit dans un club : le peuple veut qu'on nous donne des bottes neuves.

Dans la nuit du 4 août, en séance des états généraux, l'ordre de la noblesse et celui du clergé se déclarèrent prêts à payer leurs parts des impôts comme tous les autres citoyens, à abandonner tous les privilèges de castes et de tradition, les justices seigneuriales, le droit exclusif de chasse, les dîmes, tous les droits féodaux, etc.

Le roi acceptait le consentement national, représenté par les députés, nécessaire aux emprunts et à l'impôt.

A la fin de cette nuit du 4 août, le roi fut unanimement proclamé le « restaurateur de la liberté française. »

C'était, certes, dans un bien court espace de temps, un pas immense, si on se rappelle les deux règnes précédents, un pas après lequel on eût dû se reposer et laisser au temps et aux règnes suivants à faire ce qui pouvait manquer encore à la liberté et à la prospérité. Il fallait laisser finir paisiblement leur règne à un roi et à une reine doux, généreux, simples, bienfaisants, jouir des admirables et heureux progrès acquis, et étudier sérieusement et honnêtement les autres progrès possibles.

Le roi s'occupait d'accomplir le vœu des dames de la Halle. Il donna à l'instituteur de son fils des instructions, que je regrette de ne pouvoir transcrire ici tout entières, et dont je citerai seulement quelques courts passages :

« Peu de livres, mais bien choisis.

» Des travaux champêtres, un petit jardin, un état mécanique, on m'a critiqué de ce goût, mais Rousseau, un philosophe par excellence, m'en a loué dans l'*Émile*.

» Exaltez à ses yeux les vertus qui font les bons rois; qu'il n'imite pas ceux de nos ancêtres qui ne furent recommandables que par des exploits guerriers, — la gloire militaire tourne la tête, — et quelle gloire que celle qui regorge de flots de sang et ravage l'univers ! Apprenez-lui avec Fénelon que les princes pacifiques sont les seuls dont les peuples conservent un tendre souvenir. Le premier devoir d'un prince est de rendre son peuple heureux ; s'il sait être roi, il saura toujours bien défendre son peuple et sa couronne.

» Familiarisez-le avec nos bons auteurs français, je me réserve de lui enseigner moi-même la géographie et l'histoire.

» Apprenez-lui de bonne heure à pardonner l'injure, à oublier l'injustice, à récompenser es actions honorables, à respecter les mœurs, à être bon, à reconnaître les services.

» Parlez-lui souvent de Louis XII, le père du peuple; du grand et bon Henri IV et de Louis XIV, mais seulement comme protecteur des talents, des sciences et des beaux-arts.

» Ce n'est pas des météores sanglants comme Alexandre et Charles XII qu'il faut l'entretenir, mais des princes qui ont protégé l'agriculture et le commerce, agrandi la sphère des sciences et des arts.

» Rappelez-lui sans cesse qu'il n'est au-dessus des autres hommes que pour les rendre heureux.

» Les lois sont les colonnes du trône, etc., etc. »

. . . .

Il semble qu'on avait assez acquis, qu'on pouvait assez espérer pour attendre patiemment de nouveaux progrès, si les études d'hommes capables et honnêtes les jugeaient nécessaires ;

Et qu'il n'était ni nécessaire, ni pressé de guillotiner Louis XVI, la fille de vingt-quatre rois avec, et cet ange d'innocence, de douceur et de dévouement, Madame Elisabeth, et de faire mourir le dauphin de misère.

Je l'ai déjà dit plus d'une fois ; mais c'est tellement vrai que mes lecteurs me pardonneront de profiter de la circonstance qui vient de se présenter pour le dire encore une fois.

La vérité, dit un ancien, est un coin qui n'entre dans les cervelles humaines que par le gros bout et exige qu'on frappe dessus fort et longtemps.

On eût évité les hontes, les folies, les crimes de la Terreur, le despotisme, les guerres, les désastres et les ruines du premier Empire et du second.

Un moment, la Providence marqua un temps d'arrêt pendant lequel la France pouvait reconnaître sa faute et sa démence et reprendre l'histoire de la liberté et de la prospérité au 4 août 1789 : c'est sous le gouvernement de Juillet.

Ce n'est certes pas en 1793, en 1848, ni aujourd'hui que nous pouvons nous dire et nous croire en

République. Deux fois, dans notre histoire, nous en avons été aussi près que peut-être nous pouvons le supporter, sous Henri IV et sous Louis-Philippe.

Henri IV a été assassiné et Louis-Philippe détrôné. Aujourd'hui, où en sommes-nous? Où allons-nous, sous la conduite de gens qui n'ont « de Catilina que ses mœurs, et de Mirabeau que ses vices? »

A l'anarchie, à la Commune, à la Terreur, à la ruine, au despotisme sans gloire, à la honte, à l'abaissement et peut-être au démembrement de la France?

Quelles limites les gens de bon sens et de bonne foi oseraient-ils assigner aux folies, aux avidités criminelles qui nous menacent?

Pendant que, dans les églises, on célébrait des cérémonies d'expiation pour l'assassinat de Louis XVI et de Marie-Antoinette, d'Élisabeth et du pauvre petit dauphin, et en même temps des victimes de la démagogie, des fusillés, des mitraillés, des pendus, des noyés, des déchirés de la Terreur, une assemblée avait lieu, en plein Paris, en réjouissance de ces crimes, assemblée présidée par un député.

Si j'avais... l'honneur d'être député, le moins du moins que je me croirais obligé de faire serait de refuser de rendre le salut à ce collègue en quête d'une aussi malsaine, aussi imbécile, aussi honteuse popularité.

Quant à la révision totale de la Constitution dont il est question, c'est peut-être un peu tôt; laissons les soi-disant républicains achever leur œuvre de destruction de la République, et quelque jour nous verrons si cette unique voix qui a prononcé l'établissement de la troisième République est encore du même avis.

LES CLOCHERS

Pour que les hommes pussent rester heureux, intelligents et bons, il faudrait qu'on fît le contraire de ce qu'on fait aujourd'hui. Partout on agrandit les villes en long, en large et en hauteur; on superpose des étages sur des étages, on s'entasse, on s'encaque les uns sur les autres, comme des harengs ou des sardines. Pour suivre ce mouvement, les villes font des emprunts et grèvent les générations à venir, qui se trouveront sans ressources à l'heure des vrais besoins.

On ne gagne rien à être si rapprochés: on se froisse, on se heurte; les pauvres voient de trop près les bombances des riches; les riches considèrent les pauvres comme des ennemis dangereux. Pour bien faire, et la terre est assez grande pour cela, il faudrait que chaque famille occupât une petite maison au centre d'un jardin le plus grand possible; un petit royaume où le père et la mère, rois légitimes, auraient pour ministres les aînés de leurs enfants, et leurs chiens, gouverneurs des moutons, préfets de police et garde urbaine;

N'ayant de relations entre voisins que pour les échanges nécessaires et pour l'amour, qui est un grand et opiniâtre voisineur.

Un vieil historien français disait : « Il ne faut rien augurer de bon de l'*abouchement* des rois. »

« Qui assemble le peuple l'émeut », dit le cardinal de Retz qui s'y connaissait.

« Quand les têtes se rapprochent elles s'estreignent », dit Montaigne.

Et on a constaté bien des fois qu'une assemblée est loin de reproduire la moyenne des intelligences individuelles qui la composent.

Depuis la « conquête » de ce mensonge sinistre du suffrage dit universel, qui sert de prétexte aux réunions, aux clubs, aux bavardages, en remplissant les cafés, les brasseries, les cabarets d'une foule politiquant, les Français ont perdu déjà en très grande partie leur gaieté, leur esprit, leur affabilité, leur aptitude au bonheur.

Ils sont loin de représenter un peuple mûri, étudiant, examinant, discutant ses intérêts, s'efforçant d'éluder ou de diminuer les mauvaises chances, d'amener ou d'accroître les bonnes. On les comparera plus justement à des badauds, des jobards et des gobe-mouches faisant cercle autour des charlatans et des escamoteurs, et leur achetant à des prix minimes toutes leurs fioles, toutes leurs poudres, tous leurs élixirs; ou à des grenouilles dans un marais se laissant prendre à de simples amorces de chiffons rouges.

Il n'est pas de mensonge si grossier qu'il trouve des incrédules; le marquis ridicule de Molière avec la « tarte à la crème », dont nous parlions l'autre jour, n'est plus un grotesque qui fait rire, c'est un orateur, c'est un homme d'État, c'est un prophète ; on l'écoute, on le croit, on le porte en triomphe.

Quoique la mémoire des Français remonte difficilement en arrière à plus de six mois, il existe cependant encore des gens qui se peuvent souvenir de la triste guerre de 1870, dont la première moitié fut due à l'aveuglement de Napoléon III, et la seconde à l'ambition et à l'avidité, à l'incapacité d'une coterie soi-disant républicaine. On a lu, on peut relire le livre du général d'Aurelle de Paladines, le seul qui battit les Prussiens. Il y raconte les entraves, les difficultés, les dégoûts qu'il ne cessa de rencontrer dans l'outrecuidante incapacité de ceux qui avaient alors usurpé le pouvoir ; après quoi, il fut déclaré traître par l'avocat Gambetta et par le préfet Gent ; il est mort de chagrin, comme Bourbaki a essayé de mourir d'un coup de pistolet.

Combien de familles en deuil d'enfants qui ne sont même pas morts en combattant, mais sont morts de misère, de froid et de faim, grâce à la criminelle ignorance de cette coterie dont les membres se tenaient chaudement à l'abri des balles prussiennes et des privations dans les préfectures, sous-préfectures, ministères, auxquels on ajoute des titres de « délégués à ceci ou à cela », également bien rétribués.

De tous ces prudents fonctionnaires prétendus républicains, pas un seul — excepté un — qui fut blessé à Saint-Quentin, et que je vois avec chagrin se diminuer dans les clubs et les réunions où il s'emballe dans les phrases et la boursouflure, — pas un ne s'est exposé une seule fois au moindre danger, et M⁰ Gambetta ayant une fois annoncé son arrivée à Orléans, fit rebrousser chemin aux wagons, sur le bruit qu'on avait vu quelques uhlans dans la campagne.

Quant aux trois cent six farceurs qui ont voté pour la continuation de la guerre, dans une Assemblée où ils étaient bien certains d'être en minorité, je les ai sommés dix fois d'en désigner parmi eux six ayant pris une part active à cette guerre qu'ils voulaient faire continuer, comme ils l'avaient laissé commencer par d'autres, on ne m'a même pas répondu.

Eh bien! aujourd'hui, ils osent dire et écrire, et on leur permet de dire et d'écrire qu'ils se sont montrés dévoués et héroïques; des compères, des « poseurs » et des niais l'écrivent en prose et en vers, et M⁰ Gambetta se fait un titre de gloire de ce qui aurait dû le condamner à cacher dans l'ombre, le silence et la honte, le reste d'une vie si funeste à la France.

Ces néfastes bonshommes en sont aujourd'hui, après plus de dix ans de pouvoir absolu, à avouer qu'ils n'ont rien fait, du moins rien fait qu'il ne faille détruire et remplacer.

Non contents de ce fléau du suffrage universel, ils veulent substituer au scrutin uninominal le scrutin de liste.

Et on leur laisse proférer de ridicules billevesées en guise d'arguments.

Pourquoi, leur demandent les naïfs, voulez-vous encore ce changement? Pourquoi substituer le scrutin de liste au scrutin uninominal?

Ils prennent un air capable et majestueux comme s'ils allaient dire quelque chose et laissent tomber ces paroles :

Parce que le scrutin uninominal nous expose aux « élections de clocher »; parce que le scrutin de liste peut seul produire des « élections politiques. »

Ces mots prononcés, on voit sur leurs lèvres le sourire triomphant d'Apollon qui vient de lancer sa flèche victorieuse au serpent Python.

Et les niais, les badauds, les gobe-mouches disent : c'est juste — le scrutin uninominal nous expose aux « élections de clocher » — et le scrutin de liste seul nous donnera des « élections politiques ».

Et vous verrez la question du scrutin de liste, pour le moment repoussée, reparaître un jour et finir peut-être par triompher.

Demandez aux naïfs, jobards et gobe-mouches ce que c'est que les « élections de clocher » qui leur font peur, ils n'en savent absolument rien. Demandez-leur ce que c'est que des « élections politiques », qu'ils désirent si vivement, ils n'en savent pas davantage. Je voudrais essayer de le leur dire; malheureusement ces naïfs, jobards et gobe-mouches ne lisent pas le *Moniteur universel.*

Et je commence carrément.

Les élections « de clocher » dont vous avez peur et que vous voulez éviter sont les seules vraies et sensées; les élections « politiques » que vous demandez à assurer, ne peuvent que mettre le comble aux misères qu'elles ont déjà déchaînées sur notre malheureux pays.

Je ne veux pas parler, du moins aujourd'hui, du principe du suffrage universel, sur lequel je me suis assez souvent expliqué franchement et crûment.

Je ne veux traiter aujourd'hui que de l'aggravation menaçante du fléau par l'adoption du scrutin de liste.

Qu'est-ce qu'un député?

Un représentant d'un certain nombre de citoyens, chargé de transmettre au siège du gouvernement leurs opinions, leurs volontés, leurs aspirations, leurs craintes, leurs espérances, etc.

L'invention du représentant est moderne, les républicains grecs n'y songeaient même pas ; les républiques d'Athènes, de Sparte, de Thèbes, etc., réunissaient deux conditions tout à fait rigoureuses, selon J.-J. Rousseau : « Elles étaient de petits États, de très petits États, où les citoyens, faciles à rassembler, se connaissaient tous les uns les autres ; tout ce que le peuple avait à faire, il le faisait lui-même ; il habitait un climat doux, il était sans cesse dehors et sur la place publique, sa langue sonore se faisait entendre au loin ; des esclaves s'occupaient des travaux des champs. Les Grecs n'avaient donc d'autres affaires que de veiller à leur liberté et d'écouter les orateurs. »

Mais dans notre pays, pendant au moins huit mois de l'année, la place publique n'est pas tenable ; nos langues sociales s'entendent peu ou mal en plein air ; le peuple est trop nombreux, trop espacé pour être réuni; il doit donc déléguer son pouvoir à des citoyens qui iront en son nom exprimer dans des enceintes consacrées ses vœux et ses volontés. Le citoyen qui accepte ce rôle doit donc faire abnégation de sa propre individualité, si elle diffère en quelque chose du mandat reçu.

Pour choisir ce représentant, il est donc indispensable de le connaître, et de le connaître bien, lui et sa famille, et sa vie antérieure, sa vie publique, sa vie privée et sa « petite vie », ses goûts, ses habitudes, ses passions; nous devons choisir parmi nous, pour nous « représenter », celui qui nous ressemble le plus, qui connaît le mieux, en les partageant, nos intérêts, nos ambitions, nos prétentions, nos besoins.

Le rôle du représentant, du député, est double : il est représentant de son arrondissement, mais il est aussi, quand les Chambres sont réunies, le représentant du pays entier, de la France; outre les questions qui intéressent particulièrement ses mandants, il a à se prononcer sur les intérêts généraux de la patrie, ce qui est moins fréquent, et d'ailleurs n'en irait pas plus mal si des députés que l'on connaît bien y apportaient seulement du bon sens, une certaine instruction et l'amour de la patrie; mais connaître parfaitement ses représentés, leurs besoins, leurs intérêts, ça ne rend pas incapable de remplir l'autre rôle, tandis que rien ne serait plus ridicule, plus dangereux, plus nuisible, si on regardait les choses sans prévention, que de voir un arrondissement choisir, pour le représenter, un homme étranger à l'arrondissement, ne le connaissant pas plus qu'il n'en est connu, choisi au hasard, et fût-il un homme d'une certaine valeur, complètement incapable de remplir son mandat.

La loi qui prescrit le domicile d'au moins six ans pour l'électeur, ne le prescrit à aucun degré pour l'éligible, et c'est pour ce dernier qu'il serait de beaucoup le plus important.

Les « élections de clocher » sont donc des élections faites par des gens qui savent ce qu'ils font, qui peuvent étudier et connaître leur représentant, juger s'il les représente réellement par ses connaissances, par ses aptitudes, par son caractère ; les élections de clocher que l'on vous fait craindre ont quelquefois certains inconvénients, comme toutes les choses humaines, mais sont cependant les seules qui soient honnêtes, vraies et sensées.

Parlons des élections politiques.

Les élections dites politiques que l'on veut que vous désiriez et rendiez possibles par l'adoption du scrutin de liste, sont un recrutement de soldats plus ou moins mercenaires, disposés à se mettre au service des partis ou des coteries ; ce qu'on appelle, en « argot » de gouvernement, la question politique, est le soin de se maintenir au pouvoir ou d'en renverser les possesseurs pour prendre leur place ; des soldats pour cette sorte de guerre civile âpre et affamée à laquelle la France est en proie depuis bientôt un siècle, avec quelques trop courtes trêves.

Le suffrage dit universel est un mensonge, mais le scrutin de liste est un double, un triple mensonge, et un escamotage. Le scrutin de liste a pour but de rendre plus facile, moins coûteux, plus sûr, ou enfin légal, le tour par lequel les Lyonnais, sur l'ordre envoyé de Paris, ont dû nommer pour leur représentant le Parisien Ranc qu'ils n'avaient jamais vu et qui n'avait jamais vu leur ville, en même temps qu'on nommait à Paris le Lyonnais Barodet dont personne n'avait jamais entendu parler; tous deux egalement ignorants et peu soucieux des intérêts de leurs mandants, mais disciplinés, obéissant à l'avocat génois et votant avec lui.

Voici ce que l'on entend par la question politique :

Au moment de la guerre de 1870, un régiment de volontaires fut expédié de Draguignan et s'arrêta à quelques lieues de là comme première étape. Les pauvres jeunes gens, dont beaucoup ne sont jamais revenus, ne tardèrent pas à s'apercevoir qu'on n'avait pris aucun souci de les vêtir, de les nourrir et de les armer. Ils députèrent un de leurs officiers au préfet Cotte pour demander des armes, des souliers et des vêtements. Celui-ci répondit qu'il devait avant tout s'occuper de « la question politique ». La question politique, c'était que ledit Cotte restait préfet et que M⁰ Gambetta restait ministre pour le maintenir préfet.

Ça n'est absolument pas autre chose.

Disons maintenant comment cet injuste et odieux et absurde et insolent escamotage se pratique par le scrutin de liste.

Il se forme à Paris un, deux, trois comités, selon l'importance et les ressources des partis en présence.

Chacun de ces comités a, dans les chefs-lieux des

départements, au moins un journal et des sous-comités; ces sous-comités ont des affiliés qui travaillent dans les cafés, tavernes, brasseries.

Supposons un moment que tous les membres de ces comités, sous-comités et affiliations soient des personnages parfaitement honnêtes, studieux, capables, intelligents, convaincus, patriotes, etc.

Il n'en est pas moins vrai que déjà, par l'établissement de ces cadres, le prétendu suffrage universel est faussé et dénaturé.

Rousseau, citant Machiavel, dit : « Il importe, pour avoir l'énoncé de la volonté générale, qu'il n'y ait pas de société particulière dans l'État, et que chaque citoyen n'opine que d'après lui-même; mais quand il se fait des brigues, des associations partielles aux dépens de la grande, on doit dire qu'il n'y a plus autant de votants que d'hommes, mais seulement autant que d'associations. »

C'est ce qui arriverait, en supposant les comités, sous-comités, journaux, affiliés, etc., tous de bonne foi, tous éclairés, tous désintéressés, tous dévoués à la patrie.

Mais il n'est pas besoin d'expliquer que c'est bien pire si ces comités, sous-comités, affiliations, cadres, etc., sont, pour la très grande, la plus grande partie, composés de fruits secs, de déclassés, de décavés, de vaniteux, d'avides, d'avocats sans causes, de médecins sans malades, d'hommes d'affaires véreuses, de fainéants, de piliers de brasserie, de forts aux dominos et au billard, de commis voyageurs, de bohèmes sans talent, de vauriens, de fripouilles, etc.

Les grandes listes se forment à Paris. Il ne s'agit plus d'élections de clocher, ou plutôt le clocher c'est la cheminée de la maison de Ville-d'Avray. Elles se complètent dans les chefs-lieux. On n'admet pas les candidats qui ont rendu ou peuvent rendre le plus de services, soit au département, soit au pays, par une considération méritée, soit par une position acquise, des services rendus, une capacité supérieure, une popularité légitime.

Non ; on choisit les « frères et amis, » les compagnons de café, les partners aux dominos, ceux qui « ont donné des gages » par quelque scandale ou quelque démêlé avec la justice.

En tête et en queue de la liste, on inscrit quelques chefs du parti, quelques notoriétés pour le moment à la mode ; on fourre au milieu, les nuls, les inconnus, les mal famés.

On fait avec les sous-comités des villes et des arrondissements des compromis d'échange. Nous mettrons un de vos chenapans, mais vous ferez voter toute la liste.

Le scrutin de liste donne l'idée d'une marchande de la halle qui, ayant seule des œufs, ne voudrait les vendre qu'au panier, sans permettre de les regarder un à un et de les « mirer » pour vérifier leur fraîcheur.

Des trois ou quatre préfets que le gouvernement de Tours envoya à Nice en 1870, et que mon vieil ami Crémieux m'avait prié de surveiller (voir de curieux récits dans « Plus ça change, plus c'est la même chose »), le citoyen Marc-Dufraisse avait eu la pensée ingénieuse que voici :

Il y avait à Nice trois partis et trois listes, les *républicains*, les *monarchistes* et les *séparatistes*. Il se fit donner les trois listes, et les fit imprimer et distribuer toutes trois à grand nombre. Seulement, sur chaque liste, il avait enlevé un des noms et l'avait remplacé par le sien. Le « truc » réussit, il fut élu ; mais ça causa un tel scandale, que la Chambre fut forcée de casser l'élection, en même temps qu'elle cassait celle de MM. Laurent et Gambetta, en faveur de laquelle le préfet Cotte de Draguignan avait glissé un certain nombre de faux bulletins dans l'urne.

On a vu, il y a peu de jours encore, quand le scrutin de liste avait quelque chance d'être accepté par la Chambre, ce qui aurait été suivi d'une dissolution, les députés de tous les points de la France, menacés pour leur réélection, ne s'adressaient pas à leurs commettants, mais à M. Gambetta et à ses amis, à ses complices et à ses affidés.

Le scrutin de liste supprime le suffrage universel et le remplace par le bon plaisir d'une coterie.

Résumons par une fable.

L'homme voit dans une prairie un cheval jeune, vigoureux, ardent.

— Bel animal, lui dit-il, tu dois être bien fort, je suis sûr que tu traînerais cet arbre renversé par le vent... Mais pour montrer ta puissance, il faut que tu me permettes de t'aider : je vais te mettre ce beau collier tout brillant et chantant de sonnettes et de grelots de cuivre, de franges, de houppes rouges et bleues ; à ce collier deux traits que nous attacherons au tronc mort. J'en étais sûr, tu l'as traîné sans efforts, la belle bête, la noble bête ! je gage que tu arracherais cet arbre vivant ! Tu verras ! la belle et lourde avoine que je te donnerai. On attelle le cheval à l'arbre ; il le déracine.

— Bravo ! ronge les feuilles de l'arbre, en attendant l'avoine qui n'est pas arrivée, parce que c'est de l'avoine comme n'en mangent pas les chevaux des rois. Je la fais venir de loin, elle est en route.

Tiens, montre encore ta vigueur, coursier *indompté*, montre-la, parce que tu le veux bien, franchis ce cercle de papier. J'ai parié que tu le franchirais.

Bravo ! j'ai gagné. Ce n'est pas seulement de l'avoine que tu auras, mais du foin fin et parfumé comme des cheveux de femme.

Allons ! hup, hup ! Une ruade à droite, un saut de mouton à gauche. C'est admirable.

Voilà pour le suffrage universel.

Maintenant il faut décider la bête à se laisser mettre un mors et des rênes, à se laisser atteler à la voiture du maître.

Allons, héroïque coursier, laisse-toi faire. Plus de charrettes, plus de fiacres. Un char de triomphe ! Je suis Caligula, tu seras Incitatus. Tu auras dans une auge d'ivoire de l'avoine dorée ! tu seras consul. C'est le scrutin de liste.

LA RÉPUBLIQUE S'AMUSE

Il se joue en ce moment par les comédiens ordinaires du peuple, deux comédies : une grande pièce et une petite.

M. Gambetta n'est plus président de l'Assemblée, n'est plus chef du ministère, est à peine député, du moins est celui de tous les membres de la Chambre qui a été élu avec la moindre majorité : il s'est emporté à Charonne, il s'est « emballé » dans sa conférence avec la commission de révision, etc. Il est sorti de son rôle, il l'a senti, et, avant de commencer une nouvelle guerre, il a pensé à aller se retremper à la finesse de sa patrie d'origine ; il est à Gênes, berceau de sa famille, et c'est de Gênes qu'il a écrit un de ces jours derniers à ses lieutenants :

Gênes, du café de la Concorde, Strada nuova,
en face du Palais-Rouge.

Ce n'est pas ça du tout. Vous ne suivrez mes exemples que lorsque, par hasard, il m'arrive d'en donner un mauvais. Vous vous « emballez », et vous ruez sur le nouveau ministère, ça ne nous servirait à rien de le renverser ; loin de là, il faut lui inspirer la plus grande sécurité, il faut le voir et le tenir assis et au complet au banc des ministres, où j'aime à contempler l'élégant Ferry, sans aucun souci de l'avenir, peigner ses favoris. Ce n'est pas le ministère qu'il faut faire sauter, mais bien l'Assemblée ; le ministère sautera avec et par-dessus le marché. L'Assemblée a résisté au suicide par persuasion, elle n'a pas voulu se suicider, nous la suiciderons ; j'en appelle de Charonne à la France, et de l'Assemblée des représentants au peuple mal représenté, il faudra ajouter — et trahi — dans les grandes occasions. Nous allons présenter successivement à la Chambre une quantité de projets dans l'intérêt du peuple et de la liberté, que j'aurais mis à exécution si on m'avait donné le scrutin de liste. Comme ces projets seront un peu hardis et poivrés, la Chambre les repoussera ; ces refus bien exploités dans nos journaux, dans les réunions, dans les banquets, dans nos voyages et nos tournées, ne tarderont pas à la rendre odieuse au peuple et à amener une dissolution, etc.

Je vous apporterai une botte de ces projets, dont nous dirons que j'avais mon portefeuille bondé, et je vous en envoie dès aujourd'hui quelques-uns, etc.

Nous pouvons donner à nos lecteurs la primeur de quelques-uns de ces projets. — Qu'on ne nous demande pas comment nous nous les sommes procurés — nous ne voulons compromettre personne.

PREMIER PROJET

Si j'avais augmenté le nombre des ministres et de leurs doublures, c'était pour donner une leçon à la France, et la mettre en garde contre la facilité de ses représentants à laisser grossir les budgets ; ce n'aurait été qu'une courte épreuve, pour arriver à offrir de me charger seul de tous les pouvoirs à des conditions d'un rabais extraordinaire. Il est temps de retrancher tous ces gros traitements contre lesquels nous nous sommes élevés avec tant de raison sous les derniers tyrans ; nous proposons, en conséquence, à l'Assemblée de réduire le traitement des ministres à 12,000 francs, et de renoncer elle-même noblement à l'indemnité des 25 francs.

Naturellement l'Assemblée repoussera cette proposition pour l'ordre du jour.

Alors, au dehors nous faisons ressortir cette criminelle opiniâtreté de surcharger et d'affamer le peuple ; et cette Assemblée aussi boit la sueur du peuple, etc., etc.

DEUXIÈME PROJET

Il est temps que « la classe laborieuse » se repose : à l'avenir, la semaine du « travailleur » sera de quatre jours et la journée de quatre heures ; par ce moyen, on sera obligé d'employer un beaucoup plus grand nombre d'ouvriers ; comme, d'autre part, il faut que la « classe la plus nombreuse » et la plus intéressante vive, le prix de la journée sera doublé.

Je sais d'avance ce qu'on répondra : ce projet sera repoussé comme le premier.

Le thème est facile à développer dans les journaux, dans les réunions, dans les banquets, etc. : le peuple sera l'éternel martyr, l'éternelle victime, etc., etc.; n'aura-t-il jamais le bon sens et l'énergie de n'envoyer aux Assemblées que ses véritables amis et de montrer qu'il est le maître ?

TROISIÈME PROJET

Comme le veto en 1790 — sus au « capital », « l'infâme capital » sera séquestré, le *salariat* aboli, le travailleur prendra sa part, et ne permettra plus qu'on la lui fasse insolemment.

QUATRIÈME PROJET

Messieurs les riches payeront seuls tous les impôts.

CINQUIÈME PROJET

Tous les dimanches, les fontaines publiques feront couler du vin.

SIXIÈME PROJET

MM. les commis voyageurs, jeunes gens de commerce, marchands de vins, etc., déclarés corps de l'État et grands électeurs, auront de droit leurs entrées gratuites à tous les théâtres, pourront circuler librement sans payer sur toutes les lignes ferrées; les administrations devront ajouter aux billets gratuits qui leur seront offerts des bons valables pour des « consommations » abondantes et variées à tous les buffets des gares.

SEPTIÈME PROJET

Si on m'avait donné le scrutin de liste, et si j'avais pu nommer Labordère ministre de la guerre, on aurait apporté d'utiles modifications aux traditions surannées et tyranniques de la discipline militaire.

Le maréchal de France obéirait aux généraux de division, les généraux de division aux généraux de brigade; ceux-ci aux colonels, qui obéiraient aux capitaines; les capitaines aux lieutenants, les lieutenants aux sous-lieutenants, les sous-lieutenants aux sergents, qui obéiraient aux caporaux, qui obéiraient aux soldats. On en avait eu un très heureux avant-goût sous les ministères Farre et Gougeard, ça n'avait plus qu'à être généralisé et régularisé.

HUITIÈME PROJET

La magistrature sera élective, on ne sera plus jugé que par ses « pairs »; c'est un principe dès longtemps admis, mais qui jusqu'ici n'a existé que dans une phrase : il faut que les vrais principes démocratiques soient poussés jusqu'à leur dernière et plus intense limite.

Pour qu'on soit jugé par ses pairs, il faut que les citoyens voleurs soient jugés par des citoyens voleurs, et les citoyens assassins et incendiaires par des citoyens assassins et incendiaires, nommés juges par eux à la majorité des suffrages.

NEUVIÈME PROJET

Il est juste, il est à propos que le peuple, sur lequel pèsent depuis si longtemps toutes les charges, ait au moins un peu de répit. Pendant dix ans le service militaire sera imposé aux riches, aux « fils de famille », aux prêtres et aux séminaristes; dans dix ans il conviendra d'examiner si cet état de choses doit être modifié, et si « le peuple », les « prolétaires », doit reprendre sa part dans cet impôt du sang qu'il a si longtemps payé, etc., etc.

Et toujours comme cela, les projets suivent les projets pendant toute la session.

On comprend combien il sera facile d'exciter une farouche indignation dans les clubs, réunions, brasseries, banquets, etc., contre une Assemblée qui, en refusant puérilement et méchamment le scrutin de liste à M° Gambetta, a tari dans sa source ce fleuve qui, généreux comme le Nil, allait déborder et couvrir la France de son fertile limon, de progrès, de libertés, de prospérités. En quelque temps, cette Assemblée sera devenue si odieuse, qu'elle demandera elle-même à se dissoudre et à s'en aller pour aller cacher son impopularité et sa honte.

Voilà pour la grande pièce.

La petite donnera ses représentations en province, comme depuis quelque temps on donne en Belgique des ouvrages des jeunes compositeurs de musique français.

Il est d'usage dans la plupart des écoles d'accorder aux élèves, selon leur travail, leur conduite, leur application, leurs progrès, des « bons points » qui, arrivés à un certain nombre, sont échangés contre un prix ou rachètent les élèves de certaines punitions.

Une idée qui, d'après certains journaux, va être d'abord appliquée dans les écoles de Marseille, serait digne de toute approbation si l'exécution en avait été confiée à des temps moins troublés, moins absurdes, moins livrés au mensonge, à « la blague », à l'esprit de coterie, à la sottise, à l'ignorance, à l'incapacité, à la mauvaise foi, à l'imitation bête et à l'admiration sinistre et grotesque des célèbres coquins et du déchaînement des vices et des crimes.

Ces bons points seront des ronds ou des carrés de carton sur lesquels seront gravés les portraits des grands hommes français, et, au revers, une légende relatant en peu de mots ce qui les recommande à l'estime et à l'admiration.

Mais n'est-il pas inquiétant de voir cette liste de nos grands hommes, qu'il serait, du reste, d'un sentiment plus élevé de ne pas restreindre à la France, dressée par les farceurs, les plagiaires, les parodistes, les pitres qui sont censés nous gouverner.

N'avons-nous pas vu de ce temps-ci essayer de réhabiliter Robespierre, Danton, les assassins de Louis XVI, de Marie-Antoinette, d'Élisabeth et presque tous les terroristes et la Terreur elle-même ? N'entendons-nous pas tous les jours crier : Vive la Commune ! Ne parle-t-on pas de placer le buste de Saint-Just dans la salle du conseil municipal de Paris et d'élever je ne sais où une statue à Rossel ?

Cette idée d'une *monnaie* intellectuelle qui, exécutée par des gens honnêtes, intelligents, réellement Français, amis de la vérité et de la gloire nationale, aurait d'excellents résultats, ne nous promet-elle pas, confiée à qui nous savons, un tas de mensonges, de billevesées, d'absurdités, de monstruosités, de bêtises criminelles et effrontées, et ne contribuera-t-elle pas à achever d'empoisonner des cervelles déjà bien malades.

Ainsi nous pouvons compter déjà, en fait de grands hommes pour cette collection, sur :

SAINT-JUST

Et au revers :

Contribua puissamment à la mort de Louis XVI et à celle des Girondins. Prit part à l'organisation de la Terreur. « Cultivait la poésie. »

MARAT

l'ami du peuple, martyr.

CARRIER. — Son patriotisme ingénieux inventa divers procédés pour rendre plus expéditive et plus terrible la justice du peuple ; il ajouta même certaines circonstances inusitées qui excitaient une douce gaieté chez les bons patriotes sans-culottes, tels que les « bateaux à soupapes » et les « mariages républicains », etc., etc.

Nos maîtres momentanés, dans leur infatuation grotesque, se prennent parfois au sérieux, tandis que les autres ne peuvent plus les prendre au tragi-comique, et semblent effrontément songer à l'histoire. En effet, quelque misérable, honteux, déplorable que soit ce qui se passe, ce sera de l'histoire, et ils y figureront, comme je l'ai déjà dit, à la façon des faucons, vautours, éperviers, buses, etc., et autres oiseaux de proie qu'on cloue sur les portes des domaines ruraux.

A propos de cette monnaie de bons points, de quel côté placera-t-on les profils? Ce n'est pas une question aussi insignifiante qu'elle en a l'air, surtout pour les monnaies d'or, d'argent et de billon.

Il est de tradition que le nouveau roi tourne toujours le dos à son prédécesseur et présente son profil opposé : ainsi le profil de Charles X regarde à droite, celui de Louis-Philippe à gauche, celui de Napoléon III à droite, du moins sur les pièces d'or, car sur les pièces d'argent et de billon c'est précisément le contraire, ce qui n'empêche pas les rois, empereurs, etc., de se tourner le dos. Chaque nouvel arrivant annonçant ainsi des vues nouvelles, contraires à celles de son prédécesseur dont on avait assez, ne fût-ce que parce qu'il y était depuis longtemps, et regardant du côté du bonheur, de la liberté, du progrès, de... la poule au pot, que l'on avait crus de l'autre côté et qui sont peut-être de celui-ci.

On sait, du reste, combien s'embellissent graduellement les souverains sur les monnaies.

Peut-être savez-vous comme moi, qui ne le sais

que depuis peu, peut-être ne savez-vous pas pourquoi le profil des souverains n'est pas tourné du même côté sur les pièces d'or que sur celles d'argent et de cuivre; si vous le savez, passez six lignes.

C'est pour ne pas permettre aux faux monnayeurs de nuance timide et primitive qui se contenteraient de changer les pièces de vingt sous en louis et celles de quarante en doubles louis ou napoléons au moyen de la dorure, d'arriver à une imitation parfaite. Quelque bien dorée que soit une pièce d'argent, on n'en peut retourner le profil.

Voici quelques-uns des profils en préparation avec les légendes du revers, peut-être pas toujours d'une vérité rigoureuse :

M. BERT, ministre de l'instruction publique, président de la Société protectrice des animaux, ardent réformateur de l'Église, mort trappiste.

M. FARRE, ministre de la guerre. — Vainqueur à Marathon, à Bouvines, à Austerlitz. A inventé la poudre.

M. FLOQUET, préfet de police. — Le czar de Russie, effrayé de le voir au pouvoir, lui a fait offrir la vice-royauté de Pologne. M. Floquet a noblement refusé. Merci, monsieur. Mais comme une politesse en vaut une autre, il expulsa le nihiliste Lawroff.

LE MÊME FLOQUET. — Ne consent à être député que si la population tout entière du département vient à sa rencontre, toutes les jeunes filles en blanc: on le fait monter sur un char antique attelé de quatre chevaux blancs, et on le couronne de roses.

M. GAMBETTA; *revers*. — Les grands hommes ont toujours été sobres, M. Gambetta déjeune tous les matins avec un morceau de pain et un oignon cru.

A dîner le bouilli, du persil autour quand il traite.

A souper, le bouilli réchauffé.

LE MÊME. — Un carré de Prussiens hérissé de baïonnettes résistait à toute l'ardeur, à toute la force d'un corps de volontaires français qu'il commandait.

Gambetta jette son épée, prend et enfonce dans sa poitrine une brassée de baïonnettes ennemies, tombe, les entraîne dans sa chute, et ouvre ainsi le carré qui est enfoncé.

LE MÊME. — Se réfugie à Saint-Sébastien pour se guérir de ses innombrables, terribles et glorieuses blessures.

M. GRÉVY (Jules), président de la République. — Venge l'honneur de la France; bat au billard Slosson, vainqueur de Vigneaux.

GOUGEARD, ministre de la marine. — S'engloutit avec son navire le *Vengeur* pour ne pas se rendre aux Anglais.

LOUISE MICHEL, vierge et martyre. — La jeunesse dorée veut la fouetter, comme Théroigne, mais les muscadins sont plus cruels, ils commencent, s'arrêtent et ne continuent pas.

Pour restaurer l'ancienne chevalerie française et la réputation de galanterie élégante de la nation, on crée un ordre nouveau : les chevaliers de la casquette à trois ponts ; ces citoyens se dévouent et se consacrent à la défense des dames ; on les distingue par une carte à la visière du casque.

Et on en verra bien d'autres.

P. S. — L'école du naturalisme, qui n'a rien inventé que j'aie pu découvrir, a cependant ceci de particulier qu'elle impose à ses adeptes des conditions et des exigences très despotiques et qui, parfois, doivent leur être pénibles.

Par exemple, M. Zola, dans son dernier roman, introduit un avocat qu'il a appelé Duverdy. Duverdy est le nom d'un avocat connu, très justement considéré, qui s'est inquiété d'abord, et s'est chagriné ensuite, du rôle que jouait son homonyme dans le roman, et il l'a fait savoir à M. Zola.

Un écrivain, comme l'est très probablement M. Zola, bienveillant, sociable, doux, bien élevé, — mais n'appartenant pas à l'école naturaliste, — aurait immédiatement répondu à M. Duverdy :

« Je vous remercie, Monsieur, de m'empêcher, par votre réclamation, de causer à un homme estimable un ennui, même le plus léger. Mon avocat aura un nom dans lequel il n'entrera pas une seule lettre du vôtre. — Agréez, etc. »

C'est ce qu'aurait, sans aucun doute, fait avec empressement M. Zola, s'il avait appartenu à cette vieille école pour laquelle « l'art est le choix dans le vrai. »

Mais appartenant à l'école réaliste, ça lui est complètement impossible, à son grand regret, j'en suis certain ; mais c'est comme cela.

L'avocat de *Pot-Bouille* ne peut s'appeler que Duverdy. S'il s'appelait Duverdit ou Duverdie, ou Laverdy, le roman tomberait en débris et en miettes, le livre n'existerait plus. Ce genre d'ouvrage est comme un tricot, comme un bas dans les mains d'une femme ; si on rompt une maille, tout le bas s'en va, Que ce tricot, que ce bas soit de la plus fine laine de cachemire, il ne pourra pas mieux pour cela supporter la rupture d'une maille.

Le naturalisme est simplement de la photographie. Il faut reproduire tout ce qui se trouve devant l'objectif, ou rien.

C'est pourquoi je trouve M. Zola plus à plaindre qu'à blâmer.

On assure que M. Duverdy, dans ses moments perdus... ou plutôt gagnés... sur ses occupations un peu sèches, cultive discrètement les lettres, même légères ; les grands exemples, au besoin, ne lui manqueraient pas. Parmi les auteurs de la célèbre satire Ménippée, on trouve le conseiller au Parlement Jacques Gillot et le savant jurisconsulte Pierre Pithou. Montesquieu n'a-t-il pas écrit les *Lettres persanes!*

M. Duverdy, ajoutent ses amis, s'amuse surtout dans ses essais à pasticher les modes littéraires, il a, entre autres, sur le métier, un roman naturaliste qui l'amusait beaucoup, mais qu'il a dû suspendre par esprit de convenance et de savoir-vivre : le héros de ce roman a tué son père et sa mère, violé sa sœur, incendié la ville, emporté la caisse d'un ami ; la nature s'est plu à le composer de toutes les hideurs, il est bossu, bancal, couturé, chassieux, pelé ; son haleine est un mélange d'odeurs *d'éviers mal entretenus, de linge suspect* et de *pieds rarement lavés.*

Jusque-là tout va bien, rien n'est même trop hardi, il atteint à peine aux modèles ; mais voici la difficulté, M. Duverdy, obéissant aux idées très fines, très déliées, aux impressions mystérieuses qui, dit-on, décidaient Balzac dans le choix de ses noms, et qui, selon l'auteur de l'*Assommoir*, le décident lui-même, fatalement et inéluctablement, quand il a trouvé, parfois après de longues recherches, le nom réel, prédestiné, du personnage qu'il met en scène ; M. Duverdy, après beaucoup d'hésitation, de tentatives, d'investigations, a dû céder aux lois de la poétique naturaliste. Son héros s'appelle Zola, il doit s'appeler Zola, il ne peut s'appeler autrement, l'aspect du nom, le nombre des lettres qui le composent, cet assemblage bizarre qu'on ne trouverait pas ailleurs, dans un nom de quatre lettres, de voir réunies la dernière et la première lettre de l'alphabet et enfin une multitude d'affinités invisibles au vulgaire, mais nettes, claires, irréfragables, pour les adeptes de la nouvelle école, assignent, imposent au héros de M. Duverdy le nom de Zola ; il a essayé Zolo, Zoli, ça ne va pas, mais pas du tout.

Arrêté d'abord par de vieilles traditions d'éducation et de savoir-vivre, passées aujourd'hui préjugés et routines, il avait suspendu l'exécution de son ouvrage ; il la suspend encore aujourd'hui par la crainte d'être accusé de représailles et de mauvaise humeur ; mais s'il n'obtient pas de la justice la radiation de son nom du livre de *Pot-Bouille*, il fera paraître son petit roman en toute conscience et sécurité.

2° *P. S.* M. Duverdy, ayant gagné son procès, renonce à son roman naturaliste.

LES GRANDS EXEMPLES

Un de ces jours derniers, un membre de la Chambre des députés est monté à la tribune, et, gourmandant ses collègues dans l'intention de piquer leur amour-propre et de leur inspirer une salutaire émulation, il a opposé au petit nombre des lois et décrets fabriqués depuis un mois par l'Assemblée actuelle le nombre des lois et décrets promulgués dans le mois correspondant par l'Assemblée de la première Révolution.

C'est bien décidément là que nos soi-disant républicains vont chercher leurs modèles. Si quelques-uns s'arrêtent à 1792, beaucoup acceptent, glorifient, et s'efforcent de leur petit mieux de copier les hommes de la Convention, de la Terreur, etc. On va mettre le buste de Saint-Just au conseil municipal de Paris. Les grandes villes départementales, ou du moins leurs conseils municipaux, vont se piquer d'honneur, et pour ne pas se montrer inférieurs à la « capitale », se feront payer par les contribuables

les bustes de Robespierre, de Danton, de Marat, de Carrier, de Collot-d'Herbois, etc. Nous entendons dans les assemblées, tant publiques que privées, crier : Vive la Commune ! c'est-à-dire vive l'assassinat, vive l'incendie, vive le pillage.

Le membre de l'Assemblée qui a adressé des reproches à ses collègues a été, selon moi, un peu sévère et même injuste, pour deux raisons :

La première, c'est qu'il importe peu que l'Assemblée fasse plus ou moins de lois qu'elle détruit à mesure, chacun des pouvoirs qui se succèdent ne s'occupant que de renverser ce qu'a fait le ministère précédent et ayant à peine le temps de préparer un certain nombre de mesures, d'arrêtés, etc., que détruiront leurs successeurs.

La seconde raison, c'est que, ô mes bons amis les pseudo-républicains ! il est bon d'être modestes, mais trop est trop. Vous avez pas mal fait de choses à l'imitation de vos pères, ancêtres et modèles.

De même qu'il faut mettre les dépenses d'hommes et d'argent du premier empire au compte de la première Révolution, qui en a nécessairement et fatalement préparé l'avènement.

Il faut mettre au compte des pseudo-républicains de 1848 les gaspillages du second empire ; car sans eux, sans leurs folies, leurs menaces, leurs crimes et même leurs votes, ce second empire n'eût pas été plus possible que ne l'eût été le premier sans les sinistres folies et les crimes sanglants des hommes de 1793.

Au compte de ce second empire, amené par vous, il doit être mis la moitié des pertes en territoire, en hommes et en argent de la guerre de Prusse ; mais à votre compte tout à fait particulier et direct, comme vous l'a prouvé M. Thiers à la tribune, la seconde moitié de ces désastres.

A votre compte, la Commune, l'état précaire où nous sommes aujourd'hui ; à votre compte l'avenir assez sombre jusqu'au retour à l'état normal.

A votre compte la profonde démoralisation de la France.

Comme je venais de lire les objurgations de cet orateur, on appelle comme cela ceux qui parlent de la tribune, le hasard me fit tomber sur un livre publié en 1818, et imprimé chez Mame ; ce livre contient un :

TABLEAU ET INVENTAIRE *de la Révolution.*

Cet inventaire, fait avec beaucoup de soin, et une précision de détails qui semble un garant d'exactitude, m'a paru intéressant et curieux à mettre sous les yeux d'un peuple qui a peu de mémoire et que l'on s'efforce de faire rentrer dans le cercle où il tourne depuis bientôt un siècle ; j'en vais copier une partie.

Il met du reste, comme je le faisais tout à l'heure, au compte de la Révolution, le règne de Napoléon Ier qui en est la conséquence nécessaire et en fait intégralement partie, comme on doit mettre le règne de Napoléon III au compte de la Révolution de 1848.

Constatons, avant de commencer, que Louis XVI en montant sur le trône trouva les finances dans un état déplorable. On sait à quels expédients de « coquin de neveu » Louis XIV avait eu recours vers la fin de son règne; Louis XV avait suivi ses traces.

Et c'est Louis XVI, qui débutait par toutes les économies personnelles possibles et avait confié les finances à l'honnête Turgot, le seul qui, avec lui, disait-il, aimait le peuple, c'est l'économe Louis XVI que le peuple parisien appela M. *Déficit.*

Ce déficit qui, en 1787, n'était pas de cent millions et qui aujourd'hui ne serait qu'une gêne pour certains particuliers, fut le commencement de la ruine de la France, par l'ignorance, l'incapacité, le mauvais vouloir, l'ambition, l'avidité, etc.

Ce fut le point de départ de la Révolution, qui a, depuis, toujours duré et dure encore, sauf certains intervalles de repos, le plus souvent apparent.

Cet état révolutionnaire a eu, a encore pour prétexte la liberté, l'intérêt et le soulagement du peuple.

Il n'est pas inutile de faire voir de temps en temps ce que, sous ce prétexte, le peuple a payé de sang et d'argent.

Et aussi ce que pour tant de sang et d'argent dépensé, prodigué, gaspillé, le peuple a reçu en échange de liberté, de diminutions d'impôts, ou de vie facile et de bonheur.

C'est ce temps qu'on se donne pour modèle, et c'est ce cercle qu'on veut recommencer.

Du 1er mai 1789 au 1er octobre 1791, les 1,213 membres de l'Assemblée des états généraux, à raison de 18 francs par jour, ont reçu 15,876 francs. Total, 19,257,688 francs.

Suppression des droits féodaux, de la dîme, des

corvées, etc., biens du clergé et des domaines nationaux vendus pour une somme de 400 millions.

Assignats, 900 millions.

Première insurrection pour le Parlement, 117 morts.

Affaire Réveillon, 87.

A Rennes, 10.

Individus ayant péri dans diverses villes, 3,740.

Châteaux incendiés, 128.

Conspirations, 66.

Insurrections, 72.

Lois promulguées, 2,557.

ASSEMBLÉE LÉGISLATIVE

745 membres du 1er octobre 1791 au 20 septembre 1792, à 18 francs par tête, chacun 6,228 francs. Total, 4,369,060 francs.

Ils prêtent serment au roi déclaré restaurateur de la liberté et inviolable, ainsi qu'à la Constitution.

Domaines nationaux vendus, 225 millions.

Création d'assignats, 1,650 millions.

Journée du 10 août et massacre à Paris, 2, 3, 4 et 5 septembre, 8,044 morts.

Châteaux incendiés, 62.

Insurrections, 28.

Conspirations, 44.

Lois votées, 1,227.

Les deux tiers des membres passent à la Convention.

CONVENTION NATIONALE

749 membres à 36 francs par jour et par tête, du 21 septembre 1792 au 28 octobre 1795, chacun 40,752 francs. Total, 30,523,248 francs.

132 proconsuls dans les départements, 28,088,900 francs.

Louis XVI, la reine, Madame Elisabeth tués, le dauphin mort de mauvais traitements.

Sous ce règne, les proscriptions, la guerre civile, les fusillades, les mitraillades, les échafauds, les noyades ont fait périr en France, hommes, femmes et enfants, 989,816.

Aux colonies, 188,400.

En Vendée (guerre civile), 202,000.

Suicides : pendus, noyés par suite du système de terreur, 8,191.

Morts de la peste, etc., dans les prisons, 3,200.

Sous les démolitions, 70.

Femmes mortes de couches prématurées, 3,402.

Morts de famine, 20,090.

Devenus fous, 1,550.

Villes, villages, hameaux, fermes détruits en France et aux colonies, 27,000.

Français émigrés, 123,799.

Insurrections, 850.

Conspirations, 988.

Lois rendues dont 89 pour la peine de mort, 11,210.

Vente de biens nationaux, biens du clergé et d'émigrés, 2 milliards.

Fabrication d'assignats, 5 milliards.
Emprunt forcé sur les riches, 2 milliards.
Dépenses pour papier, impression et fabrication des assignats, 15,000,000.
Impressions diverses à l'imprimerie nationale, 14,000,000.
Total, 9,029,000,000.

DIRECTOIRE EXÉCUTIF DES CINQ DIRECTEURS

Du 28 octobre 1796 au 10 novembre 1799, cinq directeurs à 150,000 francs chacun et par an, pour les quatre ans et un mois, 3,062,500 francs.

De plus, il ont voulu être meublés, chauffés, éclairés, fournis de linge, voitures, chevaux, etc., le tout évalué 3 millions.

Un secrétaire général à 25,000 fr., 102,083 francs.
5 secrétaires à 10,000 francs chacun, 204,106 fr.
Total, 6,368,749 francs.

CONSEIL DES ANCIENS

250 membres à 33 francs par jour chacun, 49,189 francs.
Total, 12,295,750 francs.

CONSEIL DES CINQ CENTS

500 membres à 28 francs par jour chacun, 41,320 francs.
Total, 20,800.000 francs.

Sous le Directoire, il a péri aux armées, en Italie,

en Allemagne, en Suisse, en Vendée et en Égypte, 747,802 hommes.

Fusillés, 47.
Décapités, 7.
Total, 747,856.
Conspirations, 38.
Insurrections, 22.
Directeurs déportés, 2.
Autres déportés, 101.
Lois promulguées, 1,921.
Ventes de biens nationaux et d'émigrés, 70 millions.
Émissions de mandats, 2,400,000,000 francs.
Fabrication des mandats, poinçons, papier et impression, 7 millions.

Puis les membres des deux conseils et les cinq directeurs se sont empressés autour de Bonaparte, et ont envahi le Sénat, les ministères, le conseil d'État, les préfectures, toutes les dignités. Beaucoup sont devenus princes, ducs, comtes, barons, chevaliers, ont acquis des palais, des châteaux, des terres, etc.

BONAPARTE, PREMIER CONSUL

Du 30 décembre 1799 au 18 mai 1804, cinq ans quatre mois à 500,000 francs par an, 2,208,333 fr.

Cambacérès, second consul à 150,000 francs par an, 662,500.

Lebrun, troisième consul à 150,000 fr., 662,500.
Maret, secrétaire général à 25,000 fr., 114,000.
3 secrétaires à 10,000 francs, 132,498 francs.

30 conseillers d'État à 20,000 francs chacun, 2,650,000 francs.

SÉNAT CONSERVATEUR

Du 13 décembre 1799 au 31 mars 1814, treize ans et trois mois, 87 sénateurs à 98 fr. 66 c. par jour, 40,790,000 francs.

10 sénateurs de 1806 au 30 mars 1814, 2,970,000 francs.

9 sénateurs de 1807 au 31 mars 1814, 2,349,000 francs.

28 sénateurs de 1808 au 31 mars 1814, 6,300,000 francs.

Un trésorier du Sénat à 100,000 francs par an, treize ans et vingt jours, 1,305,550 francs.

29 sénatoreries depuis le mois de mai 1804 jusqu'au 21 mars 1814, neuf ans et dix mois, 21,387,500 francs.

134 sénateurs commandeurs de la Légion d'honneur à 2,000 francs chacun pour neuf ans et quatre mois, 2,501,329 francs.

6 ministres jusqu'en 1804 à 50,000 francs par an, 1,300,000 francs.

CORPS LÉGISLATIF

Du 13 décembre 1799 au 18 mai 1804, 300 députés à 27 francs par jour pendant quatre ans et six mois, 16,200,000 francs.

TRIBUNAT

Du 23 décembre 1799 au 18 août 1807, six ans et six mois, 100 tribuns à 15,000 francs chacun, 9,750,000 francs.

Lois promulguées, sénatus-consultes, décrets du premier consul, 2,951 francs.

NAPOLÉON, EMPEREUR

Liste civile, en y comprenant les revenus des domaines évalués, 42 millions pour dix ans, 420,000,000 francs.

A sa famille (huit personnes), 120,000,000 francs.

A Joséphine, du 10 mars 1810 au 31 mars 1814, à 3 millions par an, 12,000,000 francs.

Le retour de l'île d'Elbe et les enlèvements d'or et d'argent par ses frères délivrés ont été évalués à 60 millions.

Cambacérès, archichancelier à 500,000 francs par an, pendant dix ans, 5 millions.

Un architrésorier, Lebrun, à 500,000 francs par an, pendant dix ans, 5 millions.

Un secrétaire d'État, Maret, à 300,000 francs par an, pendant dix ans, 3 millions.

Un procureur général, Regnault de Saint-Jean-d'Angely, à 150,000 francs par an, pour quatorze ans, 2,100,000 francs.

Un grand chancelier de la Légion d'honneur à 100,000 francs, pendant dix ans, 1 million.

Un grand maître de l'Université à 100,000 francs, pendant dix ans, 1 million.

30 conseillers d'État à 25,000 francs, pendant dix ans, 7,500,000 francs.

16 conseillers d'État, ayant les directions, à 50,000 francs, pendant dix ans, 8 millions.

46 conseillers d'Etat, officiers de la Légion d'honneur à 10,000 francs, pendant dix ans, 4,600,000 fr.

9 maîtres des requêtes à 6,000 francs, pour dix ans, 540,000 francs.

200 auditeurs à 3,000 francs, pour dix ans, 6 millions.

CORPS LÉGISLATIF. — 500 MEMBRES

Du 18 mai 1804 au 31 mars 1814, neuf ans et neuf mois, à 12,000 francs par an, 58,500,000 francs.

Le président du Corps législatif à 100,000 francs, pour neuf ans et neuf mois, 975,000 francs.

8 ministres à 300,000 francs pendant dix ans, 24 millions.

600 commandeurs de la Légion d'honneur à 2,000 francs, 12 millions.

2,000 officiers de la Légion d'honneur à 1,000 fr., 20 millions.

20,000 légionnaires à 250 francs, 5 millions.

130 préfets à 25,000 francs l'un dans l'autre, pendant quatorze ans, 45,500,000 francs.

550 sous-préfets à 6,000 francs, pour quatorze ans, 16,200,000 francs.

Pour la police secrète, 28 millions.

Cadeaux à des favoris. Achat de dissidents et de douteux, 50 millions.

En 1815, Chambres des pairs et des députés, 777,134 francs.

Sénatus-consultes, décrets et arrêtés, 5,062 francs, sur lesquels 55 sénatus-consultes pour la conscription qui a fourni à la guerre six millions de Français dont 5,500,000 ne sont pas revenus.

Résumé de huit Constitutions, 25,428 lois.

Pour le total des dépenses et gaspillages, additionnez les sommes portées ci-dessus.

Morts par la Révolution, en y comprenant l'empire qui en est la conséquence fatale, 8,526,476 individus, dont 6 millions livrés à Napoléon par les 234 sénateurs, en quatorze ans, pendant lesquels ils se sont partagé 77,703,379 francs, ce qui, d'après le calcul d'un contemporain, mettait les hommes sacrifiés à 12 fr. 14 c. par tête. Est-ce le cercle qu'il faudra recommencer?

DE QUELQUES HOMMES FORTS

Suffisamment riche et heureux d'une vie libre et assez calme au bord de la mer et dans mon jardin, n'ayant ni le besoin ni le désir de la plus grande partie des choses que les autres hommes se disputent, il m'a été facile, et, à vrai dire, assez peu méritoire, de n'être ni envieux, ni méchant, et de rester indulgent pour mes semblables, dont je n'attendais pas grand bien, et qui ne pouvaient me faire grand mal. C'est avec une compassion poussée quelquefois jusqu'à une sorte de tendresse, que j'envisage les faiblesses et les infirmités de l'esprit comme les faiblesses et les infirmités du corps. Non que je croie aux « bonnes bêtes », ce n'est qu'aux gros chiens et non aux roquets, qu'on peut sans crainte passer sur la tête une main caressante ; les gens bêtes peuvent n'être pas méchants, d'une méchanceté personnelle et native, mais il leur est facile de prendre par contagion la méchanceté des autres, et d'en devenir au moins les instruments : tout le monde n'a pas le moyen d'être bon.

Je n'ai donc pas plus de colère et de haine contre les soi-disant athées que je n'en ai contre les sourds, contre les aveugles, contre les bossus, contre les idiots.

L'athéisme, la plus grosse, la plus insoutenable, et, dans certains cas, la plus malheureuse des bêtises, provient, j'en suis convaincu, pour la plupart des malheureux crétins qui le professent, de ce qu'ils n'ont ni la possibilité, ni le loisir, ni le goût de connaître, de contempler, d'étudier la nature, dans les villes où la terre revêtue de gris ne se montre qu'à l'état de boue, où les rayons du soleil semblent se salir sur des tuiles et des ardoises et dans la fange des ruisseaux. De tous les arguments qu'on peut opposer à cette imbécillité de l'athéisme, le plus triomphant est sans contredit l'étude de l'histoire naturelle, beaucoup trop négligée dans les collèges. Quand on lit les récits des voyageurs aux pays sauvages, on voit ces peuples si enfants, si peu éclairés, imaginer quelquefois des dieux bizarres, monstrueux, ridicules, mais on ne les voit jamais ne reconnaître aucun Dieu. J'ai toujours été frappé de la réponse de Vendredi à Robinson le questionnant sur sa religion : — Nous regardons le ciel, dit-il, et nous disons : on !

Sur la côte de Coromandel, les « naturels » regardent le ciel, au soleil levant, et crient avec enthousiasme : *Ram-Ram!* c'est-à-dire Dieu !

Il suffit de regarder une fois avec attention un brin d'herbe ou une goutte d'eau, que tous les hommes réunis ne pourraient ni créer ni détruire, pour être convaincu de l'existence d'un être suprême créateur de la nature. Il suffit de se regarder, de se contempler, de s'étudier soi-même, — quelque peu de chose, quelque faible, mal bâti, bête que l'on soit, — pour voir un admirable ouvrage qui ne peut s'être fait lui-même.

Je comprends, — ceci soit dit à la décharge des mal bâtis et des imbéciles, des infirmes de corps et d'esprit, — que les cruches et les pots de chambre, en regardant de quelle argile grossière ils sont fabriqués, en songeant à leur rôle et à leur destination, conçoivent du potier qui les a faits une idée moins élevée, moins sublime, moins reconnaissante que ces beaux vases murrhins, si recherchés des Romains, qu'Auguste se contenta d'en prendre un seul pour sa part de butin après la victoire d'Actium ; ou ces coupes sculptées dans le hêtre par Alcimédon, dont parle Virgile. — *Opus Alcimedontis.* Que vous soyez plus ou moins content ou mécontent de votre Créateur, qu'il vous ait fait « dieu, table ou cuvette », il n'y a pas moyen d'admettre que le dieu, la table ou la cuvette se soient faits eux-mêmes, et il faut reconnaître le potier.

Donc, s'il se trouve par hasard quelque athée véritable, ce dont je doute, son incrédulité ne pourrait résister à trois ou quatre questions bien simples, à moins que ce ne soit un crétin complet, goitreux et irresponsable, auquel est due la commisération pour l'infirmité de son cerveau comme pour celle de son malheureux corps; le vrai athée, — ajoutons toujours : s'il existe, — est quelque chose de bizarre, de rare et de curieux à examiner, et on comprend facilement ce que fit le savant père Oudin, auquel un jeune homme, le rencontrant dans le monde, fit la proposition de discuter avec lui, en ajoutant : — Je commence, mon père, par vous dire que je suis athée.

— Vraiment, dit le père, je suis bien content de vous avoir rencontré. Faites-moi le plaisir de vous lever de votre siège. Très bien. Maintenant retournez-vous. Très bien, merci. Maintenant, faites trois pas. A merveille. Eh bien ! j'avais quelquefois entendu parler d'un athée, mais j'y croyais peu, et je ne savais pas comment c'était fait. Mille remerciements.

D'autre part, vous entendez tous les jours des orateurs de taverne se proclamer républicains, démocrates, socialistes, nihilistes, qui seraient bien embarrassés d'expliquer ce que signifient en réalité ces titres qu'ils se donnent, n'étant en réalité que des ayant faim et ayant soif, des avides, des vaniteux, des fainéants, etc.

De même, être athée, c'est un degré supérieur qui met celui qui s'en orne au-dessus du simple nihiliste, qui est au-dessus du socialiste, qui est au-dessus du démocrate, c'est-à-dire plus près du butin pour le jour de la curée.

Il est une petite classe d'athées se disant et se croyant tels, parce que, n'acceptant pas, pour une raison ou pour une autre, certaines parties du dogme de telle ou telle secte religieuse, parce que, voyant Dieu représenté en robe bleue, et se le représentant plus à leur gré qu'en robe verte, ils se figurent ne croire à aucun Dieu. Ça n'est pas grave, et ça se passe.

Mais si l'athéisme, — toujours en le supposant réel, — serait la plus énorme, la plus malheureuse, la plus absurde des bêtises et la plus digne de compassion, il est une bêtise plus énorme encore, plus malheureuse, plus absurde et ne méritant que le mépris : c'est la prétention d'afficher faussement l'athéisme, de s'en faire un titre de gloire, une supériorité, un droit aux grosses parts du pillage, à l'autorité et au commandement. C'est dans cette classe qu'il faut placer ces tristes farceurs qui aujourd'hui se disent athées à grand renfort de trompettes et de grosse caisse.

Par exemple, ce citoyen juré qui, devant le tribunal d'Aix, refuse le serment d'usage par lequel le juré s'engage « devant Dieu et devant les hommes » à juger en toute conscience, sans faveur et sans haine, ce citoyen Martin veut bien jurer devant les hommes, mais refuse de prendre Dieu à témoin parce qu'il ne croit pas à Dieu. » C'est bien le type des soi-disant athées d'aujourd'hui, tous taillés sur le même modèle, car, dit un proverbe : « Il y a plus d'un âne à la foire qui s'appelle Martin. »

Le citoyen Martin ayant lu dans son journal l'histoire de l'excentrique Anglais Bradlaugh, et s'étant, à son imitation, proclamé athée, se voyant, lui aussi, cité dans les journaux, se croyant l'objet de l'admiration de l'univers, est rentré fier, heureux et gonflé dans sa boutique. Eh bien, comme ce genre d'imbéciles ne m'inspire pas de pitié, je voudrais lui démontrer, s'il était à Saint-Raphaël au lieu d'être à Aix, qu'il se vante, qu'il n'est pas si bête qu'il le prétend, qu'il n'est pas athée, qu'il n'est que sot et vaniteux, et qu'il pourrait bien lui arriver de se mettre sur la planche pour l'heure de sa mort, ou plutôt dans l'oreiller où il reposera pour la dernière fois sa tête, un joli petit fagot d'épines, d'anxiétés, d'affres et de terreurs.

Supposons, en effet, un individu assez aveugle ou assez imbécile pour croire s'être fait lui-même, pour croire que les mondes qui flottent dans l'espace se sont faits eux-mêmes ou ont été faits par « la nature » ou par « le hasard, » sans penser qu'alors la *nature* et le *hasard* seraient des dieux qu'il faudrait reconnaître et adorer; cet individu croyant qu'il n'y a pas de Dieu, ne songerait jamais à le braver, l'insulter. Ce serait aussi fou, aussi risible que de voir un homme qui, seul dans une chambre bien fermée, s'étant assuré qu'il n'y a personne avec lui, après avoir regardé sous le lit, fouillé les armoires et les tiroirs, frapperait les murs de sa canne, en sacrant, en jurant et en criant : Il n'y a personne? Eh bien! toi qui n'y es pas, toi qui n'existes pas, je te provoque, je me moque de toi, tant je suis brave, résolu et fort.

On rirait au nez d'un homme qui monterait sur quelque chose et dirait : Admirez-moi, je n'ai pas peur des ogres, des fées, des loups-garous et des vampires. De même il est risible de voir un citoyen se vanter de n'avoir pas peur d'un Dieu qui, selon lui, n'existe pas plus que les ogres et les loups-garous.

Mais c'est que ce citoyen estime sa bravoure à la

mesure de l'effort qu'elle lui coûte et de la peur que lui fait peut-être à lui-même sa voix proférant ces insanités.

Si le citoyen Martin était vraiment athée, il n'aurait pas fait tout ce bruit; il aurait considéré paisiblement la prise à témoin de Dieu comme la formule qu'il ne manque pas de mettre en bas d'une lettre : « J'ai l'honneur d'être votre serviteur », quoiqu'il ne soit pas le serviteur de celui auquel il écrit, et quoiqu'il n'y ait pas d'honneur à être le serviteur de n'importe qui.

Voulez-vous voir comment on devient ou plutôt comment on arrive à se dire républicain, démocrate, socialiste, nihiliste, athée, etc.?

Il y a d'abord les platoniques, ceux qui « *confessent* » ces petites religions qui ont leurs dogmes et surtout leurs intolérances, simplement pour avoir l'air « forts », pour s'inspirer d'abord à eux-mêmes une fervente admiration pour leurs chétives personnes, et dans l'espoir de la faire partager au public.

Ensuite, ceux qui sont séduits parce que cela rapporte à d'autres en « considération », en « honneurs » et surtout en profits de tous genres.

Prenons pour exemple ce pauvre Esquiros, au tombeau duquel quelques « citoyens » viennent de faire une sorte de pèlerinage, après lui avoir si fort chicané et reproché les quatre mille francs qu'il demandait pour abandonner au citoyen Gent les fonctions et les émoluments de la préfecture des Bouches-du-Rhône, où il ne réussissait guère.

Esquiros avait débuté comme poète élégiaque. Je

ne crois pas que la nature l'y eût destiné avec beaucoup de préméditation et de résolution, car il se mit à imiter tantôt Lamartine, tantôt Hugo, tantôt tel ou tel autre qui avait du succès. Il portait de longs cheveux pleureurs, la voix douce et languissante, le regard vague et attendri. C'était beaucoup, mais ça ne suffisait pas. Il publia un livre dont le titre était un nom d'oiseau, puis une quantité d'idylles, de romances sans musique, etc., sans que personne s'en aperçût, sans que surtout les journaux daignassent en faire la moindre mention.

Un jour, comme Lamennais venait de publier « les *Paroles d'un croyant* », le succès de ce livre si peu intelligible enivra Esquiros, et le frêle et doux poète élégiaque pasticha Lamennais comme il avait pastiché les autres. Mais le parquet se fit peu raisonnablement et trop sévèrement son collaborateur, prolongea le pastiche, et on mit Esquiros en prison. Ce fut une révélation, une transfiguration ; les journaux soi-disant républicains parlèrent de l'auteur de « l'Évangile du peuple » avec enthousiasme ; le livre se vendit beaucoup ; se lut moins, mais Esquiros avait trouvé sa voie ; adieu aux oiseaux, aux ruisselets, aux pâquerettes : il se mit à « réhabiliter » Marat et Robespierre, de Marat il fit un martyr, de Robespierre un dieu. Cela lui attira encore des éloges et lui donna un rang dans la littérature soi-disant républicaine. Il passa à l'éloge de la Terreur et de la guillotine. « La Révolution française, écrivait-il, n'est pas seulement un événement, c'est une moisson », à une moisson il faut une faulx ; à la Révolution française, il faut la terreur, et il traitait « d'esprits faibles » ceux qui « reculaient devant la terreur. » C'est pourquoi il fut nommé plus tard administrateur des Bouches-du-Rhône, où il se livra à de telles orgies d'arbitraire et dé despotisme qu'on dut le remplacer en toute hâte. Puis il est mort sénateur.

Il en est de même des « enterrements civils. » Je ne partage pas l'indignation qu'ils excitent chez certains ultracatholiques.

Je pense qu'on doit être libre de se faire enterrer à sa guise, ou jeter à la mer avec un boulet au pied, ou, ce qui serait mieux, et je dirai quelque jour pourquoi, de se faire brûler, le tout avec les cérémonies, la pompe ou la simplicité qu'il conviendrait à chacun.

Mais à condition que ce soit vrai ; — à condition qu'on se fasse enterrer civilement, uniquement parce qu'en réalité on aime mieux ça après y avoir librement réfléchi.

En est-il ainsi? Non. On se réjouit à ses derniers moments du rôle d'homme fort qu'on va faire jouer à son cadavre. Si on a quelques doutes, ça cède à la crainte du mépris et de la colère des compagnons « libres penseurs », qui se sont promis une petite fête et un prétexte à rafraîchissement d'un nouvel « enterrement civil. »

Je ne veux dire précisément ni où ni quand il m'arriva ce que je vais raconter, parce qu'il existe encore des gens que ce souvenir pourrait chagriner si le héros de l'aventure était désigné trop clairement.

Il y avait dans mon voisinage un homme entre

cinquante et soixante ans, quant à l'âge ; très petit, très chétif ; vivant d'un petit revenu suffisant, et resté veuf avec une fille de dix-huit à vingt ans. En sa qualité de petit et de chétif, il affichait de grandes prétentions à la vigueur. Ce qui pouvait lui manquer, quoique ne lui manquant guère sous le rapport physique, était largement compensé par la force morale.

C'était un homme fort, il jugeait tout de haut et ne croyait à rien. Le dimanche, il se faisait voir, n'allant pas à l'église ; le vendredi, il mangeait religieusement, dévotement, austèrement de la viande ; il ne rendait au curé et au maire leur salut que légèrement et d'un air dédaigneux ; il était abonné au journal le plus rouge qu'il avait pu trouver et se piquait de n'en pas lire d'autres ; à ce journal il adressait de temps en temps quelques lettres contre le fanatisme du curé et le despotisme du maire ; une fois ou deux ses lettres avaient été imprimées, il en avait toujours « par hasard » un exemplaire dans sa poche, et les lisait à ses connaissances de « café » ; s'il donnait la main à un homme dont il atteignait à peine le coude, il essayait de lui faire mal, à force de serrer cette main au point de devenir lui-même violet ; selon lui aussi, Robespierre, Marat, Carrier avaient été méconnus et calomniés. Il marchait droit jusqu'à la raideur et les sourcils froncés, heureux de penser qu'on le prenait pour un homme fort et au besoin terrible.

Il tomba malade ; il était venu me voir une ou deux fois, il me fit appeler : — Je suis bien malade, je m'adresse à vous pour un grand service ; quoique vous soyez un peu tiède et peut-être même réactionnaire, je ne vois personne en qui je puisse avoir la même confiance.

Ce jour-là, il ne croyait pas du tout mourir. Il était héroïque. Il parlait de la mort avec désinvolture. Après m'avoir expliqué ce qu'il attendait de moi dans l'intérêt de sa fille, s'il « venait à mourir cette fois-ci ou une autre », car « nous sommes tous mortels, et ça lui arriverait comme aux autres, malgré la vigueur de son tempérament », il étala ses idées et ses « principes. »

D'abord il voulait être enterré civilement. Un petit discours sur sa tombe, si possible. Un mot dans son journal.

Le lendemain il était plus mal, et j'assistai ce jour-là et pendant deux semaines à un spectacle étrange et poignant : dans les alternatives de mieux et de plus mal l'homme changeait totalement. Fanfaron, loquace quand il se croyait hors de danger, il devenait sombre, taciturne, absorbé quand la crise lui semblait plus grave. Je savais par sa fille qu'il n'avait qu'un sommeil agité et voisin du délire. Il était évidemment tourmenté de pensées, de doutes, d'angoisses dont il n'osait pas parler. Puis aussitôt qu'il se croyait mieux, l'outrecuidance, les bravades reparaissaient. A force de l'écouter, de l'interroger et de le regarder, je ne tardai pas à comprendre la situation de son esprit et de son âme. Il avait peur non seulement de la mort, mais... d'après la mort. Cette irréligion, cette incrédulité qu'il affichait, il n'était pas certain que ce fût la vérité. Et si ce n'était pas la vérité, si la vérité, au contraire, était ce que sa mère lui avait appris dans son enfance... s'il allait au lieu du néant trouver un juge sévère!!...

Mais, d'autre part, que diraient ses amis de café devant lesquels il s'était montré si « fort »? que dirait son journal?

La vanité humaine est tellement féroce que ces deux impressions se balançaient et se maintenaient en équilibre, l'une ou l'autre l'emportant, mais seulement pour quelques heures, suivant qu'il se sentait mieux ou plus mal.

Comprenant ses luttes, je considérai comme un devoir de venir à son secours; il était évident que si la vanité de « l'homme fort » l'emportait, il allait mourir épouvanté, désespéré, enragé. Attaquer son incrédulité au moins par des doutes, ça ne suffisait pas. Les mauvais jours, il ne répondait pas, et je crois que ces doutes agissaient. Qui sait au juste ce qu'il y a de l'autre côté de la vie? Personne n'est revenu nous le raconter. Nous savons bien ce que nous disent « la philosophie et la raison »; mais qui sait si notre esprit et notre raison n'ont pas des bornes comme les regards de nos yeux? Quelle déception si tout ce que nous avons cru et ne croyons plus était vrai, etc., etc.; mais aux jours où il se sentait mieux, il me répondait par tous les lieux communs ramassés dans les journaux, et la contradiction semblait l'affermir dans ses idées de protestation contre la religion et d'enterrement civil.

Je pris un biais; je lui parlai de sa fille. — Elle est pieuse, lui dis-je, elle est chrétienne, elle est catholique. — Oui, me dit-il, j'ai laissé quant à elle agir sa mère; d'ailleurs « il faut une religion pour le peuple et pour les femmes », et le moribond se rengorgeait, oubliant qu'il était lui-même du peuple et qu'il était plus faible que la plus faible des femmes.

— Eh bien, lui dis-je, comprenez-vous ses angoisses en ce moment, et son désespoir pour toute sa vie, si, — je ne dis pas aujourd'hui, mais plus tard — car, comme vous le dites si bien, nous y arriverons tous, — si vous voyant mourir sans prêtre et être enterré sans passer par l'église, elle est convaincue que vous êtes condamné à des tortures éternelles?

— Quelle puérilité! dit-il, car ce jour-là il se sentait assez bien.

— Peut-être, mais c'est une horrible torture qu'il dépendrait de vous de lui épargner, et alors ne serait-ce pas une épouvantable cruauté de ne pas le faire?

Il resta pensif. Il s'attendrit tout haut sur sa fille, et tout bas sur lui-même.

— C'est d'un homme fort, continuai-je, de ne pas craindre la mort, et vous vous montrez, je puis l'attester, aussi fort qu'il est permis à l'homme de l'être.

Mais ne serait-ce pas vous élever encore plus haut que de sacrifier vos idées, vos convictions, vos principes que tout le monde sait si fermes...... à cette enfant?

J'avais trouvé le joint : lui fournir une autre pose héroïque, une autre attitude d'homme fort.

Le pauvre diable ne demandait pas mieux que de céder avec les honneurs de la guerre.

Il ajouta cependant :

— Et mon journal?

— Votre journal? Nous en reparlerons, et si, par hasard, un jour, vous mourez avant moi, je vous promets d'écrire à votre journal avec quelle fermeté, quel calme stoïque, vous avez « affronté le trépas. »

Sa fille fit le reste.

Quelques jours après il mourut réconcilié, paisible, résigné.

Et le journal?

Je tins ma parole, j'écrivis au journal une petite oraison funèbre dont l'homme fort aurait été content, mais elle ne fut pas insérée. C'est si peu intéressant un abonné qui très certainement ne renouvellera pas!

REMINISCERE

La France avait autrefois une sauvegarde souveraine, une arme terrible qui la préservait ou la vengeait de tout. Ni la puissance, ni la force, ni la richesse n'en mettaient à l'abri : le ridicule tuait sans rémission toutes les tyrannies. C'était le *palladium* auquel la fortune de Troie était attachée ; c'était le bouclier, l'*ancile* tombé du ciel dans le palais de Numa ; c'était le *labarum*, c'était l'*oriflamme*, c'était l'étendard vert de Mahomet.

Comment cette arme s'est-elle émoussée? Elle frappe et, comme les verges dont la fée Grognon veut frapper *Gracieuse*, l'amante du beau *Percinet*, les brins de bouleau se changent en plumes caressantes ; disons mieux, le ridicule ne fait plus que donner aux gens une notoriété qui leur permet d'arriver à tout, — comme le célèbre Mangin, le type et le modèle de nos hommes d'État d'aujourd'hui, l'habit rouge, le casque à grand panache, le cabriolet sur lequel le charlatan est juché, lui font vendre ses crayons.

Le Français n'est plus gai, ne rit plus. Veut-on faire paraître aux yeux un abus, une prétention, en les grossissant un peu, en employant l'hyperbole ; l'imagination est impuissante à opérer le grossissement, la réalité l'emporte sur elle.

Il y a deux ou trois dimanches, croyant imaginer une plaisanterie assez gaie, je mettais au nombre des projets de lois dont était resté bourré comme une corne d'abondance le portefeuille de l'avocat génois, l'idée de donner aux commis voyageurs devenus un des corps de l'État depuis le fameux banquet, le droit de parcours gratuit sur les voies ferrées. Eh bien, ça n'était nullement drôle, l'idée a paru bonne, et quelques députés l'ont ramassée et la présentent à l'Assemblée à leur bénéfice.

Déjà, nos représentants sont si prodigieusement forts qu'il leur suffit pour remplir leur mandat d'une partie de leur temps, d'une partie de leurs capacités, d'une partie de leurs connaissances, d'une partie de leur éloquence. Les nombreux avocats qui sont l'ornement de l'Assemblée n'hésitent pas à aller de côté et d'autre travailler de leur ancien état, plaider et défendre ou attaquer la veuve et l'orphelin, prodiguer surtout les trésors de leur faconde à MM. les assassins et encourager les grèves ; que sera-ce lorsqu'ils voyageront gratuitement, lorsque, grâce au scrutin de liste, les élections se feront sous la cheminée du château de Ville-d'Avray et amèneront aux Assemblées un grand nombre de ces commis voyageurs dont M. Gambetta a reconnu solennellement les aptitudes politiques et l'influence. Si j'avais l'honneur d'être député, je proposerais une loi corollaire indispensable de celle qui assurera les voyages gratuits aux députés.

L'indemnité allouée aux représentants leur sera payée en jetons de présence ; ces jetons consisteront en petits carrés de cartons semblables aux billets de chemin de fer ; un huissier les délivrera aux députés à leur entrée dans la salle ; cessant la distribution un quart d'heure après le commencement de la séance, ce même huissier les contrôlera d'un signe convenu, toujours comme les billets de chemin de fer, à la fin de la séance ; ces billets dûment contrôlés seront, à la fin du mois, échangés à la caisse de la Chambre contre autant de trentièmes de l'indemnité mensuelle.

Voilà pour un point.

Voici l'autre, qui est moins grave et moins cher.

Un des journaux les plus répandus et qu'attendent chaque jour cent mille citoyens pour savoir ce qui s'est fait et dit hier, ce qu'ils doivent penser, aimer, haïr aujourd'hui, s'imprime dans une ville où chaque année cent navires et peut être davantage arrivent chargés d'oranges d'Italie, d'Espagne et d'Afrique ; l'autre jour ce journal a cru devoir se montrer savant, et, pensant à tort qu'on pouvait parler de la nature comme de la politique, sans l'avoir étudiée, après avoir été chercher dans l'antiquité et même dans la Fable les origines de ces pommes d'or, il a dévoilé à ses lecteurs un secret de la culture et de l'art des jardins.

« Quant aux oranges dont la pulpe et le jus sont

rouges, a-t-il dit, *bien des gens croient* qu'elles constituent une espèce particulière : *c'est une erreur.* On les obtient en *greffant des orangers ordinaires sur des grenadiers.* »

Je dois avouer que je fais partie de ces gens nombreux qui croient que les orangers à pulpe rouge constituent « une espèce particulière, » parce qu'une greffe d'oranger ne prendra pas plus sur un grenadier qu'elle ne prendrait sur une pierre ou sur la flèche d'une église.

Ce secret doit être rangé à la suite de ceux que madame de Genlis crut devoir, en son temps, communiquer à ses lecteurs. Elle avait lu ces billevesées dans quelque livre et avait fini par croire qu'elle les avait elle-même vues et expérimentées.

« Voulez-vous, disait-elle, avoir des roses vertes ? rien n'est si facile : vous prenez un œil de rosier et vous l'insérez sous l'écorce d'un houx ; la branche qui sortira de cet œil vous donnera des roses vertes. De même, si vous préférez les roses noires, ça n'est pas plus difficile : vous greffez le rosier sur un cassis. » Et après madame de Genlis, ces beaux secrets ont été répétés dans plusieurs ouvrages.

On ne pensa pas à lui demander comment et pourquoi la rose, greffée sur le cassis, prenait la couleur du fruit du cassis, qui est noir, et non la couleur de ses feuilles ; la rose, greffée sur le houx, prenait la couleur de ses feuilles et non la couleur de ses fruits, qui sont d'un rouge écarlate.

Il existe, du reste, un rosier du Bengale à fleurs vertes. Quant à la rose noire, il faut se contenter jusqu'ici de roses d'un pourpre ou d'un violet très foncé, entre lesquelles je citerai, pour le lecteur ami des roses, les roses appelées : *M. Boncenne, Jean Liabaud, Souvenir de William Wood.*

En présence des bêtises empoisonnées que l'on débite sans cesse aux ouvriers, source de misère pour eux et de dangers pour la société, en voyant les meneurs soi-disant socialistes que les ouvriers ont juchés au pouvoir et aux places rétribuées et qui les laissent avec sérénité dans le gâchis où ils les ont jetés, le tour est joué.

Si j'étais quelque chose dans le Gouvernement, député, garde champêtre ou seulement ministre, voici ce que je proposerais à l'Assemblée :

Loi,

Dans toutes les usines et tous les ateliers, sera apposée une affiche imprimée en très gros caractères. L'autorité locale veillera à la conservation ou au renouvellement de cette affiche. A l'heure où commence la journée, au moment de se mettre à la besogne, le principal contremaître la lira à haute voix.

Dans tout local où devra avoir lieu une réunion publique ou privée (je n'en ai pas encore compris la différence au point de vue de la paix publique), cette même affiche sera placée au-dessus de la tribune, et un agent de l'autorité, avant de permettre que le président de l'assemblée déclare la séance ouverte, la lira également à haute et intelligible voix, et en cas d'opposition, la séance ne pourra avoir lieu et les assistants seront dispersés.

Cette affiche identique, dans les ateliers, usines et

lieux de réunion, dans les cafés et cabarets connus pour être hantés par cette classe si intéressante et toujours si effrontément bernée des ouvriers, ne contiendra que cette unique phrase :

« Tout homme qui vous dira que vous pouvez devenir riches et heureux autrement que par le travail et l'économie, est un coquin qui vous trompe et vous exploite. »

FRANKLIN,
Fondateur de la République américaine.

L'homme, enfant, est dans le monde comme Robinson dans son île; chaque jour lui fait découvrir quelque chose d'inconnu la veille, toutes les splendeurs de la nature se révèlent à lui une à une et semblent lui souhaiter la bienvenue. Hier il a fait connaissance avec les pâquerettes, aujourd'hui c'est l'odorante améthyste de la violette qui lui révèle les couleurs et les parfums; demain il entendra pour la première fois le chant d'un oiseau dans une aubépine; le jour d'après, il découvrira la joie d'aimer et d'être aimé; l'amitié, par les caresses du gros chien de la maison; jeune homme.... chaque jour encore lui apporte des découvertes, des joies et surtout des promesses.

Je suis dans la plaine, mais quelles sont les fleurs qui s'épanouissent sur la montagne et jusqu'à la cime neigeuse? Que trouverai-je dans l'ombre épaisse de cette forêt? Ce sentier connu, où me mènera-t-il, quand je l'aurai suivi là où en tournant et serpentant il échappe à ma vue?

Et l'amour et la gloire...

Mais il arrive ensuite un âge où le jour qui se lève n'a rien à vous montrer que ce que vous avez vu la veille, rien à vous promettre qui ne vous ait déjà trompé, un âge où on ne peut plus que recommencer, un âge où la sensibilité pour souffrir survit à la sensibilité pour jouir, un âge où l'homme...

. . . . Vieux, inquiet, morose
Saigne encor de l'épine et ne sent plus la rose.

Ce sentier est riant, mais je sais qu'il mène à un marais fangeux ou à un précipice. Là était un taillis où j'ai cueilli, il y a quarante ans, la première pervenche et le premier brin de muguet, que j'étais si heureux de porter à une belle jeune fille innocente et pure, dont le frais visage était couronné de bandeaux à la Vierge, mais grâce à la prospérité et aux agrandissements de la ville, à la place du petit bois il y a des maisons, et la terre est cuirassée de grès. Quant à la jeune fille, elle a, il y a bien longtemps, remplacé ses bandeaux par un ridicule édifice de faux cheveux, elle ne m'a pas attendu, s'est mariée sans amour et s'est fait faire trois ou quatre enfants par un autre.

Que verrai-je, que ferai-je demain? ce que j'ai vu, ce que j'ai fait hier, ce que je vois et fais tous les jours depuis tant d'années; ça vaut-il la peine de se réveiller, de se lever et de s'habiller?

D'ailleurs, que fais-je aujourd'hui dans la vie? Tous les compagnons de mon enfance et de ma jeunesse sont morts; ceux qui les ont remplacés n'ont ni les mêmes idées, ni les mêmes goûts, ni les mêmes habitudes, ni les mêmes respects, ni les mêmes répugnances, ni le même langage que moi ; je crains de ne les aimer guère et ils ne m'aiment pas du tout ; quand ils s'aperçoivent de moi, c'est que j'encombre, je gêne et j'ennuie.

Du temps de la jeunesse, chaque jour est un pas vers le lendemain ; le lendemain un pas vers une échéance, une promesse, un espoir. Aujourd'hui chaque jour est un anniversaire : ce même jour, il y a trente, quarante ou cinquante ans, j'ai été trompé, trahi par telle ou tel ; demain, sera la date de la mort de tel ami avec lequel j'étais accoutumé à marcher du même pas dans la vie, qui me servait de conscience, et à l'opinion duquel je pensais dans les carrefours, les incertitudes, les hésitations.

Une date, une circonstance sont venus évoquer la pensée de deux hommes que j'ai beaucoup aimés, et qui me le rendaient.

La date, c'est l'anniversaire de la mort de Lamartine, grand poète et grand homme, et sur le buste duquel j'ai pu, sans injustice et sans exagération, écrire ces deux vers :

> Lamartine et la France ont produit un Homère ;
> L'un fournit le génie... et l'autre la misère.

Je l'ai revu en ces jours où son éloquence était la seule force armée qui protégeât Paris contre le vol, l'incendie et les massacres, car alors les plus magnifiques antithèses ne suffisaient pas plus que les boniments de charlatan pour arrêter un peuple ivre de liberté et de triomphe et tous les appétits surexcités, ce jour-là il fallait l'éloquence antique de l'homme, soldat au besoin, *vir probus dicendi peritus*, dont l'apparition impose un silence respectueux à la foule qui n'a plus que des oreilles pour l'écouter. Je me suis rappelé un jour où cet homme, auquel pendant huit jours tous les riches habitants de Paris auraient volontiers donné la moitié de leur fortune pour qu'il sauvât l'autre moitié, ne pouvait donner à sa femme cent cinquante francs qu'elle lui demandait pour les besoins modestes de la maison et que nous eûmes, trois ou quatre autour de lui, grand'peine à rassembler entre nous.

Après quoi Lamartine retourna à sa plume comme les dictateurs romains à la charrue.

Dans ce temps-là on était peut-être ambitieux, mais on n'était pas avide. Les pauvres ne s'enrichissaient pas au pouvoir, et les riches s'y ruinaient.

Apparaissez donc avec ces idées, ces principes, ces sentiments, au milieu de nos hommes d'État d'aujourd'hui, vous rappellerez le grand Sully qui, mandé par le fils de son maître et ami, prêta à rire aux courtisans par l'antiquité et la vétusté de ses habits tout à fait hors de mode.

J'ai songé aussi à Cavaignac, et cela à cause d'une inquiétude. Son fils vient, dit-on, d'être nommé député. Eh quoi, déjà! La dernière fois que j'ai vu Cavaignac et que nous nous sommes embrassés, c'était à Étretat. Il venait d'épouser mademoiselle Odiot, une noble jeune fille. Il y a donc si longtemps de cela!

Ce qui m'inquiète, c'est qu'on me parle de certaines professions de foi du jeune candidat, de certains amis qui l'entourent. Quels amis? Les vieux, les vrais amis d'Eugène Cavaignac n'y sont plus. Le colonel de Foissy est mort, Charras est mort, Bastide est mort, Vaulabelle est mort, Goudchaux est mort. Qu'est devenu *Tourret*, le seul vrai ministre de l'agriculture que j'aie connu de ma vie? Moi je me tiens loin et hors de tout.

Pourvu que ce jeune Godefroy n'ait pas pour amis ceux que son père a dû combattre pour sauver la France et qui ont tant contribué à renverser pour la seconde fois la République, laissant à peine à leurs successeurs d'aujourd'hui la tâche de la rendre à jamais impossible!

Pourvu que ces « amis » ne l'entraînent pas à renier la sagesse, le dévouement, le patriotisme de son père, à renier son père, que les représentants de la France, après cette séance de la Chambre où le soldat se montra à l'improviste un si grand, si puissant, si noble orateur, déclarèrent sur la proposition du vénérable Dupont de l'Eure avoir bien mérité de la patrie!

Il y avait en ce temps-là encore quelques républicains, mais aujourd'hui ils paraîtraient démodés comme Sully à la cour de Louis XIII.

Le colonel de Foissy resta colonel, Charras resta lieutenant-colonel. Vaulabelle retourna à son petit logement de la rue Neuve-Coquenard et à sa plume. Personne des amis d'alors ne voulut gagner à la République ni argent, ni grades, ni dignités.

Et, à propos de Cavaignac, que d'autres gens, que d'autres idées, que d'autres principes ne sont plus à la mode aujourd'hui et feraient croire qu'il s'est écoulé des siècles depuis moins de quarante ans ?

Rappelez-vous, — c'était en 1843, — Godefroy Cavaignac, le frère d'Eugène, un des chefs du parti républicain qui comptait à sa tête un petit nombre d'hommes honnêtes, de républicains de conviction, et à sa queue tant de gredins, Godefroy Cavaignac, qui s'était évadé de la prison de Sainte-Pélagie et était président de la Société des droits de l'homme.
— Louis-Philippe avait miraculeusement échappé à sept tentatives d'assassinat faites par des gens tenant de près ou de loin aux sociétés secrètes. C'était entre la tentative de Darmès et celle de Lecomte, et le duc d'Aumale, qui se connaissait en bravoure et en capacités, écrivait d'Afrique à son père une lettre contredisant par un rare esprit de justice et de patriotisme les répugnances de certains ministres pour lesquels l'attitude de Godefroy et les sentiments républicains connus d'Eugène auraient été facilement un obstacle à la carrière d'Eugène, malgré l'héroïque défense de Tlemcen où le jeune officier avec cinq cents hommes contre toute la population arabe, avait montré tant de bravoure et d'intelligence.

.... Je n'ai encore connu en Afrique, disait noblement le duc d'Aumale, hors Bedeau et Lamoricière, qu'un seul homme présentant cet ensemble de qualités pratiques et intellectuelles que je désirerais trouver chez un commandant de province : c'est Cavaignac des zouaves. Il sera difficile de ne pas le faire bientôt maréchal de camp ; autrement on aurait l'air de lui donner de mauvaise grâce des grades que tout le monde sait qu'il a gagnés.

C'est que, sous la tyrannie de Juillet, l'amour de la patrie, la gloire de la France, étaient comptés pour quelque chose et même pour beaucoup et à l'occasion pour tout.

On ne voyait pas au pouvoir et aux honneurs les fruits secs de l'armée et de la marine, comme MM. Farre, Gougeard, Labordère, etc , naturellement et nécessairement envieux des supériorités, et se vengeant sur elles de leur propre nullité.

Les soldats et les marins étaient jugés, appréciés par de jeunes princes leurs émules de gloire et leurs compagnons de fatigues et de dangers, et de tout temps si absolument Français, qu'en 1848, en 1870 et aujourd'hui, j'ai entendu et j'entends des gens leur reprocher de n'être pas orléanistes.

LES TITANS DE LILLIPUT

La raison d'être d'un Sénat, c'est qu'il soit composé d'hommes qui, instruits, mûris par les années, par l'expérience et la pratique de la vie et des affaires, dépositaires et gardiens des saines doctrines et traditions, satisfaits du rang qu'ils occupent et n'ayant à peu près rien à craindre ni à espérer, sauront, par une calme et inflexible opposition, repousser ou au moins retarder jusqu'à un moment plus lucide les entraînements, les tentatives, les « jeunesses » d'une autre assemblée recrutée pour la plus grande partie parmi des hommes moins mûrs et ayant encore une partie de leur carrière à parcourir et beaucoup à demander à la popularité et à l'influence des partis et des coteries.

Si le Sénat n'est pas cela, il n'est pas.

Si le Sénat permet que son existence dépende d'un ministère ou d'un complot de la Chambre des députés ; s'il se soumet à enregistrer sans contrat les décisions de l'autre Chambre; si sous cette humiliante pression il se déjuge et accepte et ratifie ce qu'il a antérieurement repoussé aux applaudissements de la partie saine et honnête de la nation, j'avoue qu'il m'est absolument impossible de découvrir à quoi sert un Sénat et pourquoi on en a un.

En cédant à la menace cynique de M. Ferry, le Sénat se trompe beaucoup s'il croit avoir sauvé son existence; il rappelle ce héros d'un roman de Walter Scott, la *Jolie Fille de Perth*, qui se tue de peur d'être tué.

J'évite la comparaison de Gribouille, comme irrévérencieuse.

Le Sénat n'a sauvé que son indemnité, que ses gages, et encore pour un temps, — il est bien plus mort que le Dieu qu'il vient d'enterrer civilement, — et je ne serais pas étonné que beaucoup des quelques Français auxquels la Providence a conservé les bénédictions du bon sens, prissent le parti de ne plus lire les comptes rendus des séances de la Chambre haute, tombée si bas.

Il y a toujours en France une maladie, une folie épidémique et régnante qui dure jusqu'à ce qu'une autre vienne la remplacer, — le baquet de Mesmer, l'anglomanie, la République, les costumes à la grecque et crinoline, la décalcomanie, le bonapartisme, les tables tournantes et les esprits frappeurs, etc., mais jamais on n'a vu rien d'aussi fou, d'aussi bête que l'athéisme s'érigeant en petite Église intolérante.

Dans l'histoire de toutes les religions, on trouve une tradition identique; des géants ou de simples hommes essayant d'escalader le ciel ; — chez les Indiens auxquels en appartient probablement la première idée :

Les *Naityas*, les *Asouras*, les *Rakchasas*, le serpent *Ahi*, et *Vritrah*, le mage obscur, osent attaquer la trinité *Indra*, *Vichnou* et *Siva*, autour desquels viennent se ranger les *Devas*, les *Mohorchis*, et les musiciens célestes, les *Gandharbas*.

Chez les Grecs, ce sont les *Titans* qui, pour aller détrôner *Zeus*, mettent le mont *Olympe* sur le mont *Pélion*, et le mont *Ossa* sur le mont Olympe.

Chez les Juifs, la tour de Babel.

Cela finit toujours par la victoire du Dieu souverain, par la foudre, par les Titans enfouis sous les montagnes remises à leur place.

Mais chez les Indiens, chez les Grecs, chez les Hébreux, ce sont toujours d'énormes géants qui osent concevoir cette ambitieuse entreprise. Un des moindres, *Og*, chez les Hébreux, avait treize pieds et demi de hauteur; *Typhon*, qui selon Homère donna plus de peine à Jupiter-Zeus que tous les autres Titans réunis, était beaucoup plus grand que *Og*.

Il était réservé à notre époque de voir de simples hommes, dont la plupart peuvent être mis au nombre des plus petits en tous sens, tenter l'escalade du ciel.

C'est le spectacle tristement risible que viennent de nous donner la majorité de la Chambre des députés et la majorité de la Chambre des pairs.

Je n'ai jamais aperçu la plupart des petits Titans qui se sont manifestés à la Chambre des pairs, et la nomenclature en présente peu d'intérêt; les nouveaux admis Encelade-Labordère et Typhon-Chiris, ont cru devoir payer leur bienvenue en montrant un zèle de néophyte. Le major Labordère, qui doit sa fortune politique et une jolie solde de sénateur à l'indiscipline et à l'insubordination, n'ayant plus sur la terre de supérieur à qui désobéir, a jugé opportun de s'insurger contre Dieu. M. Chiris, des Alpes-Maritimes, frère du parfumeur, encore ému et triomphant de la bataille des *confetti* au carnaval de Nice, a conservé son attitude héroïque. Je n'ai jamais vu le major, mais j'ai vu M. Chiris; il est petit, gros, court et replet, ce qui n'est guère, pour un Titan, le physique de l'emploi.

C'est avec un peu de chagrin que je vois un Lafayette fourvoyé parmi ces Titans minuscules et ces géants in-32.

Si les deux frères de M. Grévy croient rendre service à leur frère en s'enrôlant dans cette troupe, ils sont dans une grande erreur. Étonnons-nous, en passant, que tout le monde ne voie pas clairement que cette situation de lutte est sans issue, parce qu'on fait semblant d'en vouloir aux hommes, tandis qu'on n'en veut en réalité qu'à leurs places.

Entre les Titans, je vois mon ancien élève, du temps que j'étais professeur au collège Bourbon : Elzéar Pin; par la taille, il a bien cinq pieds huit pouces; c'est un de ceux qui auraient le plus de droits à jouer les Titans; il y a un mois on l'avait dit mort. Cette nouvelle, qui m'avait chagriné, a été démentie ; il paraît cependant qu'il ne va pas mieux.

Parmi les Titans, les maçons de Babel et les *Asou-*

ras, deux seulement méritent une mention particulière, et nous parlerons d'eux tout à l'heure.

Pendant longtemps certains petits bourgeois, et ils étaient assez nombreux, se contentaient, pour avoir l'air « forts », d'une demi-impiété, s'attaquant à certaines parties du dogme catholique, à certains « commandements de l'Église. »

A la table de la famille, ils permettaient à leurs femmes de « faire maigre » le vendredi, se contentant de faire comprendre qu'ils cédaient à un préjugé ; que, quant à eux, ils n'auraient aucune crainte de manger du boudin tous les vendredis, excepté le vendredi saint cependant, mais qu'il faut une religion pour les femmes et pour le peuple ; ils ne trouvaient pas mauvais que leurs femmes et leurs filles allassent à la messe et même à confesse ; ils faisaient faire à leurs enfants au moins leur première communion. Il suffisait à leur gloire et à leur attitude philosophique d'avoir Voltaire dans leur bibliothèque tout en ne le lisant guère ; de plaisanter les curés en général, tout en vénérant et aimant le curé inventé par Béranger, le curé bon enfant, nullement rigide, qui vide volontiers quelques pots de cidre ou quelques bouteilles de vin avec ses « paroissiens » et « ouailles », et, si par hasard le ménétrier du village était malade, jouant lui-même du violon pour faire danser les filles. Tout cela n'empêchait pas le petit bourgeois, quand il se voyait sérieusement malade, de demander un prêtre et de trouver quelque consolation dans la pensée d'un bel enterrement, avec une messe en musique et l'église tendue et beaucoup de cierges.

Il ne songeait même jamais à s'attaquer directement à Dieu, qui ne le gênait pas ; il le savait, il le sentait souverainement bon et indulgent pour la créature imparfaite qu'il avait mise sur la terre. D'ailleurs ses fanfaronnades ne l'empêchaient pas de pratiquer certaines vertus nécessaires et peu bruyantes, le travail, l'ordre, l'amitié succédant à l'amour pour la femme, la tendresse dévouée pour leurs petits, la prudence et la probité dans les relations d'affaires, une cordiale affection pour un petit nombre d'amis, de la modération et de la simplicité, une certaine innocence dans les plaisirs.

Ils se disaient « libéraux » sans attacher à cette dénomination un sens bien précis, car ils mêlaient dans leur culte la république et le bonapartisme, le despotisme et la liberté ; ils le firent bien voir lors de la révolution de Juillet, qui se fit aux cris de « vive Napoléon et la liberté ». Cette « opinion », qui devint tout doucement celle de la majorité et gagna jusqu'à la classe ouvrière, n'était ni exigeante ni « difficile » à suivre », soit en « secret », soit ouvertement. On s'abonnait à un journal de « l'opposition » ; l'opposition dont on se vantait de faire partie n'allait pas bien loin. Le *Journal des Débats* fut jugé dépasser les limites permises en écrivant un matin : Malheureux roi ! malheureuse France ! Cela parut « un peu fort de café. »

On se serait reproché comme une honteuse faiblesse de jeter les yeux sur un autre journal que « son journal » ; son journal n'étant jamais contredit, était devenu un Évangile qui imposait toutes les croyances et au besoin toutes les billevesées imaginables.

Plus tard quelques-uns pensèrent à exploiter cette situation des esprits et se placèrent quelque peu en avant de l'opinion commune. On les admira avec un peu de peur, puis on s'encouragea et l'on vint se ranger derrière eux, sauf à disparaître dans les trous à la première alerte.

Les premiers exploiteurs ayant réussi, ceux qui les suivirent et auxquels ils avaient fermé la porte sur le nez, les imitèrent pour les renverser et prendre leurs places, Ils donnèrent un peu plus de place au rouge dans le drapeau tricolore qui venait de remplacer le drapeau blanc. Ils réussirent à leur tour ; d'autres supprimèrent le blanc pour étendre le rouge ; d'autres ensuite supprimèrent le bleu dans le même but.

D'où les républicains, les démocrates, les socialistes, les communards, les nihilistes, etc., sans qu'on attache d'un autre sens à ces dénominations qu'un désir de se trouver devant, au jour du butin et de la curée.

Il en est de même pour la question religieuse.

Je vous suis supérieur, n'allant pas à la messe.

Et moi à vous en injuriant les prêtres.

Moi à vous, en les chassant et en m'emparant de leurs propriétés.

Moi à vous, en chassant les sœurs des hôpitaux.

Moi à vous, étant libre penseur.

Eh bien ! je n'en aurai pas le démenti, je ne vous céderai pas, vous êtes libre penseur... eh bien ! moi, je suis athée.

Et moi aussi, et je veux que tout le monde le soit.

Ainsi que je le disais tout à l'heure, il est deux des Titans qui ont attiré à juste titre, mon attention particulière.

L'un est M. Barthélemy Saint-Hilaire.

M. Barthélemy Saint-Hilaire commence bien tard à faire la guerre à Dieu, il n'est plus jeune et, s'il a des doutes sur l'âme, sur l'autre vie, sur Dieu, il saura bientôt à quoi s'en tenir ; il ne faut qu'un peu de patience. Il me permettra de lui rappeler un passage de son maître Aristote, avec lequel il s'est montré peu d'accord l'autre jour :

« Ce que le capitaine est dans le vaisseau, écrivait Aristote à son élève Alexandre, la loi dans la ville, dans le char celui qui le conduit, dans l'armée le général, Dieu l'est dans l'univers. Εστιν ὅ Θεος, etc. »

*
* *

Quant à Hugo, qui a si souvent parlé de Dieu en si beaux vers, qui en parlait encore dans de moins belle prose il y a quelques jours, à propos de nihilistes russes, a-t-il été grondé de cette indiscipline et a-t-il voulu se la faire pardonner en votant contre l'amendement du « musicien céleste » le *Gandharbas* Jules Simon ?

Ou a-t-il l'espérance, le ciel étant déclaré vacant, de le trouver en république, et, par Homère, Virgile, Shakespeare, Gœthe, Corneille, Rousseau, etc., qui l'y attendent, d'être nommé président du ciel et de l'univers ? En quoi il serait plus heureux que sur terre, où le parti républicain lui rend des honneurs, lui paye des « adorations » d'idole et de grand Lama, sans lui donner ni un rang, ni une autorité, ni un crédit, ni une influence dans le gouvernement de la France.

Victor Hugo, comme je le disais tout à l'heure, a plus d'une fois trouvé de magnifiques accents pour parler du Créateur souverain. Il ne peut pas croire que ce soit le « hasard » qui ait créé un grand poète comme lui, pas plus qu'on ne peut espérer faire une *Iliade* ou les *Châtiments* en jetant en l'air tous les caractères d'une imprimerie, ou que ce grand poète sorte de la terre, comme Aristote, demandez à M. Barthélemy Saint-Hilaire, croyait que faisaient les grenouilles, — de la terre devenue grenouilles.

Il a dû d'ailleurs, de son harmonieux et fréquent aveu, de grandes, nécessaires et puissantes consolations, à la croyance qu'il a toujours professée d'une âme immortelle et d'une autre vie, où il reverra sa fille aimée si cruellement morte à Quillebeuf et ses deux fils partis avant lui.

Peut-être se rappellerait-il comme moi qu'à une de ces simples, frugales, cordiales, gaies et poétiques agapes de la place Royale, notre pauvre Gérard de Nerval, cet autre grand poète qui n'a pas encore sa place dans l'histoire littéraire, se trouvait avec moi à la table hospitalière avec toute cette belle famille à laquelle Hugo a seul survécu.

On énumérait sans aigreur, et même assez gaiement, toutes sortes de sottises, d'injustices, de folies, de vulgarités que nous voyions autour de nous. Gérard, qui seul restait silencieux, finit par prendre la parole, et nous dit froidement et pourtant solennellement :

— Tout va mal, et tout va aller en empirant ; moi seul je sais pourquoi, parce que ça m'a été révélé.

Dieu est mort !

Les plus jeunes rirent.—Hugo et moi nous échangeâmes un triste regard. — C'était un signe évident du trouble qui se mettait dans l'âme et dans l'esprit de notre ami, qui peu de jours après était chez le docteur Blanche.

Qu'aurait-ce été donc si Gérard avait été plus loin, et avait dit :

Il n'y a pas de Dieu et il n'y en a jamais eu.

AU NOM DE LA LIBERTÉ

Ce que je veux démontrer aujourd'hui, c'est l'incroyable degré de perfection auquel est arrivé l'art d'amorcer, d'appâter, d'emmailler, d'engluer, d'entortiller, de ficeler, de *ligotter*, de domestiquer et d'atteler un peuple.

On se rappelle, je veux le croire, cet admirable drame de *l'Ours et le Pacha*, et la théorie développée par *Lagingeolle* pour apprivoiser et éduquer les ours.

Vous prenez, dit-il, un ours... qui soit jeune ; s'il est vieux, c'est la même chose.

De même, vous prenez un peuple qui soit jeune et bête ; s'il est vieux et s'il est « le peuple le plus spirituel de la terre », c'est absolument la même chose.

Vous lui dites qu'il est malheureux, opprimé, esclave, et il le croit.

Quelque débonnaire, doux, juste, pacifique, populaire que soit le roi qui le gouverne, vous lui dites que ce roi est un tyran, un despote plus cruel, plus sanguinaire que Néron, Caligula, Commode, Héliogabale, etc.

Et il le croit.

Vous lui dites, vous, pauvre hère, fruit sec du barreau ou de l'amphithéâtre, qui n'avez pu gagner ni du pain ni des bottes, que vous voulez et que vous pouvez le rendre libre, riche, heureux, etc.

Et il le croit.

Et combien vends-tu ton secret ? demande le peuple.

Je ne le vends pas, répondez-vous, je le donne.

D'abord, cher petit peuple, au nom de la liberté, tu vas m'obéir, ensuite tu obligeras ton roi par tes prières, tes obsessions, tes clameurs, au besoin même par des émeutes qui feront tuer quelques-uns et emprisonner pas mal d'autres, à me donner une place richement rétribuée qui me mettra à même de le trahir à ton bénéfice, car je ne fais rien que pour toi, je ne veux être que le premier de tes serviteurs.

Et il le croit.

Tu avais autrefois des représentants et des sénateurs que tu ne payais pas, qui n'avaient d'autres raisons de briguer tes suffrages que l'amour de la patrie ; ajoutons cependant l'orgueil, l'ambition, etc. Députés et sénateurs n'étant pas payés, prenaient des airs indépendants, des attitudes de « qu'importe » ; mais aujourd'hui tu es libre, tu es le maître, personne n'a le droit de t'empêcher de donner neuf mille francs par an à tes députés et le double à tes sénateurs. Qui pourrait s'y opposer ? C'est ton

argent que tu donnes, le produit de ton travail et de
« ta sueur ». — Payés par toi, ils t'appartiennent et
doivent t'obéir, — on verra bien alors que tu es
libre et que tu es le maître. — Tu es bien le maître
également de me charger de leur communiquer tes
volontés, que je saurai deviner quand tu n'auras pas
le temps de les exprimer, ou qu'elles ne s'offriront
pas à toi parfaitement lucides.

Moi, qui me consacre entièrement à ton bonheur,
je t'épargnerai toutes les peines, toutes les fatigues,
tous les soucis; je te désignerai ceux qu'il faut nommer députés et sénateurs. — Si je donne des ordres,
c'est en ton nom ; je ne dirai jamais : « je veux » ;
mais : « la France veut, le peuple veut », etc. — le
peuple veut que j'aie des bottes neuves — la France
veut que j'aie une baignoire d'argent, etc.

Il serait intéressant de chercher en quoi les députés et les sénateurs que l'on paye — ont rendu et
rendent plus de services au pays que les députés et
les pairs de France qu'on ne payait pas sous la
Restauration et sous le gouvernement de Juillet.

La France, depuis qu'elle paye ses députés et ses
sénateurs, a-t-elle, au dehors, une situation plus
respectée? a-t-elle, au dedans, moins de pauvres,
moins de mendiants, moins de voleurs, moins d'assassins, moins de prostituées, moins de souteneurs
de filles, moins de fous, moins de faillites, moins de
suicides ?

La France, depuis qu'elle paye ses députés et ses
sénateurs, a-t-elle vu diminuer les impôts, a-t-elle
vu la « vie » moins chère et plus facile? a-t-elle vu
s'apaiser les haines? La France, depuis qu'elle paye

ses députés et ses sénateurs, est-elle plus calme dans le présent, plus rassurée pour l'avenir, a-t-elle vu s'améliorer l'armée, l'agriculture, la justice ?

Au contraire.

Alors à quoi sert de payer les sénateurs et les députés ?

Puisque l'on n'a rien gagné à payer les sénateurs et les députés, le bon sens vulgaire indiquerait de ne plus les payer, mais ce n'est pas ainsi qu'on raisonne aujourd'hui.

On annonce qu'on va les payer plus cher, que pour neuf mille francs on ne peut pas avoir mieux que cela, mais que pour dix-huit mille... Mais, répondent les esprits chagrins, puisque ceux qu'on paye ne se sont montrés supérieurs à ceux qu'on ne payait pas qu'en servilité, l'épreuve est faite.

Je réponds à ces esprits chagrins : c'est que vous ne comprenez pas.

Voici le problème à résoudre : faire croire au peuple français qu'il est en République, qu'il est le maître, qu'il est « représenté » par des députés et des sénateurs qu'il choisit et nomme lui-même en pleine liberté.

Et, d'autre part, conquérir, pour une coterie, un pouvoir complètement absolu et sans contrôle, qui livre la France à cette coterie et à ses appétits.

Pour cela, il faut absolument le « scrutin de liste », et maître Gambetta avoue que sans le scrutin de liste il ne peut plus rien faire.

Avec le scrutin de liste c'est à Ville-d'Avray qu'on nommera tous les députés et tous les sénateurs,

7.

aussi facilement qu'on a fait nommer par les Lyonnais le Parisien Ranc, et le Lyonnais Barodet par les Parisiens.

Une fois le scrutin de liste obtenu, il faut faire de la situation des députés quelque chose comme le paradis de Mahomet.

Le député, avec sa carte, non seulement voyagera en chemin de fer, mais entrera gratuitement à tous les théâtres, dînera gratuitement chez tous les restaurants, fumera sans bourse délier les cigares les plus exquis et aura le droit de jeter le mouchoir aux cantatrices des cafés-concerts et de les reconduire chez elles.

Vous commencez à comprendre, n'est-ce pas ?

Vous comprenez alors que ce n'est pas sans terreur, sans désespoir, qu'un député se verra menacé d'être expulsé de ce paradis ; et quand il saura que, grâce au scrutin de liste, il dépendra de la volonté du seigneur de Ville-d'Avray de l'y maintenir et de l'en chasser, vous comprenez qu'aucune Ève, aucun serpent ne le décideront à mordre au fruit défendu de l'arbre de la science du bien et du mal, à se permettre d'examiner, de juger, de discuter.

A la moindre hésitation, du reste, le maître froncerait le sourcil et parlerait de *dissolution* de l'Assemblée.

Quant au Sénat, il faut également qu'il soit assez peureux pour avoir peur. Quand les sénateurs sauront que, grâce au scrutin de liste, les députés sont nommés directement par l'avocat génois et sont entièrement sous sa dépendance, on n'aura qu'à leur parler de *revision* et de suppression du Sénat pour les réduire à l'obéissance. C'est le tour qu'on joue en ce moment.

Je disais en 1870 ce qu'il faut faire pour le salut de la France, aujourd'hui c'est de « contenir la génération actuelle et d'élever celle qui la suit ».

Cette proposition a paru à nos maîtres une menace et un danger. Élever la génération qui succédera à la nôtre, nous nous en chargerons nous-mêmes, ont-ils dit, il faut inculquer à la jeunesse tout une bibliothèque empoisonnée d'idées fausses, car l'ignorance ne nous suffirait pas.

Il nous faut une armée toujours sous les armes, toujours entraînée, toujours prête.

Pour refaire nos cadres, nous avons rappelé les membres de la Commune, « nos frères égarés, » et quant à la génération qui suit celle de 1870, vous ne « l'élevez » pas, elle est déjà à nous. Voyez tous ces voleurs, tous ces souteneurs de filles, tous ces assassins, ce sont des jeunes gens de dix-huit à vingt-quatre ans.

Pour assurer le recrutement de notre armée dans l'avenir, nous nous occupons de la génération qui suit la génération de 1870 et celle qui vient après. L'instruction laïque, c'est-à-dire athée, obligatoire, nous donnera un contingent nombreux et assuré, et, comme nous pensons à tout, comme les femmes sont le plus bel ornement de toute société, les lycées de filles nous procureront les houris, tricoteuses, orateuses et Louises Michels nécessaires pour le charme, l'excitation, l'émulation et la récompense de nos amés et féaux vauriens.

Napoléon Ier, pour subvenir à ses dépenses

d'hommes, s'était fait des collèges, lycées, écoles, etc., de petites casernes-pépinières où il n'avait qu'à « cueillir ». La conscription pour la guerre extérieure était obligatoire comme va l'être l'instruction laïque, conscription pour la guerre intérieure, qui sera également assurée par une pénalité frappant les parents. Si bien que, en 1812, sous Napoléon, ce « grand mangeur d'hommes », comme Homère appelait les rois guerriers, le nombre des conscrits réfractaires était de plus de 250,000, et la somme des amendes infligées à leurs parents de deux cent vingt millions. Ce système, appliqué à l'instruction laïque, athée et obligatoire, ajoutera opportunément quelque chose à ce pauvre budget de trois milliards et demi, et permettra, non seulement de payer grassement les députés et les sénateurs, mais encore les conseillers municipaux et les électeurs eux-mêmes, et peut-être de donner des jetons de présence aux auditeurs des clubs et des réunions.

Je me souviens que dans ma première jeunesse, vers la fin de la Restauration, la France s'indignait du poids des impôts, et beaucoup de gens disaient, croyant émettre une opinion hardie et quelque peu paradoxale : on nous conduira à un budget d'un milliard.

C'était la plus grosse accusation contre ce gouvernement et contre ceux qui lui succédèrent que les gros budgets qui, en dépit des plaintes, des attaques, allèrent toujours en augmentant. C'était surtout le parti soi-disant républicain qui s'élevait incessamment avec colère et indignation contre les gros budgets et les gros traitements ; ce parti est aujourd'hui au pouvoir, aucun ministre n'a jusqu'ici offert de diminuer son traitement. Les députés et les sénateurs s'en sont alloué un et parlent de l'augmenter. Le conseil municipal de Paris en veut un à son tour, et cet exemple sera suivi par tous les conseils municipaux. Le budget, qui était monté sous le second empire à 2 milliards 400,000,000, est aujourd'hui de 3 milliards 285 millions, et arrivera au quatrième milliard, grâce à l'accroissement de la dette et aux projets gigantesques de M. de Freycinet.

C'est au nom de la liberté et sous le masque de suffrage universel, qu'il faudra payer des députés et des sénateurs nommés par deux ou trois douzaines de furieux, subir les insolences, assouvir les appétits des uns et des autres jusqu'à empiffrement et pléthore.

C'est au nom de la liberté que l'autorité paternelle, origine et fondement de toute autorité, de tout gouvernement, sera complètement méconnue et supprimée, un des plus nécessaires privilèges de cette autorité étant le choix, la discipline et la direction de l'instruction et de la direction des enfants.

C'est au nom de la liberté que les Français n'auront plus le choix ni le libre exercice de leur culte, et que nous avons une guerre de religion aussi fanatique, plus insolente, plus tyrannique, plus absurde qu'aucune autre que la bêtise humaine ait jamais imaginée ; car entre les païens, les juifs, les chrétiens, les musulmans, les catholiques, les luthériens, les calvinistes, etc., il ne s'agissait que de certains dogmes, de certains attributs prêtés parfois bien gratuitement à la Divinité. Mais il y avait toujours un Dieu qu'on pouvait, qu'on devait croire, quelle que fût la forme qu'on lui supposait, de quelque façon qu'on dût le prier, et sur lequel les uns et les autres étaient d'accord pour le reconnaître tout-puissant, souverainement juste et souverainement bon, moyennant quoi il n'était pas impossible d'accepter une religion ou une autre. Mais aujourd'hui nos grotesques maîtres, qui ont tout intérêt à ce qu'il n'y ait pas un Dieu rémunérateur et vengeur, en ont encore si peur qu'ils le haïssent, qu'ils l'insultent, qu'ils le nient et qu'ils veulent amener tout le monde à le nier, pour se rassurer eux-mêmes et puis par croire que peut-être il n'existe pas.

C'est au nom de la liberté qu'on ne permet plus aux pauvres malades des hopitaux d'être soignés par ces saintes filles qui, ayant renoncé à toute famille pour adopter celle des indigents et des souffrants, ont, pauvres cœurs sans ouvrage, des trésors d'amour à dépenser en faveur de leur famille d'adoption.

Voici donc les cordes, les chaînes, les carcans, les menottes, les entraves fabriquées, forgées, préparées ; tout est prêt pour la plus complète, la plus odieuse, la plus humiliante, la plus imbécile des servitudes à infliger au peuple français.

Ce serait une chose déjà bâclée, faite et conclue, et pour longtemps, s'il se trouvait de ce temps-ci, au lieu de vulgaires coquins, quelque grand et splendide scélérat, quelque Sylla, quelque Jules César, quelque Octave-Auguste, quelque Cromwell, quelque Charles-Martel, quelque Napoléon Ier, etc.; mais notre époque ne produit pas de gaillards de cette taille et de cette trempe. Ce rôle ne peut être joué et ne sera joué par aucun des *va-nu-pieds* d'hier, s'étant faits *sans-culottes* pour avoir le moyen d'acheter un pantalon ; fruits secs, paresseux, incapables, ils sont, ils seront riches, mais c'est tout ce que leur médiocrité, leur nullité, leur caractère, leur tempérament leur permettent de prétendre.

NAÏVETÉS

On assure que M. Gambetta est assez naïf pour s'étonner de l'insurrection de *sa* Chambre des députés contre lui — de même qu'il s'était étonné à Charonne, la dernière fois qu'il est entré dans la cage de ses électeurs, de se voir accueillir par des rugissements et des grincements de dents.

M. Gambetta, qui manque essentiellement de beaucoup des dons et des facultés qui ont fait la fortune des divers usurpateurs qui l'ont précédé, n'a de commun avec presque tous que la croyance qu'il pouvait assurer son pouvoir en asservissant et en avilissant les assemblées et les divers agents du pouvoir ; l'histoire de notre temps et de tous les temps aurait pu lui apprendre que plus les uns et les autres sont aplatis, moins ils ont de ressort aux jours de crise et de danger, et plus ils ont hâte de se venger de leurs humiliations et de leur servitude.

Certes, si jamais un Sénat fut domestiqué, ce fut celui que le premier Napoléon avait chargé de chaînes d'or, chamarré de titres et de dignités, gorgé de traitements, sénatoreries, etc. Ces spécimens de la servilité sont curieux.

Le 17 mars 1812, le Sénat décrète avec enthousiasme la levée de six cent mille hommes demandés par Napoléon, *non compris le contingent de la conscription.*

Le président du Sénat chante sur le ton lyrique le bonheur des conscrits et l'avantage pour la France de ces dépenses d'hommes. Voici ses paroles : « Cette levée est la conception du génie tutélaire de l'empereur, le plus grand capitaine qui ait jamais existé; les jeunes gens, parvenus à l'âge où l'ardeur est réunie à la force, trouveront dans leurs exercices militaires des jeux salutaires et des délassements agréables. »

Quelques mois plus tard, le 18 décembre, Napoléon revient à Paris, ayant laissé en Russie les tristes débris d'une armée de 575,000 hommes, réduite à trente mille hommes, en proie à toutes les misères, et le 20 décembre le Sénat félicite l'empereur de ses succès en Russie et de son retour.

Le 11 janvier suivant (1813), le Sénat qui n'a rien à refuser à son maître, ordonne une levée de 350,000 hommes dont il lui a exprimé le besoin, et toujours comme cela jusqu'au jour où la fortune se déclara décidément contre l'empereur.

Le 1er avril 1814, proclamation du conseil général du département de la Seine : « Habitants de Paris, vos magistrats seraient traîtres envers vous et envers la patrie, s'ils comprimaient plus longtemps la voix de leur conscience ; elle leur crie que vous devez tous les maux qui vous accablent à un seul homme. C'est lui qui, chaque année, par la conscription, décime vos familles ; c'est lui qui, au lieu de 400 millions que la France donnait à nos bons et anciens rois pour être libre, heureuse et tranquille, nous a surchargés de plus de quinze cents millions d'impôts. A lui nous devons la haine de tous les peuples, etc., etc. »

Cette « voix de leur conscience », ils l'avaient de leur propre aveu assez facilement comprimée tant que Napoléon avait été triomphant ; et c'est d'un de ces « magistrats », très grand et toujours courbé devant l'empereur, que Napoléon disait : « Il a six bons pouces de plus que moi, et je dois toujours me baisser pour l'écouter. »

Le même jour, 1ᵉʳ avril, le Sénat nomme un gouvernement provisoire pris dans son sein, et le 2 avril, ce gouvernement provisoire déclare Napoléon despote, tyran, assassin, etc., et le « Sénat conservateur », énumérant tous les crimes de l'empereur, le déclare déchu de l'Empire, et délie l'armée et le peuple français du serment de fidélité prêté à Napoléon, — non plus Bonaparte, mais B*u*onaparte, comme l'appelaient les émigrés.

Après quoi les sénateurs composant le gouvernement provisoire décrètent que les sénateurs *actuels* seront maintenus par le roi Louis XVIII, que leur dignité est inamovible et héréditaire, que la dotation *actuelle* du Sénat et des sénatoreries leur appartient; les revenus en seront partagés entre eux ; les sénateurs qui seraient nommés à l'avenir n'auraient pas droit à cette dotation.

C'est ainsi que les députés *actuels*, si humblement naguère soumis à Mᵉ Gambetta viennent de prononcer sa déchéance, en s'occupant de faire augmenter leur indemnité et de s'assurer le parcours à peu près gratuit sur les chemins de fer.

Jusqu'à quel point l'avocat génois est-il flatté de cette ressemblance de la fortune avec celle du grand Corse ?

Je m'arrête un moment ici, avant de donner un nouvel exemple de ce qu'une assemblée, Sénat ou autre, asservie, humiliée, avilie, peut donner de garantie et de sécurité à « son dompteur » et pour égayer un peu mon sujet, je rappelle un petit fait, un détail historique peu ou point connu, — mais les petites choses sont souvent les mères des grandes.

C'est peut-être à l'héliotrope, cette charmante fleur au parfum si suave, que Napoléon a dû sa fortune politique ; on sait quelle influence eurent sur les commencements de cette fortune Joséphine Beauharnais et la protection de Barras.

Napoléon lui-même dans une de ses conversations à Sainte-Hélène, raconte que son mariage avec Joséphine fut décidé à un déjeuner qui eut lieu chez la veuve.

« Nous déjeunons demain chez madame de Beauharnais, me dit un soir Barras en me quittant, soyez exact, et n'oubliez pas le bouquet d'héliotrope, la vicomtesse prétend que vous y avez la main ; en effet deux ou trois fois je lui avais porté de petits bouquets de cette fleur qu'elle préférait entre toutes. »

Joséphine en effet aimait passionnément les

fleurs, et les jardins doivent beaucoup de leurs richesses d'aujourd'hui au goût de la maîtresse de la Malmaison.

L'héliotrope me rappelle également un souvenir personnel, mais qui, à moi, n'a rien rapporté. — Je rencontrais parfois auprès d'une chère malade une vieille femme très pieuse, dévote même, qui la soigna et la consola jusqu'au dernier jour. Je lui donnais souvent quelques branches d'héliotrope qu'elle respirait avec une sorte d'ivresse. — Je ne sais pas, me dit-elle un jour, si je dois continuer à accepter vos bouquets d'héliotrope, j'y prends tant de plaisir que je crains que ce ne soit un péché.

Revenons à l'histoire.

Un joli Sénat encore fut le Sénat romain sous l'empereur Commode, l'indigne fils du grand Marc-Aurèle.

Il n'est sorte d'abaissements et d'humiliations qu'il ne lui fît subir ; le Sénat lui érigea des statues, puis le nom de Sénat commodien, le déclara Hercule et Dieu, et changea le nom de Rome en celui de Commode. Mais à peine Commode était-il mort, que dans une séance dont les historiens Elius Lampride et Marius Maximus ont légué le souvenir à la postérité, les sénateurs s'adressant à Pertinax, qui venait d'être salué empereur, parlant et criant tous à la fois, firent entendre les invectives que l'histoire a conservées, contre le maître qu'ils avaient parfois écœuré de leurs adulations.

« Qu'on arrache les honneurs au parricide ennemi de la patrie, que le parricide soit traîné, l'ennemi des Dieux ! le bourreau du Sénat ! qu'il soit traîné avec le croc ! qu'on fasse dévorer par les lions les délateurs à ses gages. Honneur aux prétoriens qui ont proclamé Pertinax empereur ! Qu'on abatte les statues du tyran, que sa mémoire soit abolie. Il fut plus cruel que Domitien, plus impur que Néron, il a vécu comme eux, qu'il soit traîné comme eux avec le croc ! Il a dépouillé ses temples, il nous a fait obéir à ses esclaves ! Il a mis un prix au droit de vivre. Il a spolié les héritiers ; qu'il soit traîné ! » etc., etc.

En 1848, au moment où quelques esprits naïfs dont je faisais partie, cherchaient ce qu'il était juste, bien et possible de faire dans l'intérêt du peuple, je rappelai certains avantages qu'au milieu de certains abus avaient autrefois présentés les corporations ouvrières, pour éviter l'abandon des campagnes, l'encombrement des villes et de certaines professions et industries, qui, partagées par trop de gens, arrivaient à ne plus pouvoir les nourrir. Une correspondance entre les membres des corporations, pouvait indiquer pour quel métier il se présentait une surabondance de besogne dans telle ou telle localité, et combien d'ouvriers trouveraient à s'y occuper, au lieu de changer de place au hasard. A cette proposition, j'ajoutais la proposition corollaire que, comme le soldat qui voyage, l'ouvrier voyageant pour aller chercher un ouvrage assuré, pût voyager à quart de place ; j'ai depuis rappelé à plusieurs reprises cette proposition. Pas un seul des soi-disant amis du peuple ne s'en est emparé et ne l'a portée à la Chambre, et on vient de voir que ces grands citoyens, républicains, démocrates, radicaux, intransigeants, etc., etc., ont mieux aimé demander aux chemins fer cette faveur pour eux-mêmes.

**

Il est depuis quelques jours une similitude qui m'a frappé et qui me hante l'esprit ; je voudrais la dire parce qu'elle est exacte et frappante, mais je n'ose pas et j'hésite parce que l'expression en est fort naturaliste.

Aussi ai-je cherché des autorités, il s'agit de vomissement.

Le mot se trouve et se retrouve dans la Bible. « Je suis prêt, dit saint Jean dans l'*Apocalypse*, à vous vomir de ma bouche. » Racine, Boileau, Voltaire, s'en sont servis sans scrupule, et Massillon par deux fois, entre autres, dans son *Petit Carême*.

« Il vomira avec son âme les richesses qu'il avait dévorées. »

« Animaux immondes cent fois *revenus à leur vomissement.* »

Remarque plus curieuse, Vaugelas dit :

« Vomir des injures, cette phrase ne passe pas seulement pour bonne parmi les bons écrivains, mais aussi pour élégante ; cependant les femmes de la cour la reçoivent mal et la trouvent peu délicate, ceux qui veulent leur plaire doivent donc l'éviter. »

Mais Thomas Corneille répond à Vaugelas : « Cette phrase exprime tant et si bien qu'on a peine à croire que les dames la veuillent bannir. »

Fort de toutes ces autorités, espérant que les citoyennes qui forment la cour actuelle ne se montreront pas plus précieuses que celles de la cour de Louis XIV, je vais risquer ma similitude qui n'est guère plus... répugnante que celle émise par Massillon. Nos maîtres successifs d'aujourd'hui me représentent les habitués de cabaret dont nous parlent quelquefois les journaux, qui par une gloire qu'on pourrait appeler sans exagération vaine, sotte et malpropre, proposent et acceptent des défis à qui mangera le plus d'œufs durs dans un temps donné ou aura le plus vite bu un litre de rhum ou d'absinthe.

On a même pu lire, comme moi, il y a quelque temps, le récit d'une lutte entre convives chez un « mastroquet » à qui se montrerait le moins dégoûté, le plus solide de cœur et d'estomac et avalerait la chose la plus répugnante. Le premier avala quelque chose de sale, le second quelque chose de plus sale, le troisième quelque chose de tellement sale que son estomac s'insurgea et le rejeta.

Un quatrième fut jugé vainqueur en avalant ce que le troisième avait vomi.

Je sais bien que c'est hideux à raconter, mais c'est à peu près ce que Massillon appelle : retourner à son vomissement.

Or, une lutte du même genre s'établit entre nos gouvernants qui se succèdent au pouvoir : chaque nouveau se vante de faire une plus vilaine besogne que les autres, et quand on voit le ministère Freycinet expulser violemment les religieux de Solesmes que le « grand ministère » avait laissés rentrer, quand on voit surtout ce que fait le Sénat, relativement à cette loi inepte, morte-née, de l'instruction laïque et obligatoire, loi qui ne sera jamais obéie, et sera conservée, comme on conserve dans des bocaux des fœtus monstrueux, pour servir à l'histoire naturelle de la sottise et de la lâcheté humaine, quand on voit le Sénat accepter, avaler, voter cette loi qu'il avait une fois rejetée, il me semble qu'on peut, sans trop de hardiesse, dire avec Massillon qu'il « retourne à son vomissement. »

Bertall vient de mourir presque subitement, et la mort l'a pris le crayon à la main ; tous les journaux qui ont annoncé cette triste nouvelle ont parlé de son talent de dessinateur, de son esprit, de sa prodigieuse fécondité ; mais il est un côté de son caractère qu'il serait injuste de laisser en oubli. Bertall avait toutes sortes de courage. En 1871, pendant la Commune, il soutint bravement la guerre contre les coquins, voleurs, assassins, incendiaires, etc. Chaque jour paraissaient de nouveaux dessins, signés Bertall, où étaient reproduits les figures et les faits et gestes de ces sinistres chenapans. A chaque instant on donnait l'ordre d'arrêter Bertall.

Cinq ou six fois on vint fouiller sa maison. Bertall se dérobait et le lendemain surgissait un nouveau dessin.

La collection qui a paru sous le titre « les Communeux » est une œuvre bien curieuse. Seulement Bertall s'est trompé en disant dans sa préface, que ces figures étranges étaient à jamais disparues. On en revoit à chaque instant dans les réunions publiques, et quant à ceux qu'a frappés la vindicte publique, on en déclame chaque jour l'éloge, on les cite comme modèles, et on en fait des demi-dieux.

Les dessins de Bertall sont de simples portraits, il ne s'est permis ni la moindre charge, ni la moindre exagération, persuadé avec raison que les héros de ce temps-là avaient atteint la dernière limite du grotesque, en même temps que la dernière limite du crime. Il n'y a pas là de caricatures, mais des portraits-types, des caractères et des costumes.

Ils sont reproduits avec leurs attitudes de mélodrames, leurs ceintures, leurs écharpes, leurs panaches, leurs galons, leurs grandes bottes de maroquin rouge ou vert.

On y voit « Bergeret lui-même » et « La Cécilia » généraux en chef, et le citoyen Raoul Rigault, préfet de police.

Delescluze, ministre de la guerre ; des vivandières, des pétroleuses ; le bureau d'un commissaire de police, un magistrat imbécile en compagnie d'un jeune citoyen fumant un cigare. Le citoyen Gaillard père, ingénieur des barricades ; le citoyen Assi, délégué aux munitions, le citoyen directeur des télégraphes, bottes molles, pantalon collant bleu de ciel, veste des hussards également bleu de ciel couverte de galons d'argent.

Trois de ces dessins sont des tableaux saisissants,

l'un représente M. Larousse, bâtonnier de l'ordre des avocats, réclamant l'autorisation de défendre l'archevêque de Paris et Chaudey, le citoyen Protot, ministre de la justice, refuse dédaigneusement.

L'autre représente le citoyen Ferré entouré de ses exécuteurs et leur lisant la liste de ceux qu'il les envoie tuer.

Le troisième est intitulé « un otage », c'est un vieux prêtre entouré de hideux gredins entre lesquels il marche d'un air doux et résigné.

Un autre courage qu'avait Bertall, c'était le courage d'un travail opiniâtre, quotidien, sans relâche.

Un autre courage encore : la fidélité à ses amitiés et à ses haines.

PARENTHÈSE

J'avais l'intention de parler aujourd'hui du désarroi de la justice qui va toujours croissant; désordre suprême, et qui menace d'aider puissamment le « suffrage universel », ce mensonge imbécile et mortel, à nous faire retomber en sauvagerie.

Mais je suis resté tellement obsédé, envahi, possédé par la catastrophe du Havre, que cette pensée vient troubler et dissiper toute autre pensée, et que je ne puis parler d'autre chose.

C'est que j'ai pendant de longues années vécu parmi ces braves et bons marins et vécu avec eux, que moi qui ai toujours eu tant de soin de n'être jamais rien ni dans rien, j'ai accepté, il y a longtemps, et avec joie, l'honneur de faire partie de leurs sociétés; et que le diplôme de membre de la Société des nageurs du Havre, qui m'a été adressé il y a quelques années, constate que la Société a admis Alphonse Karr, « l'ami de Durécu. »

Durécu était le plus ardent, et est resté le modèle vénéré encore aujourd'hui des sauveteurs du Havre; il ne reçut la croix d'honneur que lorsqu'il ne resta plus sur sa poitrine que juste la place pour l'attacher entre les médailles de sauvetage qui attestaient les innombrables actes de dévouement accomplis par Durécu, qui est mort à la suite du dernier.

Dans la séance où je fus admis, sur la proposition de Decker, celui-ci raconta que Durécu, qui venait de mourir, lui avait dit plus d'une fois : « Le plus fort nageur que je connaisse — après moi, — c'est Alphonse Karr. »

On aurait également et bien juste trouvé sur la poitrine de Lecroisey la place pour la croix d'honneur entre les médailles. J'aurais aimé qu'on l'envoyât à sa veuve et à ses enfants qui l'eussent enterrée avec lui.

La ville du Havre en deuil s'est grandement honorée en faisant à ces héros des funérailles royales. Les prières et les splendeurs de l'église ont donné aux familles des morts, à tous les camarades, à tous les assistants, des émotions plus nobles, plus de consolations, plus d'espérances, plus d'encouragements mille fois, cent mille fois, cent millions de fois, que n'eût pu faire le plus magnifique enterrement civil, fût-il présidé par M. Paul Bert, même étant encore ministre.

Georges Cadoudal, lorsque, en 1804, il parut devant le tribunal par lequel il se savait d'avance condamné à mort, traita les juges avec un suprême dédain, et ayant prononcé le nom du ministre de la justice d'alors, il dit au président : « Je prie M. le président de me faire donner un verre d'eau-de-vie pour me rincer la bouche après qu'elle a prononcé le nom de ce scélérat. »

J'en ferais volontiers autant après avoir mêlé le nom de M. Paul Bert aux noms des héroïques morts du Havre.

Depuis que le récit de ce terrible drame nous est arrivé, j'ai presque, malgré moi, vécu dans un passé déjà éloigné et dans le temps que j'ai vu autrefois, mêlé à la vie des pêcheurs et des pilotes depuis le Havre jusqu'à Fécamp et Dieppe. C'est au milieu d'eux que les sinistres idiots qui veulent faire de l'athéisme une religion intolérante seraient forcés de se demander ce que, en remplacement de leurs croyances religieuses, ils donneraient à ces hommes si résolus, si rudes et si doux, qui si souvent se trouvent dans des dangers où les forces de tous les hommes réunis ne peuvent leur apporter aucun secours.

Un des rares orgueils de ma vie retirée a été le jour où j'ai compté pour un homme sur les bateaux de mes amis d'Étretat, le jour où un de ces géants, le patron Jean Coquain, dit: « Il peut rester un homme, Jean-Alphonse vient avec nous. »

Une seule fois je me trouvai dans un danger sérieux, avec ceux qui s'y sont trouvés si souvent, et ce qui m'est resté surtout dans la mémoire, ce n'est pas tant la mer horriblement déchaînée et notre bateau roulant comme un fétu de paille, les voiles arrachées des mâts, et les mâts ployant et craquant, que la noblesse avec laquelle Jean dit d'une voix solennelle, qui perça le bruit du vent et de la mer : « Garçons ! une prière à Dieu et à la Vierge, courte, le temps de regarder en haut. » Jean ôta son bonnet de laine, tous l'imitèrent ; je n'ai pas besoin de dire que je fis comme eux. « Maintenant, dit le patron, Dieu aide ceux qui s'aident, *souquons* sur les avirons et dur » — et deux heures après nous entrions sains et saufs dans le port de Fécamp, et le soir à l'heure de la *caudraie*, en buvant un verre de cidre, lorsque nos pêcheurs attribuaient notre salut à leur prière et à la protection céleste, qui eût osé les contredire ou émettre un doute? qui oserait d'ailleurs affirmer qu'ils se trompaient, et s'ils se trompaient, par quel moyen autre auriez vous donné à leurs cœurs et à leurs bras l'espérance et la confiance qui en doublaient l'énergie? Qu'avez-vous à donner aux générations que vous prétendez si lestement élever dans l'athéïsme, en place de Dieu et des croyances que vous voulez détruire?

L'année où j'arrivai à Étretat pour la première fois avait été la plus féconde en naufrages et sinistres, en veuves et orphelins, qu'on eût vu depuis longtemps. Les souscriptions, liard à liard, des pêcheurs avaient acquis un grand christ en bois, qu'il s'agissait de placer au bord de la mer. Le jour fixé pour la cérémonie, toute la population remplissait la petite église ; or, cette population se composait alors de cinq ou six familles alliées entre elles, si bien que presque tous étaient parents, et qu'après les nombreuses « pertes en mer » tout le monde était en deuil. On vit monter en chaire un enfant du pays, le jeune abbé Cochet, fils d'un pêcheur, et qui avait passé ses premières années à la mer.

« Après une longue absence, dit-il, je reviens au

pays toujours aimé où s'est écoulée mon enfance, et j'y cherche en vain la plupart de nos compagnons d'alors. En cette triste année la mer est devenue le cimetière de la paroisse; je viens avec vous pleurer nos morts, prier pour eux et pour nous. »

Il pleurait, et toutes ces veuves, tous ces orphelins et tous les assistants pleuraient avec lui. La messe dite, les plus forts gars chargèrent la croix et le Christ sur leurs épaules; d'autres suivaient pour les relayer, et d'autres munis de pioches et de tout ce qu'il fallait pour planter la croix. Toute la population marchait derrière dans le plus profond recueillement. Quand on fut arrivé au point de la falaise convenu, on creusa le sol de rochers, et il y eut un moment d'hésitation pour placer le Christ; mais un vieux pêcheur s'écria : « Garçons! tournez-lui la face à la mer, qu'il nous voie. »

Et le Christ fut placé, comme il l'est encore sans doute, la face tournée vers la mer, voyant les marins d'Étretat partir et... rentrer... ceux qui rentrent, — car depuis ce jour-là, beaucoup ne sont pas rentrés.

Je le répète encore, immondes imbéciles que vous êtes, que leur donneriez-vous pour remplacer ces croyances et leur inspirer cette confiance, cette assurance et cette audace?

Je me rappelle aussi d'autres touchantes cérémonies : le baptême des bateaux, et ce cantique à la Vierge dont retentit l'église, chanté à la fois par les femmes, les petits enfants et les robustes marins :

>Claire étoile de la mer,
>Sauvez-nous dans le danger

> Lorsque nous cherchons fortune
> Parmi les mers et les flots;
> Tendez la main, blanche lune,
> Aux besoins de vos dévots.
>
> . . . .
>
> Soyez notre ancre maîtresse,
> Si l'ancre vient à chasser, etc.

Les hommes de la mer ont une physionomie très particulière ; chaque jour qui commence peut être leur dernier, et, d'instinct, ils veulent en général être prêts et tenir leur conscience en règle et en bon état.

De plus, chacun a sans cesse besoin des autres et est prêt à leur venir en aide à son tour ; ajoutez une grande indifférence pour ce qui n'est pas de la mer. En 1848, j'allai trouver mes vieux amis d'Étretat, et debout sur le galet, appuyé sur un des bateaux hors de service appelés *caloges*, qui leur servent de magasins pour leurs agrès et engins de pêche, je demandai à Valin, le garde-pêche, ce qu'on pensait dans le pays de la révolution qui venait d'avoir lieu. Valin tendit les deux bras vers l'horizon, là où le ciel et la mer se touchent, et me dit, avec un accent de profonde conviction : « Eh! quéque vous voulez que ça nous fasse à nous? »

Dans quelques récits de ce drame poignant, on a parlé de la répugnance qu'ont les pilotes et les lamaneurs pour s'amarrer au bateau de sauvetage, qui, insubmersible, se relève, se retourne et se vide de lui-même, quand il lui arrive d'être rempli et de chavirer; autrement, a-t-on dit, on n'eût pas vu le bateau se relever et revenir vide.

Cette répugnance est réelle, et quoique peu fondée, on comprend qu'elle existe chez des hommes accoutumés à avoir confiance dans leur force et leur adresse et qui ne se font pas à l'idée d'un rôle passif; cette répugnance, regrettable le plus souvent, ne l'est guère cette fois. Le sinistre a eu lieu sur des bas-fonds, rochers et galets, où les sauveteurs ont été plus assommés que noyés, et où, amarrés au bateau, ils auraient, sans doute, été écrasés par l'embarcation elle-même, qui ne trouvait pas assez de fond pour évoluer.

Chose étrange, un grand nombre, le plus grand nombre peut-être de ces hardis marins, toujours prêts à affronter la tempête et à se jeter, dans de petites barques, dans des périls auxquels ne peuvent résister les plus gros navires, ne savent pas nager et ce n'est que rarement et difficilement qu'on les décide à adopter des ceintures et des corselets de liège.

De mon temps, Mazerat, le chef des pilotes, le patron de mon heureux filleul, le premier bateau de course qui battit les Anglais à l'aviron, Mazerat était dans ce cas, ne savait pas nager et refusait la ceinture de sauvetage, en disant : « Ça serait ridicule. »

Je veux signaler une omission qui me semble peu juste et qu'il suffira de signaler, je l'espère, pour la faire réparer.

Les vrais héros qui montaient le bateau n° 4 et dont les noms, que le *Moniteur* a proclamés le premier, ne sauraient être trop répétés : Lecroisey, Leprovost, Dessoyers, Cardine, Ménéléon, Olivier, Jacquot, Leblanc aîné, Moneus, Fossey et Marescot ont, ainsi que leurs veuves et leurs orphelins, accaparé, absorbé la sympathie publique. Mais ne doit-on rien, ne doit-on pas un témoignage d'estime et d'admiration à ceux qui montaient le bateau n° 3 et qui se sont jetés après eux pour les secourir dans un danger dont il n'y avait pas moyen de se dissimuler les chances presque invincibles?

Combien les orateurs de taverne et de brasserie, les avocats à la serviette vide, les médecins à la sonnette muette, les fruits secs, les déclassés, les décavés, les bavards à creux, les incapables, les ignorants, les présomptueux, les avides, les affamés, les forts aux dominos et au billard, les « sauveurs » de pays qui sont censés nous gouverner, et que la foule acclame, honore, enrichit, et... suit... ce qui est plus grave, en présence de ces grands morts du Havre, paraissent dans leur misérable et honteuse petitesse!

Certes, je ne parlerai pas d'eux aujourd'hui.

RECHUTE EN SAUVAGERIE

Un certain nombre d'imbéciles croient en mangeant du boudin se montrer des hommes supérieurs, des hommes forts, dignes de l'admiration des peuples, et appelés à conduire les nations, — ils ne prouvent qu'une chose, c'est que par une semblable assimilation, de même qu'on fait du cochon avec des glands, on fait des « libres penseurs » avec du cochon.

Nous allons nous occuper d'autre chose.

Ce qui distingue l'homme des animaux et lui donne sur eux un certain avantage, ce n'est pas la force, l'adresse, la rapidité de la course, la puissance des armes naturelles; c'est la faculté, née du besoin, de se réunir en société.

Toute société repose sur des lois. Les lois sont le sel dont l'absence ferait tomber la société en dissolution et en pourriture.

Presque tous les sages, les philosophes et les grands esprits de tous les temps ont professé que la loi n'est point une invention de l'esprit humain. Cicéron dit que « la loi est l'esprit de Dieu même ». « Les lois, dit Sophocle, sont descendues du ciel ». Zénon, le chef des stoïciens, disait la loi établie par Dieu même.

Les grands politiques sérieux, les premiers pasteurs des peuples, sentaient tellement la nécessité des lois et de l'obéissance aux lois pour la fondation et le maintien des sociétés, qu'ils ont à peu près tous attribué à la Divinité les lois qu'ils donnaient à leurs peuples.

Les Indiens attribuaient leurs lois à *Manou;* Minos les siennes à Jupiter; Numa, à Égérie; Charondas, à Saturne; Solon, à Minerve; Zoroastre, à Oromase; Moïse alla chercher sur le Sinaï les Tables de la loi. Mahomet disait qu'un ange lui apportait le Coran feuille à feuille, etc.

Les lois ont pour but de maintenir les sociétés, de garantir les faibles de l'oppression, — assurent la paix et le repos, sauvegardent les fruits du travail, le respect mutuel de la propriété et de la vie.

Les hommes respectent davantage des lois établies longtemps avant leur naissance; les lois gagnent à l'ancienneté d'être presque des lois naturelles et innées, — rien n'est aussi imprudent, aussi dangereux que de toucher aux lois établies.

Mécène, dans les conseils qu'il laissa à Auguste, lui recommande surtout de ne pas permettre d'innovations en matière de religion et en matière de lois, parce que ces innovations sont la destruction des sociétés.

Mieux vaut, disait un autre, une mauvaise loi

obéie qu'une loi excellente mollement appliquée.

Démosthènes raconte que Zaleuque, le législateur de Locriens, ordonna qu'on ne proposât une loi nouvelle ou un changement à une loi établie que la corde au cou, — afin que si la proposition contenait quelque nouveauté contraire à l'intérêt public, l'auteur fût sur-le-champ étranglé.

L'histoire de l'antiquité est remplie d'exemples d'obéissance religieuse aux lois. Valère-Maxime raconte que Charondas, législateur des Thuriens, avait défendu sous peine de mort qu'aucun citoyen se présentât armé dans les assemblées publiques ; — après une victoire, il rentra précipitamment dans la ville, il se rendit au conseil sans quitter ses armes ; comme on l'en fit apercevoir il se perça lui-même de son épée.

Tous ceux d'entre les sages et les philosophes qui se sont occupés de l'établissement, du maintien et des perfectionnements des sociétés, tous les peuples, dans leurs moments lucides, se sont efforcés de sanctifier les lois, et d'en assurer l'application et l'interprétation équitables.

Sous Henri II de France, il fut défendu aux magistrats d'aller à la cour sans permission spéciale, « de peur, dit Saint-Réal, qu'après avoir fait les juges parmi les courtisans, ils ne vinssent faire les courtisans parmi les juges. »

La justice, disait Agésilas, est la première des vertus.

« La justice, dit Cicéron, est si nécessaire aux hommes, que ceux mêmes qui passent leur vie à la violer, les voleurs et les brigands, ne peuvent subsister entre eux qu'en établissant et en exerçant une image et un simulacre de justice. »

De même l'injustice, la partialité, la prévarication des juges est le plus grand crime contre la société, et, pour mon compte, quoique peu féroce de mon naturel, je ne trouve pas excessive la punition qu'infligea le roi de Perse Cambyse à un juge corrompu nommé Otanès : il fit couvrir de sa peau le siège de son tribunal.

Pendant un temps en France, peut-être encore en Allemagne, des magistrats allaient ou vont en tournée, s'arrêtant dans les villes juste le temps de prononcer les jugements, pas assez longtemps pour y faire des connaissances, y établir des relations, y subir des influences.

Au royaume de Fez, disent les voyageurs, les habitants de la montagne arrêtent un passant et lui font juger leurs procès.

L'*inamovibilité* du corps judiciaire est la plus forte garantie qu'on ait trouvée jusqu'ici pour l'indépendance et conséquemment l'impartialité des magistrats. Cette inamovibilité, consacrée par les anciennes lois de la France, fut abolie par l'Assemblée constituante, rétablie par la Constitution de l'an VIII, abolie par le sénatus-consulte du 10 octobre 1807, rétablie par la Charte de 1814, maintenue par la Charte de 1830 et toujours respectée depuis jusqu'ici.

C'est cette garantie contre le despotisme que nos odieux et ridicules hommes d'État veulent de nouveau enlever à la justice, pour réduire, au nom de la liberté, la France en servitude et en faire décidément leur proie.

S'il y avait à toucher à l'inamovibilité, c'était au contraire pour l'augmenter et la compléter, c'est-à-dire faire que le magistrat qui ne peut être destitué ni abaissé et conséquemment échappe, à un certain point, à l'influence de la crainte, ne pût non plus être promu ni élevé et fût à l'abri des suggestions de l'espérance et de l'ambition ; que le titre de magistrat, atteint après les épreuves et avec les garanties les plus sérieuses, donnât à celui qui l'obtiendrait une situation assez honorée, assez libéralement rétribuée pour que ce fût le terme de sa carrière et de son ambition, qu'il n'y eût pas de degrés, pas de grades dans la magistrature ; que le sort ou le choix libre des collègues décidât de l'exercice des diverses fonctions.

Oui, certes, il y a des réformes à faire dans l'exécution des lois, mais ce n'est pas en ébranlant les traditions, c'est, au contraire, en revenant sévèrement à l'observation, à l'obéissance, au respect religieux ; c'est en cessant de permettre de braver, d'éluder, de négliger les lois.

Il était autrefois de tradition que l'avocat, malgré toutes ses immunités, pouvait plaider sa cause, mais ne devait, ne pouvait jamais plaider la loi ; d'où vient qu'aujourd'hui les présidents de cour d'assises et le ministère public permettent sans observation aux avocats de s'élever contre la peine de mort ? Le droit et le devoir de l'avocat est de s'efforcer de prouver ou de persuader que son client n'a pas encouru, mérité cette peine ; mais non, comme on le fait chaque jour, eût-il commis cent fois les actes contre lesquels la loi prononce cette peine, c'est la loi qui a tort et doit être condamnée.

Une bêtise qui a fait son chemin, c'est que l'homme attaqué par un assassin n'aurait pas le droit de le tuer pour se défendre, c'est que je n'aurais pas le droit de tuer celui qui viendrait de tuer mon père, ma femme ou mon enfant ; c'est que ces pauvres assassins sont bien à plaindre et qu'ils ont, non pas toujours, mais quelquefois, certains désavantages dans la lutte et la guerre et la partie qu'ils engagent contre la société, et qu'il serait grand, noble et juste de leur rendre des points, à l'exemple des entrepreneurs de roulettes, qui, pour achalander leur tripot, annoncent qu'ils renoncent au double zéro ou à quelque autre chance leur donnant avantage sur le joueur.

Grâce à certaines divagations creuses, à certains paradoxes enluminés de grosses et éclatantes couleurs, répandus, propagés même par des hommes dont le talent exerce une certaine influence sur le public, et qui sont séduits eux-mêmes par la facilité du succès que leur donnent ces divagations et ces paradoxes, « la peine de mort » est une question qui divise aujourd'hui singulièrement les esprits.

J'ai condensé il y a longtemps mes études et mon opinion sur ce sujet en deux lignes, qui ont été adoptées par un très grand nombre de bons esprits, et ont suffi, dans bien des cas, pour réfuter les élucubrations absurdes.

« Supprimons la peine de mort, mais que messieurs les assassins commencent ».

Vous ne voulez pas être tué? rien n'est plus facile, ne tuez pas.

La loi, de votre consentement comme du mien, a dit : Celui qui tue sera tué; je consens à être tué si je tue, pour que celui qui voudrait me tuer soit arrêté par la crainte d'être tué à son tour; j'abdique entre les mains de la société et de la loi mon droit naturel de me défendre et de me venger, parce que je pourrais, dans la peur, dans la colère, le pousser au delà du juste et du légitime, tandis que la société et la loi l'exerceront avec calme et impartialité; mais si la société, si la loi qui ont accepté mon abdication et mon mandat y manquent en ne me protégeant pas, je leur retirerai mon mandat, et je reprendrai mon droit naturel ; par exemple, le port de certaines armes est interdit ; le bourgeois honnête et paisible se dit : je dois obéir, ne pas m'exposer à un procès-verbal, à un procès, à une amende de vingt francs, à la confiscation de l'arme, etc. Mais le voleur assassin se dit : en portant cette arme qui, de même que la fausse clef et le *rossignol*, est un outil de mon métier, je m'expose à la peine de mort, plus à vingt francs d'amende. Les vingt francs d'amende en surplus ne l'arrêtant pas, le bourgeois arrive naturellement à se dire: tant que la police ne m'aura pas prouvé qu'elle a la puissance de me défendre contre le couteau et le pistolet des brigands, et tant que j'aurai vingt-cinq francs, je braverai la prohibition pour me protéger moi-même, parce que, même en payant l'amende, j'aurai encore cinq francs de bénéfice.

Sous le rapport de la peine de mort et de son application, nous en sommes arrivés à la situation la plus fausse, la plus absurde, la plus injuste, la plus dangereuse.

Le même crime est puni de peines différentes, selon les dispositions préventives des jurés, selon le talent ou la popularité de l'avocat ; c'est une question de chance et de hasard, et on rend aujourd'hui à l'assassin, comme je le disais tout à l'heure, des points que la loi ne lui rendait pas autrefois.

L'homme qui se met en lutte avec la société fait son petit calcul : pour avoir cette montre et cette bourse qui appartiennent à un autre, je mets au jeu un an, deux ans de ma liberté, si je ne fais que les tirer par adresse ; ça peut se jouer.

Si c'est la nuit, si j'emploie une certaine violence, si je me sers de fausses clefs, si j'enfonce une porte, je dois mettre davantage au jeu ; examinons s'il me convient de risquer la chose et de jouer aussi gros jeu.

Si je tue le possesseur de la montre et de la bourse, on me coupe le cou. Oh! oh! c'est grave, est-ce que je ne mettrais pas trop au jeu ? c'est trop cher, je ne joue pas cette partie.

Mais si on vient lui dire : si tu tues l'homme à la montre, on peut d'abord ne pas savoir que c'est toi, puis ne pas te prendre ; puis, si tu es pris, grâce aux dispositions de certains jurés, à la faconde de mélodrame de certains avocats, tu as de grandes chances de ne pas être condamné à mort; puis, si tu es condamné à mort, M. Grévy te fera-grâce.

Alors le voleur se dit naturellement : c'est plus commode de tuer ; le tué ne dénonce pas et ne se défend pas ; je ne joue plus contre sa bourse et sa montre ma vie, mais une chance plus que douteuse d'être tué ; alors c'est différent, ça peut se jouer.

Le voleur assassin était autrefois une classe à part et assez peu nombreuse, parce qu'il mettait certainement sa tête au jeu ; aujourd'hui, grâce aux points que la société lui rend, le nombre des joueurs s'est accru, et jamais on n'a autant assassiné, et nous sommes arrivés à ce point que la peine de mort, à peu près abolie pour les assassins, est seulement maintenue pour le crime de rentrer tard chez soi et de laisser voir une chaîne de montre.

Le roi Louis-Philippe était au moins aussi doux que M. Grévy. Je dis au moins autant, car M. Grévy ne montre sa douceur et sa bienveillance que pour les assassins, il n'en garde ni pour celui qu'on a assassiné hier, ni pour celui qu'on assassinera demain. Le roi Louis-Philippe se faisait remettre le dossier de tout condamné à mort, prenait la peine de le compulser, de l'étudier, et j'ai su dans le temps par Vatout, son bibliothécaire familier, qu'il lui arrivait quelquefois de passer une nuit dans une indécision anxieuse.

Il y a loin de là au parti pris d'avance de faire grâce à tout condamné à mort, qui a pour résultat, comme on ne le voit que trop aujourd'hui, de condamner à mort des innocents que les assassins n'oseraient pas tuer sans l'impunité à peu près assurée que leur permet d'espérer M. le président de la soi-disant République française.

A chaque instant on lit dans les journaux : Le crime était épouvantable, les témoignages concluants, l'accusé ne pouvait plus nier ; mais grâce à l'éloquence de maître tel ou tel, le jury a prononcé sur l'acquittement ou les circonstances atténuantes.

Eh bien ! si les avocats sont si forts, et si les jurés sont si faibles, il faut prononcer la suppression ou des avocats ou des jurés ; sans quoi il n'y a plus de justice, plus de protection, plus de sécurité, plus de civilisation.

Et il y a quelques jours, un avocat général, plaidant contre un assassin, n'a-t-il pas dit aux jurés, en les adjurant de rendre un verdict absolument sévère : « Si vous prononcez une culpabilité entraînant la peine de mort, il y a bien des chances pour que cette peine ne soit pas appliquée. »

Aveu curieux, absurde, que l'application de la peine de mort est aujourd'hui une question de hasard.

Mieux vaudrait la supprimer légalement ; l'expérience alors ne tarderait pas à être si complète qu'il faudrait y revenir au plus tôt ; mais, aléatoire telle qu'elle est aujourd'hui, c'est une injustice et un acte de caprice despotique contre le criminel auquel elle est, par un hasard bien rare, appliquée et qui ne l'avait pas fait entrer dans ses prévisions et sa « mise au jeu ».

Outre les grosses phrases écrites ou prononcées, une circonstance contribue à égarer le jury : c'est la mauvaise et amphibologique rédaction de la question qui lui est soumise.

Un tel, accusé d'avoir assassiné l'homme à la montre ou d'avoir coupé sa maîtresse en morceaux, *est-il coupable?*

Le juré croit avoir le droit de se dire à lui-même : eh! eh! l'homme à la montre était vieux, il n'avait pas longtemps à vivre ; la maîtresse était très ennuyeuse ; non, je ne trouve pas l'accusé coupable d'avoir tué l'un et coupé l'autre en morceaux.

Et il répond à autre chose qu'à ce qu'on lui demande.

La rédaction, pour être claire et correcte, devrait être modifiée ainsi :

« Un tel est accusé de tel fait, vous paraît-il, oui ou non, évident qu'il a commis ce fait ? »

Les circonstances atténuantes sont une institution humaine, louable, sous beaucoup de rapports : mais ne faudra-t-il pas en venir à en enlever l'appréciation au jury, qui en abuse trop souvent pour se contredire lui-même, en ne le consultant que sur l'évidence du crime, et en laissant au tribunal prononcer, comme l'application de la loi et de la peine, l'admission des circonstances atténuantes ?

Une mode qui semble devoir se propager, c'est celle du juré qui refuse de prononcer le serment légal et de prendre Dieu à témoin qu'il jugera honnêtement et impartialement; ce juré se proclame athée et croit exciter l'admiration en se dénonçant lui-même comme un aveugle ou un vaniteux imbécile. Mais la plupart des présidents des assises n'ont ni compris ni fait leur devoir à l'égard de ces farceurs.

La loi est formelle : la formule du serment doit être prononcée textuellement; le juré qui s'y refuse, refuse implicitement de remplir des fonctions qui sont obligatoires, sous une peine prononcée par la loi.

Et si jamais une exigence légale a été fondée, c'est celle-là. En effet, le juré qui, se disant athée, refuse de prendre Dieu à témoin, dit qu'il lui suffit de jurer sur sa conscience et devant les hommes; mais le juré moins *fou* ou moins bête, jure aussi sur sa conscience et devant les hommes.

Or, celui qui croit qu'il existe un Dieu vengeur et puissant, qui lui ferait payer sévèrement un faux serment, présente incontestablement et à l'accusé et à la justice des garanties que ne présente pas le juré qui ne croit pas à ce Dieu.

Le service militaire est aussi obligatoire. Que diriez-vous d'un soldat qui, un jour de bataille, sous prétexte d'opinions personnelles, refuserait de mettre une cartouche dans son fusil et de faire sa part dans la défense du pays?

Le refus de serment du juré est le refus d'être juré, et doit être puni comme tel. Ceux qui tiennent beaucoup à se proclamer athées mettront le prix à ce plaisir et à cette gloire.

J'en aurais encore long à dire sur le désarroi de la justice; mais en fait de choses sérieuses et utiles, il faut se garder de dire plus que l'indispensable. Constatons seulement aujourd'hui que, dans la forme bizarre, cocasse et si périlleuse du gouvernement de la soi-disant République, chaque ministre semble chargé de casser et de détruire le département qui lui est confié.

La suppression de l'inamovibilité de la magistrature est plus qu'un degré, plus qu'un pas, c'est un saut dans une « rechute en sauvagerie ».

L'ÉCOLE

LA TERRE

I

La nouvelle loi sur l'instruction me rappelle une fable de La Fontaine, *le Chat-Huant et les Souris*.

Le chat-huant, qui commençait à vieillir, s'aperçut qu'il ne tarderait pas à attraper plus difficilement les souris qui faisaient sa principale nourriture. Pour le moment, il en pouvait encore prendre beaucoup plus que pour sa consommation quotidienne.

> Tout manger à la fois, l'impossibilité
> S'y trouvait, joint aussi l'état de sa santé.
> Les premières qu'il prit, du logis échappées,
>   Pour y remédier, le drôle estropia,
> Tout ce qu'il prit ensuite, et, leurs jambes coupées,
> Firent qu'il les mangeait à sa commodité.
>   Sa prévoyance...
>   Allait jusques à leur porter
>   Vivres et grains pour subsister.

C'est ainsi que, par l'instruction laïque et obligatoire et les lycées de filles, on prétend couper non les pattes, mais les ailes à toute la jeunesse du pays.

> Quand ce peuple est pris... il s'enfuit.
> Il faut donc le croquer aussitôt qu'on le happe.
> Impossible...
> ... Donc il faut avoir soin
> De le nourrir sans qu'il s'échappe.
> Mais comment? ôtons-lui les pieds.

De même, par cette éducation sans Dieu, par ces histoires tronquées et ces principes subversifs, on couperait les ailes à la jeunesse « happée », et on aurait toujours à sa disposition les athées, les jobards, les énergumènes, les bavards, les crédules, les mauvais drôles, les nigauds, les chenapans, les fous, les coquins, les tricoteuses et les Louise Michel nécessaires au recrutement de la prétendue République.

Le cardinal de Richelieu répondit un jour à certains représentants de l'Église, qui voulaient accaparer l'instruction au détriment de l'Université : « Cela, mes pères, ne se fera jamais de mon consentement »; il donna de ce refus d'excellentes raisons, dont la moindre, qui est bonne, est qu'il fallait maintenir l'émulation entre l'Église et l'Université au bénéfice de l'éducation. Il ajoutait : « Je répondrais exactement la même chose à l'Université si elle avait manifesté la même prétention. »

Voici quelles étaient ses idées sur l'instruction émises à cette occasion.

Tout le monde doit recevoir l'instruction primaire, lire, écrire et compter, — sans quoi on est à l'état d'infirmité, — mais ceux-là seulement doivent être admis à une instruction supérieure qui, à la suite d'examens, seront reconnus avoir des facultés et des aptitudes plus élevées ; et ceux-là, on les aidera, on les poussera.

Autrement, dit-il, le corps social aurait une tête trop grosse, et les fonctions réservées au corps et aux membres ne seraient plus exercées, on ne voudrait plus être ni paysan, ni soldat.

Cette tendance de la nation française à avoir la tête trop grosse et à être menacée d'apoplexie, frappa quelque temps après Pierre le Grand lors de son voyage en France.

Si nos cocasses hommes d'État avaient quelque souci de la prospérité et même de l'existence de la France, ce n'est certes pas dans le sens qu'ils adoptent qu'ils tenteraient des réformes ; les réformes sages, utiles, salutaires, seraient diamétralement opposées.

L'instruction presque exclusivement littéraire, latine et grecque qu'a reçue notre génération dans les collèges, avait sa raison d'être lorsqu'elle ne s'appliquait qu'à deux classes d'individus, la première composée de jeunes gens appartenant à des familles riches ou dans les dignités, qui avaient leurs places toutes marquées dans la foule ; il s'agissait pour eux de cultiver leur esprit ; pour les uns, de se préparer à certaines fonctions supérieures ; pour les autres, d'acquérir certaines manières convenues, et surtout d'occuper, de dérober quelques années à la première et exubérante sève du commencement de la jeunesse.

La seconde classe se composait des jeunes gens relativement peu nombreux qui se destinaient aux sciences, à la littérature, à l'Église, à la médecine, à la magistrature. Cette classe était d'abord très restreinte et ne fabriquait des magistrats, des avocats, des médecins, des prêtres, des savants, des littérateurs que dans les proportions nécessaires à la consommation du pays.

Mais lorsque la bourgeoisie eut renversé les « abus et les privilèges » moins pour les détruire que pour les usurper, lorsque les « nouvelles couches » commencèrent à faire contre la bourgeoisie ce que celle-ci avait fait contre l'aristocratie, les vainqueurs s'affublèrent des dépouilles des vaincus à la manière des sauvages qui se sont emparés d'un navire échoué, et se coiffent au hasard avec une culotte, passent leurs jambes dans les manches d'un habit, et se mettent une fourchette ou une cuiller dans les cheveux.

Toutes les familles s'efforcèrent de donner à leurs enfants cette même éducation autrefois exceptionnelle, et beaucoup s'y épuisèrent.

Toute famille bourgeoise ayant deux fils fit l'un avocat, l'autre médecin.

Le paysan aisé ne garda auprès de lui pour l'aider et lui succéder dans ses travaux agricoles que celui de ses fils qui annonçait le moins d'intelligence, et fit des deux autres un prêtre et un huissier, un titre dont il aspirait la première lettre, l'H, par déférence.

Ceux qui ne pouvaient prétendre à de si hautes destinées n'en quittèrent pas moins les champs pour aller dans les villes, qui toujours s'agrandissant venaient les trouver en élargissant leur zone pestiférée, et se faisaient, les garçons, ouvriers dans l'industrie, les filles, servantes, en attendant pis. Chaque paysan qui se fait citadin est, au point de vue de la subsistance et de la seule richesse réelle dont les autres richesses ne sont que des signes et des représentations, est un producteur de moins, et en même temps, grâce aux nouveaux besoins qu'il acquiert, ne peut être compté pour moins que trois consommateurs de plus.

La moitié du pays se faisant avocats, l'autre moitié médecins, il n'a pas tardé à arriver ceci, qu'il y a eu beaucoup plus de médecins et d'avocats que l'exercice de ces deux professions n'en peut nourrir.

Que pouvaient devenir ceux qui ne trouvaient pas à se caser ? — Chaque année s'abat sur la France une nuée de corbeaux affamés, une armée d'hommes qui ont revêtu l'habit noir, arboré le chapeau en tuyau de poêle — ce sont des « messieurs »; il faut qu'ils vivent en messieurs. L'aspirant médecin, l'aspirant avocat, s'ils trouvent toutes les places prises, ou s'ils sont paresseux, ignorants ou pas chanceux, si personne ne leur confie sa fortune ou sa vie, se jettent dans la politique et n'attendent plus la satisfaction de leurs besoins accrus que des révolutions et des bouleversements — et ils y tendent *per fas et nefas;* — quelques-uns trouvent la fortune et le pouvoir à moitié chemin du bagne; un bien plus grand nombre trouvent le bagne à moitié chemin de la fortune et du pouvoir, mais le petit nombre des premiers suffit pour exaspérer les espérances et accroître chaque jour la foule des prétendants.

Je ne puis être un grand ni même un médiocre avocat, je ne puis être un savant ni un habile médecin, je serai alors président de la République à la première révolution, ou ministre, ou député, ou préfet de police, ou directeur de quelque chose ou sous-préfet quelque part, — mais il fait faim, il fait soif — il faut hâter la révolution.

Certains gouvernants un peu plus clairvoyants, sans l'être cependant assez, ont été effrayés de l'encombrement des professions dites libérales, et des conséquences funestes de cet encombrement.

Ils ont imaginé de créer des obstacles, quelque chose comme les rivières artificielles que l'on creuse, les haies et les « banquettes irlandaises » que l'on dresse sur les hippodromes ; mais, par une aberration difficile à croire, ils ont élevé ces obstacles non au commencement mais à la fin de la carrière, de sorte qu'ils ont accru les dangers qu'ils essayaient de conjurer ; en effet, lorsqu'un jeune homme a surmené sa cervelle et épuisé les ressources de sa famille, arrive à ces derniers « obstacles », ne réussit pas à les franchir, reste en deçà ou tombe par dessus, il demeure éclopé, fourbu, découragé, désespéré, et « monsieur », affamé d'un pain quotidien dix mille fois plus cher que celui de son village, qu'il n'est plus capable ni de gagner ni de manger, se jette dans la politique, dans les clubs, les émeutes ; il ne peut plus vivre que par une révolution.

Richelieu, lui, plaçait les obstacles et les barrières au commencement de la carrière.

Tous les vrais grands esprits, tous les politiques dignes de ce nom presque ridicule aujourd'hui, ont compris une vérité bien simple, bien évidente, et qui, par un étrange et funeste aveuglement, échappe non seulement au plus grand nombre aujourd'hui, mais pour ainsi dire à la totalité de la nation.

C'est que les seules richesses réelles sont les productions de la terre ; l'or, l'argent, ne servent qu'à les représenter et n'existeraient pas plus qu'elles, si elles cessaient d'exister. Il n'y a qu'à voir, pour s'en convaincre, la somme d'argent qu'il fallait donner en 1870, pendant le siège de Paris, pour une livre de beurre ou quelques pommes de terre.

Tout ce qu'il y a d'or et d'argent au monde serait refusé avec mépris, en échange d'un petit pain d'un sou, sur un navire désemparé, en détresse, ayant épuisé ses provisions.

La folie publique, aujourd'hui, tend à faire de la France ce navire en détresse. Tous avocats, tous médecins, tous employés, ouvriers, domestiques dans les villes, tous consommateurs et plus de producteurs.

Grâce aux obstacles et aux barrières dressées à la fin de la carrière, grâce au plomb mis dans les poches des jockeys, grâce aux examens, aux divers baccalauréats toujours multipliés et plus difficiles, et exigés même pour des professions où les connaissances qu'ils sont censés représenter ne serviront absolument à rien, non seulement tous ceux qui échouent, mais une grande partie de ceux qui réussissent demeurent fourbus, épuisés, anémiques, mais la jeunesse, la gaieté et la vigueur ont disparu ; peu d'hommes, mais beaucoup de bacheliers, et ces bacheliers, pour la plupart, après avoir aux examens vomi de leur cerveau surchargé et indigéré tout ce qu'ils lui ont ingéré, et qui ne peut s'assimiler et les nourrir, seraient incapables trois mois après de passer de nouveau ces mêmes examens.

L'empereur Marc-Aurèle remerciait son grand-père de l'avoir empêché d'apprendre des choses inutiles.

Il est incontestable qu'il faut donner d'autres issues à la foule, comme on fait aujourd'hui à l'égard des théâtres dans la crainte des incendies, et ce n'est pas moins nécessaire, pas moins urgent pour l'éducation que pour les théâtres.

Cette issue, ce but, offert à l'activité, à l'ambition, au génie même, il n'y a pas à le chercher bien loin : il ne s'agit que de recourir aux éternelles lois de la nature ; au lieu d'agrandir les villes en leur permettant d'endetter les générations futures, au lieu d'exciter les paysans à quitter les champs, il faut non seulement les y rattacher, mais y amener aussi une grande partie des citadins.

De grands et bons génies le comprenaient très bien : Henri IV et Sully, les guerres finies, s'efforçaient de renvoyer à leurs terres les seigneurs, dont Henri se moquait gaiement, quand il les voyait se mirer à la cour, et « mettre sur leur dos, changées en habits somptueux, leurs métairies et leurs futaies », et on voit encore dans certaines campagnes en France, de vieux et grands arbres que la voix publique appelle des *Sullys*, ormes, mûriers, etc., plantés par les ordres du digne ministre, du bon et intelligent Henri.

Ainsi agit Frédéric de Prusse, le grand Frédéric; en possession, comme Henri, d'une paix glorieusement conquise, il ne pensa plus qu'à l'agriculture, et le prince de Ligne raconte, que quand on savait qu'il devait visiter certaines contrées, les habitants, depuis les paysans jusqu'aux seigneurs, ne s'ingéniaient pas autrement pour le flatter et pour lui plaire qu'en offrant à ses yeux de gros tas de fumier, destiné à engraisser les terres.

Ce n'est pas lui qui aurait provoqué ni même toléré l'élargissement des villes; il disait : « Chaque maison nouvelle qui est élevée dans une ville, me représente les débris de trois chaumières abandonnées et démolies. »

Pierre de Russie, encore un grand, celui-là, ne se laissait influencer ni par l'intrigue, ni par les coteries pour le choix de ses agents et de ses aides; il se promenait dans un champ, un jardin, mieux cultivés que les autres ; si le maître de ce jardin ou de ce champ avait une famille proprement et simplement vêtue et accoutumée au travail ; si les chevaux, les vaches, les ânes étaient bien soignés, n'y eût-il qu'un âne et une chèvre à l'étable, il appelait cet homme et lui disait : « Tu seras ici le maire et le maître, et c'est à toi que j'adresserai mes ordres pour les faire exécuter. »

Voici, dans ce but, comment j'entendrais l'école.

Revenons d'abord au principe : l'homme naît laboureur, berger, chasseur ou pêcheur, ce n'est que le petit nombre qui doit exercer les autres professions.

L'école au centre d'un grand jardin que le maître d'école cultiverait avec ses élèves ; dans cette école on apprendrait à lire, à écrire, à compter et un peu de dessin ; mais de plus et surtout on recevrait toutes les connaissances qui ont trait à l'agriculture et qui sont si attrayantes, la botanique débarrassée de son fatras de nomenclature épineuse, l'histoire naturelle, l'histoire des animaux, des mammifères, oiseaux, insectes amis ou ennemis de l'homme. Rien n'est si propre que cette étude à inspirer de saines idées religieuses, une profonde admiration et une profonde reconnaissance pour un Être suprême.

Dans cette école on réunirait, on expérimenterait, on jugerait, on adopterait ou repousserait tous les progrès réels ou prétendus ; on entretiendrait des étalons non seulement des meilleures espèces d'animaux et bestiaux que l'on apprendrait à connaître et à soigner, mais aussi des « étalons » des meilleurs végétaux, des grains, arbres à fruits et forestiers, légumes, etc.

Et les fleurs, cette « fête de la vue », comme disaient les Grecs.

Et le maître aurait soin de faire à ses élèves comparer avec les professions urbaines les inappréciables avantages de la profession de l'agriculture, qui peut se passer de toutes les autres professions, et dont aucune ne peut se passer ; il ferait ressortir le bonheur, la paix, le calme, l'indépendance et la dignité de cette vie des champs.

Et de ces écoles sortiraient des hommes vigoureux, laborieux et heureux ; de ces écoles sortiraient et se propageraient ainsi les meilleures races d'animaux, les meilleures greffes, les meilleures semences, les meilleures méthodes.

Le maître tiendrait des notes sur ses élèves, surveillerait, étudierait ceux qui annonceraient des facultés particulières ou supérieures en quelque genre que ce soit, et les signalerait à ses supérieurs, et ceux-ci, après examen, proposeraient et admettraient ceux de ces élèves qui en seraient les objets à une éducation et à une instruction supérieures et gratuites dans les établissements nationaux.

Les fonctions de maître d'école deviendraient une des plus honorables et des plus dignes professions et fourniraient un but à un grand nombre de jeunes gens. L'agriculture honorée, protégée, perfectionnée, ouvrirait une carrière attrayante à un bien plus grand nombre. Surveillez ensuite avec une extrême sévérité les cabarets, les cafés et les « chambrées ». Supprimez les impôts sur le vin, le sucre, etc., consommés chez l'habitant et dans sa famille, et retrouvez-en le produit en chargeant et surchargeant les établissements où l'on vend au litre et à la bouteille les boissons sophistiquées en même temps que la folie, la bêtise et la haine.

Instituez des fêtes champêtres : la fête du labourage, la fête des semailles, la fête de la fenaison. celle de la moisson et celle des vendanges, et donnez-leur tout l'attrait et l'éclat possibles, avec des concours et des prix pour les exercices de force et d'adresse.

Ne permettez plus que les choix pour les représentants s'égarent sur des inconnus, prônés, patronnés par des coteries. Exigez que le candidat à la représentation connaisse bien le pays et les gens qu'il doit représenter et soit connu d'eux, c'est-à-dire exigez la résidence des candidats. Appliquez, si vous voulez, une idée singulière que j'ai vue exprimée quelque part : que celui qui a, par un long et laborieux séjour, amélioré, étendu une terre, puisse ajouter le nom de cette terre à son nom de famille et s'en faire comme un titre de noblesse.

En même temps, dans les villes, ne laissez arriver les aspirants aux places, aux fonctions, aux dignités, que degré par degré ; que tout général ait été soldat, sergent, lieutenant ; que tout ministre ait passé par tous les degrés de son administration ; qu'on ne voie plus ces exemples de ces apparitions de champignons ou de ces pluies de crapauds, qui juchent à la fortune et aux honneurs — des intrigants audacieux et rusés et les clients et les complices des coteries.

. . . .

Voilà comment j'entendrais l'école.

Il faut s'efforcer de lutter contre la dissolution de la société, et il est bien temps — si même il en est temps encore. — Le spectacle que présente la France est cruellement déplorable.

Il n'y a même pas des partis politiques, il y a des joueurs plus ou moins biseauteurs de cartes, pipeurs de dés, retourneurs de rois ; il y a des affamés, des altérés, des vaniteux, et, comme je l'écrivais déjà à Crémieux en 1871 :

« La France, livrée aux bêtes, ne peut même pas se flatter d'être déchirée par de grands lions.

» Elle est honteusement mordue, rongée, grignotée, sucée, déchiquetée par des hyènes, des vautours, des corbeaux, des belettes, des fouines, des furets, des putois, des rats, et toute la horde des *bêtes puantes.* »

ROSE BLEUE

Je voulais aujourd'hui continuer mon étude sur l'agriculture et sur l'école.

Mais...

Voici les rossignols qui choisissent la place de leurs nids dans les lilas et les aubépines en fleurs, et fredonnent et susurrent les mélodies qu'ils vont bientôt chanter la nuit à pleine voix au-dessus de ces nids où couveront leurs compagnes.

Si je dis les *rossignols*, c'est que contrairement à ce qu'on dit dans les livres qui prétendent que les rossignols ne nichent et ne chantent qu'à une assez grande distance les uns des autres, il y en a tous les ans cinq ou six dans mon jardin qui se répondent comme les bergers de Virgile : *amant alterna camœnæ.*

Il est vrai qu'ils y trouvent intacts et respectés leurs nids de l'autre printemps, et que dans les quelques jardins que j'ai plantés, j'ai toujours songé aux rossignols et aux fauvettes : des buissons touffus, épineux, inexpugnables autour d'une eau limpide : tous leurs goûts étudiés et satisfaits d'avance.

Voici s'épanouissant la nombreuse famille des roses, cette grande fête de la nature; et du jardin pénétrant jusque dans la maison, les aromes mêlés et quelque peu enivrants des aubépines, des lilas, des héliotropes, du réséda, du chèvrefeuille, des orangers et des roses.

Faisons comme la nature, dédaignons, du moins pour un jour, les folies et les crimes des hommes et « parlons roses », comme disait un ancien, *loquamur rosas;* laissons s'épanouir comme elles nos souvenirs et nos pensées; vivons pour un moment dans les roses, comme le disait ce coquin de Martial à son ami *Liber* : « O Liber, toi si digne de passer ta vie dans des roses perpétuelles : *in æterna vivere digne rosâ.* »

Ce que M. Nisard a si timidement, disons le mot, si platement traduit par : digne de vivre au sein d'éternelles délices.

De combien de roses les jardins se sont enrichis depuis que je suis au monde, moi qui suis né et ai été élevé dans des jardins qu'aimait mon père, qui, du temps de la folie des tulipes, avait semé des tulipes avec Méhul, et avec lui, s'était mis à la tête des partisans des « fonds blancs », déclarés étourdis et révolutionnaires par les partisans des « fonds jaunes », qu'ils déclaraient à leur tour ennemis du progrès et... ganaches.

Mais combien de roses nouvelles ont partagé le sort des héros, des demi-dieux, des jupes, des folies, des chapeaux, des ridicules, des convictions, des gilets, des vices et des vertus pour un moment à la mode.

Combien aussi ont disparu uniquement pour faire place à de nouvelles venues qui ne valent pas mieux qu'elles et souvent ne les valent pas. J'ai sous les yeux le catalogue de Vibert, un des plus beaux semeurs et inventeurs de roses qui aient existé. Il en reste bien peu des roses de ce catalogue sur les catalogues des « rosiéristes » d'aujourd'hui !

Quelques-unes, il est vrai, des anciennes reparaissent de temps en temps sous des noms nouveaux comme « obtenues » par des gens qui les croient suffisamment oubliées. C'est ainsi que « l'unique panachée » a été, il y a trois ou quatre ans, annoncée comme « gain » sous le nom de madame d'Hebray, la « rose jaune de Fortune », sous le nom anglais de « beauté de Glazenvood », la « chromatelle » sous le nom également anglais de « cloth of gold », la « perle des panachées » sous le nom toujours anglais de « village maid », etc.

C'est un peu à ma sollicitation qu'on voit reparaître sur certains catalogues les cent feuilles *bullata* et *cristata*, mais sous leurs anciennes et réelles dénominations. La grande famille si riche, si noble des roses de Provins, qui comptait des membres par centaines, est réduite aujourd'hui à trois ou quatre ou cinq individus.

J'ai beaucoup connu Vibert : c'était un fanatique... raisonnable. Il aimait furieusement, et religieusement les roses ; mais il n'aimait pas seulement les siennes ; il n'était intolérant que contre les parvenues indignes ou intrigantes, et il n'abandonnait jamais celles qui étaient vraiment belles.

Il soutint une guerre assez vive contre un certain « bengale à fleurs jaunes » annoncé en 1821. On l'avait vu jaune et double, racontait Vibert chez un M. Cartier. Vingt lettres, ajoutait-il, me furent adressées : l'une faisait des vœux pour la conservation de cet « heureux gain » ; une autre prenait date pour la demande et s'inscrivait en toute hâte pour le moment où il serait livré au commerce ; un troisième conseillait de le vendre par souscription et me chargeait de féliciter l'obtenteur, etc. Vérification faite, le rosier n'était pas un bengale, et la rose n'était pas jaune.

Nous avons vu, il y a quelques années, une mystification de ce genre. Il vint d'Amérique, je crois, le portrait d'un certain « thé président. »

Comme couleur, cette rose ressemblait assez au thé « safrano », mais il était huit fois plus large et plus double, plus grand que le léviathan « Paul Negron » qu'on ne connaissait pas encore.

Tous les amateurs en achetèrent au prix de trente francs, moi comme tous les autres, et en reçurent une vieille rose commune et rejetée depuis longtemps, qui n'était même pas identique pour toutes les dupes. L'année suivante, le « thé président » ne figurait plus sur aucun catalogue.

Aujourd'hui, d'habiles, d'opiniâtres et de plus ou moins heureux semeurs obtiennent de temps en temps des roses qui viennent les unes pour quelque temps, les autres à jamais enrichir les collections ; mais on ne veut plus que des roses « remontantes », c'est-à-dire fleurissant plusieurs fois dans l'année. C'est ce qui a amené l'exil de tant de magnifiques roses qui ne fleurissent qu'une fois, sans qu'on pensât que la tulipe, la jacinthe, l'anémone, la renoncule, le lilas, l'aubépine, le muguet et tant d'autres ont leur saison et ne fleurissent qu'une fois, sans que pour les roses cette qualité rigoureusement exigée d'être « remontante » soit souvent bien réelle et suffisamment constatée.

Beaucoup de ces nouvelles roses n'ont pas d'odeur, ce sont des fleurs sans esprit et sans âme, ce sont des quasi-roses. J'ai entendu un « horticulteur », il n'y a plus de « jardinier », j'ai été le dernier, dire en parlant d'une rose de ses semis : Elle ne sent rien, mais l'odeur n'est plus à la mode, on ne veut plus d'odeur.

— Pardon, lui dis-je, j'en veux, et beaucoup d'autres en veulent comme moi.

Il y a pour les roses trois familles de parfum. Les bengales dont l'odeur est douce et charmante, quoique Victor Hugo ait écrit, en parlant de la rose de Bengale :

Comme elle est sans épine, elle n'a pas d'odeur;

ce qui est une double erreur ; parce qu'en même temps qu'elle exhale un très agréable arome particulier, elle a presque les plus fortes épines entre les roses.

Je vais faire ici, pour mes lecteurs et pour moi, ce que je fais depuis quelque temps pour ne pas cesser d'admirer et d'aimer Hugo, rappeler quelques-uns de ses beaux vers.

Je lui ai su gré d'avoir parlé, dans « les Chansons », je crois, du « chardon bleu des grèves », qu'il a observé à Jersey, comme nous le voyons sur les rives de la Méditerranée.

Ajoutons cette ravissante pensée :

« Au paradis, les parents toujours jeunes et les enfants toujours petits. »

Et revenons aux roses.

Les « thés », dont les premières venues, celles qui ont fondé la race, exhalent réellement l'odeur du thé, et de nouvelles venues telles que « Céline Forestier » et quelques autres, et surtout le « Maréchal Niel » dont le parfum est encore celui du thé, mais dans lequel on aurait jeté une pincée de poivre.

Puis, la vraie odeur de la rose, odeur qui a ses nuances aussi nombreuses, aussi variées que les nuances dont elle se revêt.

Depuis quelques années, on cherche un peu trop les robes jaunes et les robes rouges ou sombres ; ainsi je sais doublement gré à *Lacharme* du « capitaine Christy » d'un si doux éclat blanc-rosé, à *Guillot fils* de la « France » d'un si ravissant rose avec la vraie odeur de rose.

On attend en ce moment avec anxiété la floraison de deux nouvelles roses bien vantées par ceux qui les ont vues chez leurs pères, *Guillot fils* et *Gonod*, « l'Étoile de Lyon » et la « beauté de l'Europe », mais toutes deux jaunes.

Il faut bien se figurer une chose, c'est que si on ne pouvait avoir qu'une seule rose, il faudrait que ce fût une rose rose; que dans un massif de rosiers les roses roses doivent de beaucoup dominer par le nombre; que les blanches, les jaunes, les rouges, les pourpres, les violettes doivent s'épanouir entre des roses roses, chacune entourée de plusieurs roses roses, un tapis de fleurs dont le fond serait rose.

De temps en temps, on parle de la rose bleue, soit pour la désirer, soit même parfois pour l'annoncer. Nous allons y venir tout à l'heure. Parlons encore un peu de Vibert.

Il se plaignait souvent d'être marchand, et, en cette qualité, obligé de s'asservir au goût toujours mobile, souvent égaré, faux et mauvais du public. Par exemple, il haïssait presque autant que moi cette tyrannie qui oblige les rosiers à prendre une forme de plumeau, un bouquet au bout d'un bâton. les roses greffées sur églantier à un, deux et parfois trois mètres de hauteur. La nature n'a pas destiné le rosier à être un arbre, mais un buisson. Les gens de mon âge se souviennent d'avoir vu dans le jardin de leurs parents ces grosses touffes de « roses à cent feuilles, » de « roses blanches, » de « roses cuisse de nymphe, » de « roses de Provins » de velours écarlate ou violet, dont les étamines en pinceau d'or relevaient encore l'éclat. Ces touffes non greffées allaient toujours s'étendant et finissaient par couvrir une grande étendue de terrain. Quand on en voulait augmenter le nombre, on arrachait un des nombreux rejetons et on le plantait ailleurs.

Vibert aurait voulu qu'on s'arrangeât pour n'avoir que des rosiers « francs de pied », c'est-à-dire non greffés.

Un des grands obstacles à cette révolution était la lenteur de la multiplication jusqu'à ce que le rosier eût acquis, par l'âge, une certaine force.

Il faut dire que les horticulteurs, les rosiéristes lyonnais ont tranché ingénieusement la difficulté. Presque tous aujourd'hui greffent leurs roses sur le collet de la racine de l'églantier ou de tout autre sujet, de sorte que, les rosiers plantés un peu profondément, la rose greffée émet en un an ou deux des racines... personnelles, s'affranchit de l'églantier et peut former les larges et riches buissons d'autrefois ; — c'est ce que, jusqu'à présent, je n'ai pas réussi à faire comprendre à nos cultivateurs du Midi.

Alors disparaissent ce soin et ce souci de surveiller les indignations et les révoltes de l'églantier, auquel on a imposé la servitude de porter et de nourrir des enfants étrangers, et qui tend sans cesse à émettre clandestinement plus ou moins loin d'autres enfants siens qui affameront et feront périr les usurpateurs qu'on l'a forcé d'adopter.

Revenons à la rose bleue ;

On ne peut pas dire que l'homme soit très heureux, jamais je n'aurais songé un instant à imiter certains parents qui réclament de la reconnaissance de leurs enfants pour les avoir « mis au monde », c'est un sentiment contraire qui fait qu'on m'accuse quelquefois de « gâter » les enfants, c'est qu'en pensant aux souffrances, aux chagrins, aux déceptions, aux découragements, aux désespoirs qui « émaillent » la vie même la plus heureuse, je sens le besoin de me faire pardonner d'être la cause directe ou indirecte de leur existence.

Mais il faut reconnaître aussi que l'homme est de beaucoup et le plus souvent l'artisan de ses douleurs; presque toujours il met son malheur dans des choses inévitables auxquelles il faudrait se résigner avec calme, et son bonheur dans des choses impossibles qu'il n'a aucune chance d'atteindre ; non content de cueillir des cerises sur les cerisiers, il querelle les cerisiers de ne pas produire des pêches, et aux pêchers il demande des ananas.

Le meilleur des fruits, sans contredit, est la fraise, et la fraise sauvage ; pourquoi exiger qu'une fraise soit grosse comme un melon ?

On possède des roses de toutes les nuances imaginables, du rose, du rouge, du jaune, du blanc, et quelques nuances de violet. Eh bien, ce n'est pas ça qu'on désire, qu'on veut : c'est une rose... bleue.

Et tout le long de la vie on demande des roses bleues, c'est-à-dire à la vie ce qu'elle n'a pas.

Le bleu est une couleur relativement rare dans les fleurs, c'est une question d'harmonie. Le « fabricateur souverain », comme l'appelle La Fontaine, est un grand artiste. Les fleurs vertes aussi sont rares, le bleu appartient au ciel, le vert aux arbres, aux plantes, aux gazons. Il y a beaucoup moins encore de fleurs vertes que de fleurs bleues, dont on s'exagère la rareté par ignorance. En fleurs vertes il y a les *euphorbes*; un rosier du Bengale à fleurs vertes; une *renoncule* verte ; un *ixia* du plus ravissant vert glauque, avec une tache centrale d'un violet sombre ; c'est la seule fleur verte qui soit jolie, mais elle l'est extrêmement.

Des fleurs bleues, au contraire, la liste serait assez longue, surtout si on n'était pas plus exigeant pour le bleu que pour les autres couleurs. En effet, le jaune le plus pâle jusqu'au jaune le plus éclatant s'appelle toujours jaune, le rouge et le rose ont des nuances infinies, parce que de légers mélanges de jaune et de bleu forment d'innombrables combinaisons. Mais on chicane le bleu sur sa sincérité sitôt qu'il admet la moindre modification, le moindre reflet.

Il est cependant des fleurs bleues sur lesquelles la pruderie la plus outrée n'a rien à dire, et beaucoup de ces fleurs sont des fleurs sauvages auxquelles le Créateur semble avoir réservé la couleur de son ciel.

Le *bleuet* des champs, qu'on appelle aujourd'hui si absurdement *bluet*, comme on appelle à présent *charcutier* le marchand de chair cuite qu'on appelait autrefois chaircuitier, la *buglosse*, la *chicorée* sauvage, le petit *mouron* bleu, la *vipérine*, la *bourrache*, le *vergiss-mein-nicht*, le *ne m'oubliez pas*, celui des collines et celui des rivages, les *gentianes* habitantes des sommets neigeux, le *beccabunga* des ruisseaux, la *nigelle*, les deux *nymphœas* d'Égypte et de Chine, le *nymphœa cœrulea* et le *nymphœa scatifolia* à odeur de violette sont des fleurs sauvages et d'un bleu « inattaquable ».

Ajoutons, parmi les plantes cultivées, — *lobelia-erinus*, la *commeline tubéreuse*, la *cynoglosse printanière*, le grand *mouron bleu* (*anagallis philipsi*), la *nemophilæ insignis*, *sylvia patens*, l'*ipo-*

mée du Nil et l'*ipoméa* à limbe blanc, *delphinium formosum*, *sollya heterophylla*, *plumbago capensis*, *plumbago carpentœ*, *belle de jour*, le *lin*, le *geranium des prés* et le *geranium platypetalum*, la *glycine* de la Chine, la grande *pervenche*, l'*anémone* des Apennins et l'*anémone hépatique*, l'*hortensia*, lorsque certaines conditions du sol teignent les fleurs en bleu, l'*iris stylosa* et l'*iris scorpioïdes*, une *hemerocalle*, la *scille du Pérou*, le *convolvulus mauritanicus*, l'*agapunthe ombellifera* et plusieurs autres ; notez que je passe sous silence des plantes peu connues telles que le *chinodoxia*, l'*hugelia*, l'*isotoma*, etc.

Dans deux livres, ouvrages sur la rose, que je n'ai pas sous les yeux, mais que je me rappelle parfaitement, il est question d'une *rose bleue* ; on donne tous les détails désirables. Cette rose serait sauvage, une sorte d'églantier, et très commune en Italie, aux environs de Turin.

Je suis allé assez souvent à Turin, et là, parmi les jardiniers, les amateurs et les possesseurs de jardins, j'ai fait une enquête opiniâtre, aussi opiniâtre, aussi minutieuse que pourrait la faire un policier ou un « reporter » : personne n'a jamais vu la rose bleue, personne n'en a jamais entendu parler.

Un des deux livres a copié l'autre qui a fait un rêve ou un mensonge.

Vibert parle d'une rose *azurée*, la « *céleste blanche* » ; plusieurs horticulteurs et amateurs soutiennent que cette rose blanche avait des teintes azurées, c'était une rose bleu pâle. Mais Vibert, qui l'a cultivée longtemps, affirme qu'elle était assez jolie, mais parfaitement blanche, sans la moindre tache ni teinte, ni le moindre reflet de bleu.

J'ai connu, il y a quarante ans, un horticulteur distingué et heureux, dont plusieurs gains ornent encore les jardins. Il s'était mis à la recherche de la rose bleue. Dans un parterre clos et fermé de rosiers à fleurs blanches, il avait réuni toutes les fleurs bleues qu'il connaissait. Ce procédé ressemblait au secret publié par madame de Genlis d'obtenir des roses vertes en greffant des roses sur des houx.

Parmi les roses, ce qui se rapproche le plus du bleu, ce sont certaines roses violettes. Il y a la *reine des violettes*, qui s'est appelée longtemps « ardoisée de Lyon », et aussi une petite rose — une sorte de Provins — dont j'ignore le nom, mais toutes deux sont d'un « violet d'évêque, c'est-à-dire de cette nuance de violet où le rouge domine.

Il est une autre vieille rose — une Provins — rose oubliée depuis longtemps, n'étant pas « remontante », qui peut-être n'existe plus que chez moi et dans quelques vieux jardins : c'est la rose « indigo ». Le nom est significatif. A la vérité, elle n'est que violette, mais ici le violet est formé de plus de bleu que de rouge : c'est peut-être de celle-là qu'il faudrait semer les graines pour avoir quelques chances de se rapprocher du bleu.

J'ai vu, il y a vingt-cinq ans, à Nice, un camélia bleu, mais hardiment d'un beau bleu de ciel; l'obtenteur ne le laissait pas toucher, ni même regarder de trop près, parce qu'il l'avait colorié avec du pastel.

Pour voir des fleurs de couleurs inusitées, étranges,

inouïes, il faut entrer dans ces boutiques inoccupées que viennent louer pour quelques jours des horticulteurs errants, qui étalent des fagots d'arbres et de plantes et des paquets de graines, puis couvrent les murs d'images peintes. C'est là qu'on admire des roses bleues et des roses rayées de bleu et de jaune ; c'est là qu'on voit des œillets bleus, des radis et des tomates bleus, des pivoines bleues, des cerises bleues.

Voyant un jour un homme de ma connaissance en train d'acheter ces merveilles, j'entrai à mon tour et témoignai la plus vive admiration ; puis je demandai au marchand le prix de la rose bleue et de la rose bleue et jaune : il me demanda deux francs. — Ce n'est pas assez cher, m'écriai-je, je ne veux pas abuser de votre ignorance ; je ne veux pas payer ces rosiers deux francs, je veux les payer cent francs chaque, mais le paiement aura lieu chez un notaire où je vais déposer les fonds que vous toucherez aussitôt la floraison des rosiers. — Monsieur, me répondit le marchand, la maison a ses usages auxquels je ne puis rien changer, elle ne vend qu'au comptant.

Quant aux arbres, rosiers, etc., ce sont les rebuts des pépinières de Lyon et d'autres lieux qu'ils viennent acheter à vil prix au moment où on les arrache pour les brûler. Quant aux souches, racines, etc., ce sont presque toutes des racines d'asphodèles, qu'ils arrachent en passant sur les plages méditerranéennes, où elles foisonnent à l'état sauvage.

Grâce à la greffe sur racines, dont l'usage ne peut manquer de se propager, et grâce aux « francs de pied » qui en sont la conséquence, on revoit, on reverra surtout ces buissons de roses allant toujours s'élargissant qui donnaient autrefois si libéralement des moissons de roses.

Il y a quelques années, j'allai en Bavière, à Swei-Brucken (Deux-Ponts), voir la petite ville où est né mon père. J'aperçus, par-dessus le mur d'un petit jardin, sinon une forêt, du moins un taillis de roses à cent feuilles. J'entrai et j'en demandai quelques-unes à la maîtresse du jardin, qui y arrachait de mauvaises herbes. Je dus l'arrêter lorsqu'elle en avait rapidement coupé une grosse poignée. Je pris alors ma bourse que j'ouvris. La robuste et généreuse paysanne me prit par les deux épaules et me poussa dehors en riant aux éclats de cette folie de vouloir payer des roses.

En attendant, défiez-vous du « bleu » en particulier : comme cette couleur est un peu rare et passe pour l'être beaucoup, on aime à en vendre.

J'ai dû ajouter à la palette « de Flore » une couleur nouvelle, « le bleu de jardinier ». On ne saurait croire où elle commence, ni jusqu'où elle va.

Vers 1830, le célèbre fou-tulipier Pirolle me mena chez un de ses amis qui avait « obtenu » de semis une giroflée « bleue ». Elle n'était nullement bleue et se contentait de mêler, sur ses pétales, à sa couleur naturelle, quelques nuances vineuses très laides et sales. Je fus désappointé, et je dis d'assez mauvaise humeur : A quoi sert-il d'avoir une giroflée bleue, si elle fleurit jaune? Il m'envoya des témoins.

LA TERRE

II

Voici douze ans que la France est au pouvoir des soi-disant républicains; la liste serait longue de ce qu'ils ont gâté, diminué, renversé et détruit, et, de leur propre aveu, ils n'ont pas réussi à fonder la République.

Comme ils ne peuvent nier que tout va à la dérive au dehors comme au dedans, ils ont imaginé de se diviser en trois partis principaux, dont chacun reconnaît la situation déplorable de la France et l'attribue aux deux autres.

Au fond, c'est encore la Commune qui gouverne, car Gambetta n'attaque Freycinet, Freycinet ne se défend contre Gambetta qu'en faisant des avances et des concessions à la Commune.

En voyant tout s'affaisser, se détraquer, on arrive quelquefois tristement à douter du salut et de l'avenir de la France. Je recommande à mes lecteurs une étude que je fais depuis quelque temps et qui démontre l'énergique, l'indomptable vitalité de cette nation que la Providence avait voulu rendre heureuse entre toutes. Relisez ou lisez l'*Histoire de la Ligue*. La situation de la France était peut-être pire qu'aujourd'hui, sauf les caractères, dont le titre s'est singulièrement abaissé, — les mêmes ambitions prenant pour prétexte « le même bien public », ou des nuances et des synonymes dans les dogmes religieux, la même crédulité, la même bêtise chez le peuple, et les mêmes misères.

« Les provinces étaient épuisées, le commerce détruit, les terres en friche ; en un an de troubles civils, le royaume avait été plus dévasté que par une longue guerre, l'artisan quittait sa boutique, entraîné par l'appât trompeur du gain ; le laboureur, chassé par les partis répandus dans la campagne, abandonnait son champ, et devenu pillard d'abord par nécessité, continuait à l'être par goût et s'en faisait un état. La France entière ravagée n'offrait qu'un affreux tableau de brigandage.

» L'étranger, les Espagnols, les Anglais, les Allemands, dit un historien du temps, regardaient et frétillaient d'impatience d'entrer en France et d'avoir leur morceau dans le dépècement. »

Dans un moment où il était excessivement important d'empêcher le duc de Guise d'entrer à Paris, une dépêche qui le lui défendait de la part du roi et qu'il n'aurait osé braver, ne put être envoyée par un courrier, faute de vingt-cinq écus qui ne se trouvèrent pas au Trésor ; on la mit à la poste, et Guise fit semblant de ne pas l'avoir reçue.

Au fond, le duc de Guise se souciait du catholicisme et des huguenots comme les farceurs qui nous représentent aujourd'hui ce grand ligueur en monnaie de billon. Et les deux partis prenaient deux religions qui ne différaient que par des détails bien insignifiants, sans aucun doute, aux yeux du maître souverain, pour drapeaux et pour prétexte et, comme il arrive chaque fois que la guerre vient donner des noms honnêtes aux mauvaises passions, à l'avidité, à la férocité, etc., les deux partis faisaient assaut de cruautés.

Il faut lire Brantôme et de Thou pour voir à quel degré de folie furieuse et sanguinaire était arrivé ce peuple naturellement doux, heureux et gai. Le président d'Oppède, un des plus hideux monstres dont l'histoire ait gardé le nom, ravagea, incendia, égorgea tout un district et en fit un désert, au nom du doux Jésus, comme nos gens d'aujourd'hui tentent le plus hideux despotisme au nom de la liberté. D'Oppède accusé fut acquitté et remonta sur son siège ; c'est également au nom du même Jésus que les calvinistes exerçaient des cruautés sur les catholiques, mais les catholiques admettant la « transubstantiation », les luthériens la « consubstantiation » et les calvinistes ni transubstantiation ni consubstantiation, mais soutenant que Jésus n'est dans l'eucharistie que par la foi, — tous trois également en horreur du fils de Marie, s'il les avait vus sous ce prétexte, incendier et égorger, etc.

A d'Oppède et aux autres chefs catholiques on peut opposer Bricquemont, dont parle l'historien de Thou. Bricquemont s'était fait un collier d'oreilles de prêtres.

Je recommande cette parure aux citoyens Gambetta, Bert, Ferry, etc., et à tout le billon des ligueurs.

Eh bien! à cette situation où la France semblait perdue, prête à être effacée d'entre les nations, succéda le règne de Henri IV, c'est-à-dire une des phases les plus heureuses de l'histoire de France, une ère de paix, de liberté, de progrès, de prospérité.

Il est vrai que ça ne pouvait pas durer, le Français étant obstiné dans sa gageure contre la Providence, qui voudrait en faire le plus heureux des peuples.

Henri IV est assassiné; Louis XIII meurt; la minorité de Louis XIV voit naître la « Fronde »; c'est-à-dire les mêmes ambitions, les mêmes avidités, les mêmes prétextes du bien public, d'amour du peuple, etc., et la même crédulité, la même bêtise dudit peuple, soutenant toujours sa gageure contre la Providence, et naturellement les mêmes misères.

« La régente, dit madame de Motteville, fut contrainte d'emprunter de l'argent à des particuliers et de mettre en gage les pierreries de la couronne; pour payer les Suisses, il fallut mettre en gage de gros diamants, la plupart empruntés; la maison du roi était mal entretenue, la table souvent renversée, les soldats n'étaient plus payés, les grands et les petits officiers ne voulaient plus servir, et les pages de la cour étaient renvoyés chez leurs parents, parce que les premiers gentilshommes de la chambre n'avaient pas de quoi les nourrir. »

« Le pire de tout, ajoute la favorite d'Anne d'Autriche, c'est que la plus grande partie des sujets du

Roi n'auraient pas voulu que le mal eût cessé; le peuple ne respirait que le trouble et les changements, chaque conseiller du parlement lui paraissait un ange descendu du ciel pour le sauver. »

Un de ces anges, le plus bruyant de tous, le fameux conseiller Broussel, qui était cause qu'on avait attaqué et pris la Bastille, — qui n'était pas plus en état de défense qu'en 1789, — passa au parti contraire lorsque son fils fut nommé gouverneur de cette même Bastille.

A ces mêmes désordres, à cette prostration de la France succéda le si brillant règne de Louis XIV.

Il en est de même aujourd'hui : une grande partie du peuple ne voudrait pas que le désordre et la misère cessassent et ne respire que troubles et changements, et prend pour des sauveurs l'ange Gambetta, l'ange Freycinet, l'ange Ferry, l'ange Barodet, l'ange Labordère, l'ange Bert, l'ange Grévy, l'ange Clémenceau, l'ange Naquet, l'ange Challemel, l'ange Louise Michel, l'ange Floquet, etc., etc., etc.

La France est si vivace, comme nous le racontent les histoires de la Ligue et de la Fronde et tant d'autres plus loin et plus près de nous, qu'il ne faut pas perdre l'espérance.

Il est inutile d'essayer plus longtemps d'éclairer les soi-disant républicains, qui ne veulent plus voir clair et aux réclamations et avertissements répondent comme Pompée aux Mamertins :

« Ne me rompez pas la tête de vos droits, de vos privilèges, de votre justice, de vos lois, etc., tant que vous voyez que je suis le plus fort. »

Armatus leges ut cogitem!

En France, la prétendue République est une maladie, quelque chose comme un abcès, un bubon pestiféré qui doit s'enflammer, grossir et enfin crever. Il y a des médecins politiques qui prétendent qu'il ne faut pas faire « résorber » la tumeur, et faire rentrer dans la circulation le sang et le pus ; qu'il faut, au contraire, les faire « aboutir » ; ça doit suivre son cours facile à prédire. Il y a cinq ou six ans, je me suis montré aisément prophète dans un livre « *On demande un tyran* [1] ».

Un vieil ami me le rappelle par une lettre venue de la Sarthe :

« On demande le scrutin de liste. Ce mensonge audacieux dans un mensonge imbécile. Le scrutin de liste dans le vote dit universel. » C'est-à-dire la France livrée légalement à la folie et au crime.

« Je rêvais que le scrutin de liste était proclamé : *le duc de Magenta était remonté particulier indépendant, on proclamait l'amnistie ;* on allait en grande pompe recevoir aux frontières tous les citoyens, tous les martyrs appelés en toute hâte d'Angleterre, de Belgique, de Suisse et de la Nouvelle-Calédonie ; ils rentraient dans « leurs droits » et étaient non seulement *électeurs*, mais *candidats*, et *candidats acclamés plutôt qu'élus. M° Gambetta n'était nommé qu'à une faible majorité...*

» On voyait pêle-mêle arriver à la députation tous les condamnés déportés, etc., puis les plus compromis parmi les intransigeants, les piliers d'estaminet, les orateurs de taverne, les forts au billard, etc.

---

[1]. Calmann Lévy, 1876.

» Un ministère était nommé qui se composait de Mégy à la justice, Pyat à la guerre, Vermerch à l'instruction publique et aux cultes, Férand aux finances, Gaillard père à l'agriculture, Courbet aux beaux-arts, *Floquet* aux relations étrangères, etc.

» On redémolissait la maison de M. Thiers, on supprimait *le Rappel;* des avertissements aigres étaient donnés à *la République française;* le journal officiel s'appelait *la Carmagnole;* on dressait des statues aux martyrs de la Commune, assassinés par les Versaillais, mais...

» Bientôt ce ministère était déclaré traître, et l'assemblée réactionnaire; nouvelle dissolution, nouvelles élections, avènement d'une « nouvelle couche sociale ».

» Entrent alors à l'Assemblée les marchands de chaînes de sûreté, les croupiers des trois cartes, les souteneurs de filles. Ils composent l'extrême droite, représentent l'aristocratie, et conséquemment sont impopulaires et suspects.

» Après eux, les victimes de la correctionnelle, les martyrs de la cour d'assises, les libérés, les évadés, etc.

» Le ministère nouveau se compose de Polyte, de Guguste et d'un fils naturel de Troppmann. Le *Journal officiel* s'appelle *la Sainte-Guillotine;* on déclare *Ça ira* l'air national; mais ce gouvernement est bientôt à son tour traité de réactionnaire; Polyte, Guguste et Troppmann fils, se trouvant bien au pouvoir, se déclarent triumvirs et se défendent par la force. Alors de mon rêve je ne me rappelle qu'une confusion, un gâchis de boue et de sang », etc. etc.

Voilà ce que j'écrivais il y a six ans, et c'était si facile à prévoir et à pronostiquer, si à la portée de tout le monde, pourvu qu'on ait un peu de mémoire et de bon sens, qu'on peut le rappeler sans être taxé de présomption et de vanité.

La plupart de ces prédictions se sont réalisées ; la mort de quelques-uns des héros de ce temps-là a seule interrompu leur destinée.

Si qua fata aspera rumpas.

Le reste des prédictions est en route et se réalisera.

« Je vis les murs de Paris couverts d'affiches de toutes les couleurs ; ces affiches étaient arrachées par la police de Polyte, de Guguste et de Troppmann fils, mais étaient à l'instant même remplacées par d'autres semblables. Ces affiches portaient toutes les mêmes mots :

» ON DEMANDE UN TYRAN! »

Donc c'est la prétendue République qui finira d'elle-même, ou tuée par les soi-disant républicains ; c'est fatal, inévitable. Voici déjà le suffrage dit universel qui ne représente plus dans les élections qu'une infime minorité ; dernièrement, pour deux élections municipales, il ne s'est présenté que deux électeurs qui se sont réciproquement nommés à l'unanimité ; d'autre part, la guerre imprudente faite à l'Église produit ce qu'elle a produit du temps de la Ligue.

« Les plus froids catholiques, dit un historien, devinrent les plus ardents pour les pratiques extérieures de leur religion, dans la crainte d'être confondus avec les sectaires, etc., etc. »

Il faut donc s'occuper de ce qu'il y aura à faire lorsque la prétendue République aura abouti, aura « crevé », pour rendre à la France la vie d'abord, puis la paix, la sécurité et... peut-être la gaieté.

Car la perte de la gaieté — et elle est au moins bien malade — a de tout temps préoccupé et inquiété en France les philosophes les plus austères, ajoutons même les plus grognons, puisque je vais citer le père de Mirabeau.

« La gaieté, dit-il, qui ne paraît au premier coup d'œil qu'une propriété frivole, est cependant une qualité d'une grande ressource dans des mains vraiment politiques, elle nous tient lieu de patience ; un couplet ingénieux, une heureuse plaisanterie font oublier aux Français de vraies calamités qui jetteraient d'autres peuples dans le découragement ou les pousseraient à la rébellion ; tout nous réveille, tout nous ranime ; un tambourin garantit de scorbut des équipages entiers de matelots dans des voyages de long cours ; quand M. de Louvois apprenait que la désertion se mettait parmi les troupes d'une forte garnison, il l'arrêtait en envoyant Tabarin vendre son orviétan sur la place.

» Cette disposition à la gaieté a rendu éphémères les fureurs de nos guerres civiles. »

Le marquis de Mirabeau écrivait cela en 1755. — Bientôt la gaieté française allait subir au moins une éclipse : l'emphase, la prétention allaient amener les Français à faire et à voir sans rire les parodies les plus ridicules et les plus dangereuses, et sans pleurer ni s'indigner les crimes les plus odieux.

Le marquis de Mirabeau mourut à temps pour ne pas voir cette funeste éclipse de la gaieté française. Cependant il fit une prédiction qu'il nous était réservé de voir aujourd'hui se réaliser.

« Il n'est rien, dit-il, de si fou que la raison humaine ne puisse regarder comme une sagesse. Un temps viendra peut-être où l'on verra des bureaux dont les fonctions pourront être exprimées par ce titre :

» TRIBUNAL DE LA DÉVASTATION »

Il s'agit donc, pour ceux qui ont conservé, avec quelque bon sens, quelque amour de la patrie, de la justice, de la vérité... et de la gaieté,

Pendant que la prétendue République est détruite par les soi-disant républicains,

D'étudier assidûment les vraies questions sociales que M⁰ Gambetta prétend ne pas exister, et que M. Rochefort demandait un quart d'heure pour résoudre... il y a de cela beaucoup de quarts d'heure ;

De remettre sur sa base la pyramide qui oscille et vacille sur son sommet et sa pointe, et de se préparer à donner à la France la vraie République, non pas celle des Spartiates, non pas telle ou telle république replâtrée, mais celle que comporte son tempérament, de même que Solon disait : « Je n'ai pas donné aux Athéniens les meilleures lois possibles, mais les meilleures lois qui pouvaient leur convenir » et on sera étonné de voir comme ça ressemblera au règne de Henri IV et de Sully.

Par une singulière coïncidence, le jour précisément où je venais d'envoyer à l'imprimerie du *Moniteur* l'article intitulé l'*École*, M. le comte de Tourdonnet me faisait la gracieuseté de me donner son livre le « Traité pratique des Métayages ». Je fus à la fois un peu surpris et beaucoup flatté de voir combien nous étions d'accord et nous nous étions rencontrés sur certains points principaux de nos études et de nos méditations; par exemple, le besoin et le moyen d'ouvrir de nouvelles carrières à la jeunesse qui encombre si laborieusement, si douloureusement, si misérablement, si dangereusement les trois ou quatre professions désignées exclusivement et à tort sous le nom de professions libérales.

M. de Tourdonnet pourrait bien être le second vrai républicain que, dans mon isolement, je cherche et réclame en vain depuis longtemps, pour savoir avec qui jaser utilement et honnêtement; ni l'un ni l'autre nous n'aurions d'éloignement pour voir Henri IV et Sully à la tête de notre république.

La terre, l'agriculture, voilà le remède, la panacée; voilà où il faut revenir au nom du salut, comme le géant Antée dont parle la mythologie parfois si sage des anciens: qui fatigué, épuisé, presque vaincu, retrouvait sa force et son courage aussitôt qu'il avait touché la terre.

Il faut démasquer les fausses richesses qui engendrent tant de convoitises, de misères, de folies, de crimes, et font des nations tous les jours plus riches composées d'habitants tous les jours plus pauvres.

Il faut prouver et établir que l'or et l'argent ne sont que des signes de la richesse, que la terre et l'agriculture sont la vraie richesse, et que les peuples modernes s'efforcent, surtout en France, de ressembler au roi Midas, qui mourut de faim parce qu'il n'avait plus que de l'or.

Le présent chapitre n'est donc qu'une préface, mais je tiens à prévenir mes lecteurs contre une inquiétude : cette question si sérieuse, loin d'être ennuyeuse, est au contraire très intéressante, et ils peuvent, sans danger, me permettre de la creuser un peu un de ces jours, en reparlant du métayage.

III

Le rôle de la vraie science et de la vraie philosophie doit être aujourd'hui d'arrêter au moins un moment la course folle des esprits, et de mettre à néant les erreurs nouvelles qui ont remplacé, au grand détriment de la société, des idées et des traditions anciennes, que l'on a détruites en bloc et dont quelques-unes seulement méritaient de disparaître.

Tous les anciens législateurs, dont plusieurs ont été déifiés, ont reconnu et fait reconnaître que de la terre seule venaient les richesses véritables. Cérès et Bacchus, qui avaient, dit-on, parcouru l'univers pour propager la culture du blé et de la vigne, étaient appelés dieux législateurs; les Indiens, chez qui sont nés dès avant les histoires, les sciences, les arts et les lois, avaient chez eux une loi respectée, même en temps de guerre : les laboureurs, réputés inviolables et sacrés, pouvaient dans le voisinage des armées en campagne se livrer en toute sécurité aux travaux des champs; les partis en guerre se tuaient, se massacraient; mais jamais on ne mettait le feu aux moissons, jamais on ne coupait les arbres, la vache était un animal sacré. Chez les Chinois, les agriculteurs étaient la première classe de la nation, et l'empereur de la Chine devait tous les ans tracer de ses mains le premier sillon. En Égypte, les taureaux sacrés, entretenus avec tant de soins dans les temples de Memphis et d'Héliopolis, n'étaient que de superbes étalons, scrupuleusement choisis pour améliorer la race. On n'a, pour s'en convaincre, qu'à lire les conditions qu'on exigeait d'eux, et Diodore parle du soin avec lequel on choisissait les génisses dont les prêtres composaient le harem des deux taureaux.

Avant qu'on eût imaginé la monnaie pour faciliter les échanges, ces échanges se faisaient directement. — Homère, dans l'*Iliade*, montre les Grecs donnant du fer, des peaux de bœuf, etc., contre du vin qu'on leur donna sur le littoral de la Troade, et quand il s'agissait d'une grosse opération, le bœuf lui-même devenait une monnaie. — Lycaon promet à Achille une rançon de 300 bœufs. (*Iliade*.)

Aux beaux temps de la république romaine, c'était à la charrue qu'on allait chercher les dictateurs dans les dangers extrêmes de la patrie. — « C'est parmi les agriculteurs, dit Caton l'Ancien, que naissent les meilleurs citoyens et les soldats les plus courageux; que les bénéfices sont honorables, assurés et jamais odieux; — ceux qui se vouent aux travaux des champs n'ourdissent point de projets dangereux ou criminels. »

Les assemblées alors ne se tenaient à la ville que les jours de marché, tous les neuf jours, pour ne s'occuper des affaires de la ville, des affaires publiques et de la politique que tous les neuf jours, consacrant le reste du temps à la culture de la terre. Les premières empreintes des monnaies, alors qu'elles ne jouaient que leur rôle naturel et raisonné d'être une mesure commune et un moyen d'échange, furent un bœuf ou un agneau. En France, du temps de saint Louis, et longtemps après, nous avons eu une monnaie d'or, valant 12 fr. 50 de notre monnaie actuelle, et appelée agnel, agneau ou mouton, d'après son empreinte, comme on a dit, depuis, Louis et Napoléon. La richesse dans les sociétés antiques était tellement reconnue comme venant de la terre, que de *pecus*, troupeau, on avait fait le mot *pecunia*, argent, et de *locus*, champ, espace, le mot *locuples*, riche.

Est-ce par intuition, instinct de sagesse ou prévoyance que les Spartiates n'admettaient qu'une monnaie de fer et les Romains, pendant bien longtemps, une monnaie de cuivre? Le signe de la richesse ne pouvait ainsi devenir une richesse lui-même, et restait dans son rôle.

Il n'en est plus ainsi aujourd'hui, et l'on a l'air

de proférer une idée étrange et un paradoxe lorsque l'on énonce cette vérité incontestable et salutaire : que l'or et l'argent ne sont qu'une mesure et un signe pour faciliter les échanges; que toute richesse réelle vient de la terre. Socrate, dans la république de Platon, remet les choses à leur place et dit : « Quel est le premier, le plus inexorable de tes besoins ? la nourriture ; c'est à la terre qu'il la faut demander. »

Le bon et sage roi Henri IV s'efforçait de renvoyer à leurs terres et aux soins de leurs champs ses compagnons d'armes et les seigneurs qui voulaient lui former une cour dont il n'avait que faire.

Louis XIV, au contraire, qui voulait avoir une cour où viendrait se ruiner une noblesse réduite à vivre de ses grâces et de ses bienfaits et dans sa dépendance absolue, encourageait Molière à tourner en ridicule les gentilshommes campagnards.

Le gentilhomme dans sa terre, en récoltait sa part de fruits et de bénéfices, mais les consommant et les dépensant sur place, les restituait à la terre et au paysan.

Le gentilhomme ou le propriétaire sur ses terres connaît les paysans, peut s'en faire aimer avec de la justice et un peu de bonté, peut introduire parmi eux des progrès, et encourager, aider les améliorations, accroître pour eux et pour lui-même le produit de son patrimoine.

Le gentilhomme, le propriétaire, à la cour, à la ville, emporte et ne rapporte jamais. Il ne voit ni ne connaît ses champs, ni ceux qui les cultivent, ni les soins et les fatigues que la culture nécessite. Il dépense beaucoup plus que chez lui, est besoigneux et ne peut qu'en tirer de l'argent, même aux dépens du fond qui va se détériorant.

La France, particulièrement favorisée de la Providence, est naturellement une région agricole ; sa situation, son étendue, son climat, la fertilité du sol presque universelle, lui permettent de cultiver, soit au nord, soit au centre, soit au midi, les productions utiles et agréables de toutes les parties du monde. La France est le pays riche par excellence et il lui est permis, il lui serait facile de s'agrandir encore en territoire et d'augmenter en même temps le nombre de ses habitants par des conquêtes pacifiques à l'intérieur.

On ferait certes une grande et belle province des terres restées incultes ou peu cultivées. Quant à la population, qui va diminuant depuis un certain temps, elle croîtrait au contraire d'elle-même en même temps que l'augmentation et la facilité de la subsistance : la vie est devenue si chère et si difficile en France, qu'on y a peur d'avoir des enfants ; la faute en est au luxe et aux besoins nouveaux qui ont envahi toutes les classes de la société, à l'abandon des champs, à l'agrandissement des villes. On consomme davantage et on produit moins. L'enfant, qui est une charge pour l'habitant des villes, est un aide pour l'habitant des campagnes qui a de la terre à cultiver.

Cette question de la subsistance et de la population a été présentée sous un aspect pittoresque et frappant par le père de ce célèbre Mirabeau, de ce Mirabeau dont on a dit avec au moins une apparence de raison, que sa naissance et sa mort avaient été deux malheurs pour la France.

« D'où vient, dit-il, qu'il n'y a pas cent fois plus de loups que de moutons ? Les portées des louves sont nombreuses, cinq ou six petits à la fois, et aussi fréquentes que celles des brebis qui n'en font qu'un et seulement quelquefois deux. — L'homme condamne au célibat un grand nombre de moutons, et je n'ai pas ouï dire qu'il fasse aux loups cette espèce d'injustice; il tue régulièrement un grand nombre de moutons et très peu de loups ; — les loups eux-mêmes mangent des moutons, et les moutons ne mangent jamais de loups. D'où vient que la terre est couverte de moutons et que les loups sont assez rares ? La raison en est simple, ajoute-t-il, c'est que la terre revêtue d'herbe est une table toujours mise pour les moutons, et que les loups doivent chercher, conquérir une nourriture fugitive, défendue et irrégulière. »

Il est une méprise, une erreur, une hallucination qui a rendu la vie bien difficile, c'est qu'à force de prendre l'or et l'argent pour la richesse elle-même dont ils ne doivent être que la mesure et la représentation, on a consacré cette situation usurpée, et qu'ils sont aujourd'hui la richesse. Cependant l'or et l'argent ne nourrissent pas, ne défendent pas contre le froid; quand le signe devient plus commun que la chose désignée, il s'avilit de lui-même, et il faut donner une plus grande quantité de ce signe pour une quantité égale de ce qu'il ne représente plus exactement : vous n'êtes pas plus riche avec trois sous qu'avec un sou, si la botte de radis qui coûtait un sou arrive à coûter trois sous.

A la mesure et au signe de richesse, l'or et l'argent, on a, pour faciliter encore la circulation et les transactions, ajouté le papier, qui, à son tour, représente l'or et l'argent.

Une impression qui provient sans doute de ce que je n'en ai ni souvent, ni beaucoup à ma disposition, c'est que je m'étonne toujours un peu de ce qu'on me donne une belle rose pour trois sales petits ronds de cuivre ; l'étonnement est plus grand si c'est à Gênes ou à Milan et que la marchande accepte pour la rose un de ces sales petits chiffons de papier, si répugnants, que j'ai dans le temps proposé l'idée de fabriquer des pinces à prendre et à toucher cette monnaie fiduciaire ; plus étonné encore quand la marchande me dit merci.

Que deviendraient les billets de la Banque de France, si la Banque n'avait plus d'encaisse et de revenu métallique, et si elle refusait de reprendre ses billets pour leur valeur en argent ?

C'est cependant la situation du signe et de la représentation de la richesse s'accroissant toujours en même temps que la richesse elle-même diminue ; c'est ce qui fait que les nations les plus riches sont celles qui ont le plus de pauvres et les plus pauvres d'entre les pauvres.

Cependant les villes s'agrandissent, les propriétaires quittent les champs par vanité, par ambition, par l'attrait de certains plaisirs ; les paysans les quittent aussi, attirés par l'augmentation du prix du travail dans les villes, par une rétribution plus forte pour moins de travail et aussi par l'attrait de certains amusements.

La terre s'en va tous les jours de plus en plus abandonnée. J'en causais il y a quelques jours, avec deux amis propriétaires de terres ; l'un, dans la partie la plus fertile peut-être de la France, a trouvé avec peine un fermier à une fin de bail pour une terre de premier ordre et a dû diminuer la redevance de plus d'un dixième.

L'autre, à une assez faible distance de Paris, n'en a pas trouvé du tout, et a dû laisser en friche des terres d'une certaine importance.

Cela nous ramène à l'ouvrage de M. le comte de Tourdonnet.

« Le Traité du Métayage » est le résultat et le résumé d'une longue enquête faite pendant deux ans, au nom de la Société d'agriculture de France.

Cette enquête a constaté la retraite rapide et croissante des fermiers à prix fixe, et la nécessité de recourir ou de revenir au métayage, c'est-à-dire au partage des fruits de la terre entre le propriétaire auquel appartient le sol et le paysan qui le cultive, c'est-à-dire la réalisation la plus légitime, la plus facile de cette alliance du travail et du capital qui semble devoir être « l'économie et la règle » de l'avenir.

Le métayage, qui s'impose par la difficulté, la rareté et bientôt peut-être l'impossibilité des fermages à prix fixe, a besoin d'être poussé dans la voie des progrès réels de l'agriculture et de devenir en même emps une société réelle, loyale, mutuellement protectrice entre le propriétaire et le cultivateur. Mais cette forme d'exploitation de la terre exige, pour donner tous ses résultats, la résidence au moins habituelle et très fréquente du propriétaire. C'est lui qui doit être le conseil, le guide, l'appui de son associé ; pour cela, il faut qu'il fasse lui-même son éducation, qu'il s'instruise, et il trouvera dans ces études, outre un notable accroissement de revenu, des plaisirs et un bonheur qu'il ne soupçonne pas.

Le « Traité du Métayage », que les bornes d'un journal ne permettent pas d'analyser, expose tous les progrès possibles et leur nécessité. Il donne des moyens étudiés, expérimentés, pratiques, de les atteindre.

Aussitôt que la prétendue République ne sera plus à la mode et que les soi-disant républicains seront rendus à leurs chères études du billard et des dominos, c'est des racines de la richesse, de la prospérité et de la paix publiques qu'il faudra s'occuper. On doit savoir gré à ceux qui s'y préparent dès à présent. La France ne peut retrouver sa grandeur, sa majesté et son bonheur que si l'agriculture y devient à la mode ; — car il ne faut pas espérer qu'il y ait jamais chez nous autre chose que des modes.

Pour le moment, la mode est d'agrandir les villes en endettant les générations futures, d'enlever le plus possible du sol à l'agriculture ; on achète de la terre non pour la cultiver, mais pour la vendre à son tour et la revendre toujours ; y élever des maisons, y ouvrir des rues et surtout des « boulevards », et pour compléter l'œuvre de dévastation et de dissolution, d'enlever le paysan aux champs et à l'agriculture, si bien que l'ancien fermier abandonné de sa famille où il trouvait ses aides naturels, les filles allant se faire, à la ville, servantes ou ouvrières, les garçons ouvriers, clubistes et aspirants à la présidence de la République, le fermier, obligé d'avoir recours à des ouvriers chaque jour plus rares et mettant la main-d'œuvre à plus haut prix, ne trouve plus à vivre de ce métier qui doit nourrir lui et tous les autres, et qui est, en réalité, le plus noble, le plus indépendant des métiers.

Je terminerai en citant encore le marquis de Mirabeau.

« Résumons et rappelons les principes : la vraie richesse consiste dans la population ; la population dépend de la subsistance ; la subsistance ne se tire que de la terre ; le produit de la terre dépend de l'agriculture. »

P.-S. — Peut-être reparlerai-je du divorce, que la Chambre des députés vient d'adopter à la majorité de 140 voix contre 125.

Pour aujourd'hui, sans manquer, je l'espère, trop effrontément à la modestie que l'on est convenu de faire semblant d'avoir, je me permettrai le petit plaisir de constater que le rapporteur, M. de Marcère, a adopté textuellement un argument que peuvent se rappeler mes lecteurs et que j'avais émis lorsque cette question commença à exciter tant de discussions et de brochures : à savoir qu'il ne s'agit pas de prononcer entre l'union indissoluble et le divorce, mais entre le divorce et la séparation de corps et de biens, admise depuis longtemps par la loi.

D'autre part, M. de La Rochefoucauld a demandé qu'on insérât dans la loi une disposition formelle défendant à la femme divorcée de continuer à porter le nom de son mari. C'est précisément ce que je demandais depuis bien longtemps, même en dehors du divorce, dans le cas de la séparation de corps. Cette pensée de justice et de décence publique a été, il y a longtemps, individuellement appliquée à diverses époques. Lorsque madame de Montespan devint favorite de Louis XIV, d'une part, son mari porta son deuil comme si elle était morte, et elle, de son côté, quitta les livrées et les armes de son mari, pour prendre celles de sa maison, qui était Rochechouart.

Madame de Maintenon, sa protégée, qui lui succéda, l'imita en cela, et quitta le nom de Scarron, ce qui était un plus petit sacrifice.

Le divorce admis, il y a un grand nombre de gens qui vont se trouver dans une situation bizarre et embarrassante : ce sont tous ceux qui ont juré cent fois à telle ou telle beauté qu'ils seraient au comble du bonheur si, « une chaîne odieuse » étant brisée, ils pouvaient les épouser; de quoi ils n'ont jamais eu aucune envie, et en auront beaucoup moins encore quand ce-leur sera devenu possible.

De sorte qu'on pourra dire du divorce ce qu'on a dit des révolutions : La difficulté n'est pas de faire une révolution, mais de n'en faire qu'une.

LA TYRANNIE

ET

LA RÉPUBLIQUE

Depuis plusieurs années je me promettais d'aller visiter un jardin célèbre appartenant à M. Mazel, auquel on doit l'introduction en France de plusieurs végétaux intéressants ; il ne s'agissait pas de son petit jardin du golfe Juan, un bois de cocotiers et de palmiers de toutes les espèces, mais de celui du *Mont Sauve*, auprès d'Anduze, dans le Gard, au pied des Cévennes, c'est-à-dire assez loin de Saint-Raphaël ; pour un homme qui n'aime pas les voyages, les guides des chemins de fer m'inquiétaient ; pour aller de Saint-Raphaël à Anduze, il faut changer quatre fois de voiture, et je me rappelais toutes mes mésaventures sur des routes où on ne devait changer qu'une ou deux fois ; comment, voulant aller à Perpignan, je me trouvai, un jour, en Espagne ; comment, un autre jour, allant à Grenoble, je me trouvai à Lyon, puis à Genève, etc., etc. Cependant je pris

mon parti, et je me mis en route : je reçus de
M. Mazel et de sa famille l'accueil le plus cordial, et
de leur part c'était prudent, M. Mazel sentait bien
que naturellement je devais l'envier et le haïr quand
j'aurais vu ses richesses, et il s'efforçait de m' « amadouer » par une gracieuse hospitalité.

Il était difficile, en effet, de voir de sang-froid une
forêt de bambous gros comme le bras, des azalées
de haute futaie, faisant une illumination féerique,
sous des couverts d'érables du Japon à feuilles
blanches et roses ; d'immenses palissades de deux
rosiers, le rosier camellia du Japon, et le rosier
improprement appelé le rosier Banks de fortune,
sur les catalogues ; le premier, couvrant ses feuilles
vernissées de milliers de larges fleurs blanches aux
pétales fermes et épais, comme ceux du camellia.
Le second, chargé d'encore plus de fleurs, où le rose
et le jaune sont si harmonieusement mélangés.
Cependant je me disais que moi aussi je possède ces
roses, et que mes orangers et mes citronniers sont
en pleine terre et en plein air, tandis que ceux de
M. Mazel sont en caisses et doivent être abrités l'hiver. Ça s'arrangeait donc assez bien avec mes mauvais instincts. Mais ce qu'il y a là de plus grave, de
plus charmant, de plus haïssable, c'est un canal
dérivé du Gardon, qui promène une rivière limpide
en frais méandres dans toutes les parties de la propriété. Quoi de plus odieux, de plus intolérable que
ces eaux murmurantes chez un autre jardinier, pour
moi qui ne possède qu'une petite source, n'aurai
que l'année prochaine un supplément d'eau qu'on
travaille à amener sur nos collines, et qui, depuis

deux ans, suis obligé d'acheter une rivière assez éloignée que l'on m'apporte en détail tous les matins.

L'homme est décidément une bien mauvaise bête, j'en juge par moi-même. En vain M. Mazel me prodiguait tous les soins de l'hospitalité ; en vain, quand, vaincu par l'évidence, j'admirais quelque chose, il me disait : Je vous en donnerai, je reçus une sorte de consolation de voir que cet homme envié n'était pas tout à fait heureux ; tous ses jardiniers l'avaient quitté, et il ne pouvait espérer les revoir qu' « après les magnans ».

C'est que dans ces campagnes l'éducation des vers à soie et la production des « cocons » est plus qu'une industrie, c'est une religion.

Lorsque arrive la dernière mue des vers, lorsqu'ils se préparent à monter sur les bruyères pour filer leurs cocons, il n'y a plus d'occupations, plus d'engagements, plus de plaisirs, même les plus doux, plus de devoirs, fussent ceux réputés les plus sacrés ; tout est suspendu, tout est ajourné, c'est en vain qu'on rappelle des promesses, des serments ; on vous répond : Après les cocons ; et quand on vous répond cela, il n'y a rien à répondre ; d'ailleurs tout le monde élève des vers à soie avec une égale sollicitude, et mon hôte lui-même.

Seulement, dans cette magnifique propriété qu'il a héritée de ses pères, qui l'avaient héritée de leurs ancêtres, — bonheur bien rare aujourd'hui de passer sa vie où on est né, où se sont écoulés les jeux de l'enfance, les rêves de la jeunesse ; — dans cette propriété qui se compose d'une trentaine d'hectares, le nombre des mûriers s'est fort diminué. Tous les ans, on apporte au maître un arbre nouveau de la Chine, du Japon, de la Nouvelle-Hollande, etc. S'il n'a pas de place, il arrache un mûrier ; aussi on dit dans le pays, M. Mazel est savant, obligeant, généreux, aimable, mais il a un défaut, il n'aime pas, il ne respecte pas assez les mûriers et les magnans. En effet, dans la grande maison de son père, où jadis on élevait jusqu'à 60 onces d'œufs de « graine », on n'en élève plus que 12 ou 15 onces, ce qui produit encore assez de vers pour qu'il faille trois fois par jour leur donner autant de feuilles de mûrier qu'en pourraient manger plusieurs chevaux.

C'est à Henri IV, décidé malgré Sully à expérimenter les idées d'Olivier de Serres, que l'on doit en France l'introduction des mûriers et l'industrie de la soie, qui a été longtemps et est encore à un certain point une des gloires de la France. C'est dans les Cévennes surtout que cette culture et cette industrie s'étaient établies ; mais l'inepte et cruelle suppression de l'édit de Nantes, ouvrage de justice et de bonté d'Henri IV, éparpilla un grand nombre d'habiles ouvriers, qui, accueillis partout avec empressement, surtout en Angleterre, permirent à plusieurs pays de pratiquer cette industrie en concurrence avec la France, qui a néanmoins conservé le premier rang pour l'art, le goût, l'invention, etc., dans ses célèbres fabriques de Lyon.

En 1853, malgré toutes les bénédictions que nous promettait le second empire, une maladie tomba sur les vers à soie et en rendit presque l'« éducation » impossible en France ; on fit, à grands frais, venir des œufs, « de la graine » de la Chine et du Japon ; mais les résultats furent loin d'être satisfaisants, et la production de la soie était tombée de 26 millions de kilogrammes à 4 millions.

C'est à M. Pasteur qu'on doit la résurrection de cette industrie. Grâce à ses études, à ses expériences, on peut aujourd'hui de nouveau recueillir soi-même sa « graine » et éviter en grande partie la maladie.

D'abord, dans une chambre à part, on élève les plus beaux des vers qui éclosent et qui sont destinés à la production de la « graine ». Quand une de ces femelles a pondu, on l'écrase dans un mortier avec quelques gouttes d'eau, puis on examine le résidu au microscope. Si on y aperçoit quelques petits corpuscules noirs, de forme ovale, c'est que le papillon avait des germes de maladie qu'il communiquerait à sa descendance, et on jette toute sa ponte ; on ne conserve les œufs que des femelles qui n'ont montré à l'épreuve aucun de ces corpuscules.

L'aspect de cette magnanerie me rappela deux choses : la première est que, au lycée, dans notre empressement et notre sagacité à découvrir des moyens de nous occuper d'autre chose que de ce qu'on nous enseignait, entre autres occupations défendues, nous élevions des vers à soie.

Un herboriste situé en face du collège Bourbon nous vendait des feuilles de mûrier que nous conservions fraîches entre les feuillets de nos dictionnaires, préalablement trempés dans l'eau à leur grand détriment.

La seconde, c'est une conversation bien intéressante à ce sujet entre Henri IV et Sully. Aussitôt rentré chez moi, j'ai ouvert et feuilleté :

Les « Économies royales d'État, domestiques, politiques et militaires de Henry le Grand, par Maximilien de Béthune, duc de Sully ».

Je vais ici copier en l'abrégeant cependant quoique je regretterais bien qu'on me l'eût abrégée. Par une bizarre imagination, Sully suppose dans ses Mémoires que ce sont les secrétaires qui lui racontent à lui-même ce qu'il avait fait et dit au service de Henri IV, et aussi ce qu'avait fait, dit et écrit le roi.

« Il se passa en cette année mil six cent trois plusieurs autres choses en France. Nous nous contenterons de ramentevoir comme le roi, voulant établir en son royaume le plant des *meuriers* et l'art de la soie qui ne se pratiquoit point en icelui ; à cette fin faire venir à grands frais des ouvriers de ce métier et construire de grands bâtiments pour les loger, vous fîtes ce qu'il vous fut possible pour empêcher tout cela ; mais lui, s'y passionnant bien fort, il s'en vint un jour à l'arsenal et vous dit : Je ne sais pas quelle fantaisie vous a pris de vouloir, comme on me l'a dit, vous opposer à ce que je veux établir pour mon contentement particulier l'embellissement et enchérissement de mon royaume, et pour ôter l'oisiveté de parmi mes peuples?

» Sire, lui répondites-vous, quant à celui qui regarde votre contentement, je serois très marri de m'y opposer formellement quelques frais qu'il y fallût faire ; car, ayant passé par tant de travaux, traverses, fatigues et périls, depuis votre naissance jusqu'à présent, il est raisonnable, maintenant que votre État est en repos et qu'il va se bonifiant de toutes parts, que vous ayez aussi quelque plaisir et récréation, dont si la dépense étoit excessive, je vous remontrerois seulement que cela ne conviendroit pas trop bien avec le dessein que vous m'avez fait proposer au roi d'Angleterre, et puis je vous obéirois absolument. Mais de dire qu'en ceci, à votre plaisir, soient joints la commodité, l'embellissement et enrichissement de votre royaume, c'est ce que je ne puis comprendre.

» Que s'il plaisoit à Votre Majesté d'écouter en patience mes raisons, je m'assure, connoissant, comme je sais, la vivacité de votre esprit et la solidité de votre jugement, qu'elle viendroit à mon opinion.

» Oui da ! je le veux bien, dit le roi, je suis content d'ouïr vos raisons ; mais aussi veux-je que vous entendiez après les miennes, car je m'assure qu'elles vaudront mieux que les vôtres.

» Puisqu'il plaît à Votre Majesté d'entendre mes raisons, je les entremêleroi de propos que, si vous les méprisez à présent, peut-être à l'avenir y aurez-vous du regret. En premier lieu, autant il y a de divers climats, autant semble-t-il que Dieu ait voulu les faire abonder en certaines commodités, denrées, arts et métiers spéciaux, qui ne sont point communs aux autres ; il faut donc bien examiner si ce royaume n'a point un climat, une température d'air, une qualité de terroir et une naturelle inclination de peuple qui soient contraires aux desseins de Votre Majesté. Si la saison du printemps n'y est point trop

froide, humide et tardive, tant pour faire éclore et
vivre les vers à soie, que pour avoir des feuilles aux
meuriers pour les nourrir, dont on ne sauroit avoir
quantité suffisante de quatre ou cinq ans, quelque
diligence que l'on fasse d'en semer et planter. Il faut
chercher aussi si l'emploi de vos sujets en cette sorte
de vie, qui semble être plutôt méditative, oisive et
sédentaire que non pas active, ne les désaccoutumera
point de cette opération pénible et laborieuse en
laquelle ils ont besoin d'être exercés pour former
de bons soldats, comme je l'ai ouï dire plus d'une
fois à Votre Majesté que c'est d'entre telles gens de
fatigue et de travail que l'on tire les meilleurs
hommes de guerre, que pour mettre en valeur tant
de bons territoires dont la France est généralement
pourvue plus que royaume du monde, le grand rapport desquels consistant en graines, légumes, fruits,
vins, huiles, cidre, lin, chanvre, etc., est cause de
tout l'or et l'argent qui entre en France ; et que,
par conséquent, ces occupations valent mieux que
toutes les soies et manufactures d'icelles qui viennent
en Sicile, en Italie, en Espagne, etc.

» Et tant s'en faut ainsi que l'établissement de
ces rares et riches étoffes accommode vos peuples et
enrichisse vos États, qu'elles les jetteroient dans le
luxe, la volupté, la fainéantise et l'excessive dépense
qui ont toujours été les principales causes de la ruine
des royaumes et républiques, les destituant de loyaux,
vaillants et laborieux soldats desquels Votre Majesté
a plus de besoin que de tous ces petits *marjolets* de
cour et de ville revêtus d'or et de pourpre. Quant
au transport d'or et d'argent hors du royaume pour

l'achat de ces étoffes riches et chères, il n'y a rien si facile que de les éviter sans aucun détriment pour qui que ce puisse être, défendant toutes somptuosités et superfluités, et réduisant toutes personnes de toutes qualités, tant hommes que femmes et enfants pour ce qui regarde les vêtements, leurs ameublements, bâtiments, logements, jardinages, pierreries, vaisselles d'argent, chevaux, carrosses, équipages, trains, dorures, peintures, lambris, mariages d'enfants, festins, bouquets, parfums, et autres bombances, à ce qui se pratiquoit du temps des rois Louis IX, Charles VIII et Louis XII, surtout pour ce qui regarde les gens de justice, police, finance, écritoire et bourgeoisie, qui sont ceux qui jettent aujourd'hui le plus grand luxe, durant lesquels règnes il s'est vu que des chanceliers, premiers présidents, secrétaires d'État, et plus relevés financiers n'avoient que de fort médiocres logis, sans ardoises, lambris, dorures ni peintures, ne portoient en riches étoffes que tout au plus du taffetas, et leurs femmes que le chaperon de drap, n'avoient ni tapisseries de prix, ni lits de soie, ni vaisselle d'argent, ni même d'assiettes, ne donnoient que fort petit mariage à leurs enfants, et ne traitoient leurs parents et amis que chacun d'eux n'apportât sa pièce sur table. Par l'excès desquelles choses, il se consomme maintenant dix fois plus d'or et d'argent qu'autrefois.

» Sont-ce là, dit le roi, vos bonnes raisons et beaux expédients que vous me deviez alléguer? Ho! que les miennes sont bien meilleures. Je veux faire les expériences que je vous ai dites, et j'aimerois mieux combattre le roi d'Espagne en trois batailles rangées que tous ces gens de justice, de finance et d'écritoire, et surtout que leurs femmes et leurs filles que vous me jetteriez sur les bras, par tant de bizarres règlements que je suis d'avis de remettre en une autre saison.

» Puisque telle est votre volonté absolue, sire, je n'en parle plus, et le temps et la pratique vous apprendront que la France n'est nullement propre à de telles babioles.

» Et sur cela le sieur Zamet étant entré qui lui dit que le dîner l'attendoit chez lui, il s'y en alla. »

Il est curieux, il est touchant de voir le dévouement laborieux, intelligent, infatigable de ces deux grands hommes à la splendeur et à la prospérité de la France. La reproduction de cette discussion fait paraître bien petits, bien misérables, bien platement égoïstes et ignares et inutiles les « conseils » de nos ministres d'aujourd'hui.

Sully se trompait sur la possibilité d'acquérir cette industrie qui devait entre les mains des Français devenir non seulement une richesse, mais un art. Mais il ne se trompait pas sur le danger de voir le luxe amollir et corrompre une nation, rendre la vie moins heureuse et plus difficile. Par le luxe on acquiert de nouveaux besoins. Ce qui était luxe et superflu devient habitude, décence et nécessité.

Graduellement nous sommes arrivés à « l'égalité des dépenses » ; pour arriver à l'égalité des recettes on ne recule devant rien, on ne compte plus dîner de sa part de ce qu'il y a sur la table. On ne peut plus être rassasié qu'en ajoutant à sa part tout ou partie de la part d'autrui ; — la vie est devenue difficile et triste pour tous, impossible pour beaucoup.

Henri IV et Sully avaient été de braves guerriers, tous deux étaient hommes de génie, de dévouement, — tous deux étaient de vrais républicains.

Nos farceurs aujourd'hui juchés au pouvoir sont : les meilleurs, médiocres, — tous égoïstes, tous avides, tous vaniteux — on a vu leur bravoure dans cette guerre si follement, si criminellement continuée ; — pas un seul d'entre eux ne s'est exposé à la plus petite apparence de danger ; — mais ce qu'ils sont surtout le moins, c'est républicains.

ÇA MARCHE

Quand l'histoire de ce temps-ci sera écrite, non plus par des avocats et des pamphlétaires intéressés à mentir, mais par des observateurs clairvoyants et impartiaux, on verra que dans cette phrase néfaste de l'histoire de la France le point douloureux n'est pas la guerre de Prusse, le nombre effrayant des victimes tuées par la mitraille et la misère, les deux provinces perdues, les douze ou treize milliards dépensés, parce que tout cela pouvait se réparer, mais l'avènement au pouvoir de la coterie soi-disant républicaine, des médiocrités s'entourant de nullités, des décavés, des déclassés, des fruits secs du barreau, de la médecine, de la littérature, des vaniteux, des avides, des ayant-faim, des ayant-soif, etc.

Parce que cet avènement démoralise tristement la nation et lui fait perdre les qualités qui pendant des siècles lui avaient donné un rang prédominant parmi les autres nations.

L'aspect de ces champignons qui, après une révolution comme après une pluie d'orage, ont poussé et ont élargi leur chapeau le plus souvent vénéneux dans une nuit, donne l'exemple dangereux de la richesse, de l'autorité acquises sans travail, sans études, sans talents, de même qu'il est plus facile et plus vite fait de prendre la nuit la montre d'un passant qu'on étrangle que de gagner sou à sou en travaillant la somme nécessaire pour l'acheter chez un horloger.

On doit s'étonner à l'étranger de voir chez nous occuper les plus hautes fonctions par des hommes dont les plus forts atteignent à peine la médiocrité; eh quoi! la France est-elle tombée si bas qu'elle ne produise plus d'hommes intelligents, honnêtes, instruits, braves, laborieux, comme elle en produisait tant autrefois! L'espèce a-t-elle ainsi dégénéré?

Il n'en est pas encore tout à fait ainsi, quoique nous nous y acheminions. Il y a de ce spectacle humiliant deux causes principales : l'une, c'est que les médiocres, une fois juchés au pouvoir, ne laisseront plus, par prudence, approcher que des nuls; la seconde, c'est que la politique est aujourd'hui un tripot, où des banquiers suspects donnent les cartes; les cartes distribuées, on attend la *retourne;* que cette retourne arrive quelquefois naturellement, mais le plus souvent par quelque adresse des mains, elle indique l'atout et la couleur triomphante; que ce soit cœur, pique, trèfle ou carreau, toutes les cartes de cette couleur, les basses cartes comme les autres: les deux, les trois, les quatre sont de l'atout et prennent les autres cartes, MM. Farre, Ferry, Floquet, Labordère, etc., etc., occupent les places et les fonctions les mieux rétribuées, et, pour s'y maintenir le plus longtemps possible, ne reculent devant aucune monstruosité.

Il y aurait encore de l'espoir et de la ressource si, à mesure que ces champignons sont repus, se sont gonflés et ont suffisamment montré leurs qualités vénéneuses, on les arrachait et on les jetait définitivement au fumier; si on pouvait établir un degré d'incapacité, d'imbécillité, d'avidité, de mauvaise foi, de couardise qui, manifestées au grand jour, fissent déclarer un homme perdu et impossible; on pourrait espérer que lorsque tous les avocats à la serviette vide, tous les médecins à la sonnette muette, tous les forts au billard et aux dominos, tous les orateurs de taverne y auraient passé, on serait bien forcé de s'adresser aux intelligents, aux probes, aux laborieux, aux désintéressés.

Mais il n'en est pas ainsi.

Il n'est pas de sottises, de bévues, d'indélicatesses, de crimes même contre le bon sens, contre la prospérité du pays, qui perdent un homme sans retour et qui permettent l'espoir d'en avoir fini avec lui et de ne le revoir jamais.

Lorsqu'on a vu cette malheureuse guerre de Prusse si follement, si cruellement commencée et plus follement encore et plus criminellement qu'elle n'avait été commencée, continuée par MM. Gambetta, Freycinet et leurs acolytes, il semblerait que ces hommes devraient passer le reste de leur vie dans la retraite, dans la pénitence, obligés de cacher leurs noms et leur vie. Il semblerait que les gens doux, bienveillants ou simplement bien élevés, les rencontrant, feraient semblant de ne pas les reconnaître et, en tout cas, éviteraient avec soin devant eux de prononcer les mots de guerre, de finances et de tout ce qui rappellerait leur funeste et ridicule passage au pouvoir.

J'ai là sous les yeux le livre terrible qu'a écrit avant de mourir mon ami, ce brave d'Aurelle de Paladines, ce testament du seul général qui ait battu les Prussiens ; on y voit l'outrecuidance, l'insolence, l'ignorance, la couardise portées à un degré jusque-là inconnu par les hommes qui s'étaient emparés du gouvernement.

Je me suis fait présenter cet hiver à cet intrépide Bourbaki, et, malgré moi, je regardais la cicatrice de la balle qu'il s'est tirée dans la tête poussé au désespoir par ces... il ne me vient que des gros mots.

Eh bien ! M. de Freycinet est premier ministre ; il avait prouvé son insuffisance dans les choses de la guerre, il lui reste à prouver son insuffisance dans la politique étrangère ; après quoi, quand il aura été remplacé, nous le verrons revenir pour prouver son incapacité dans les affaires intérieures, ou le commerce, ou l'agriculture.

Et Mᵉ Gambetta, devant lequel M. Thiers, mort, son complice, affirmait que la France lui devait la moitié de ses pertes en territoire, en argent et en hommes ; Mᵉ Gambetta, qui a envoyé tant de victimes à la mort et n'a pas une seule fois exposé sa précieuse peau à la plus petite apparence de danger ;

Mᵉ Gambetta est membre et, je crois, président de la commission du recrutement.

Les membres de cette coterie se disant audacieusement républicains, ont cet avantage que, ne sachant rien, n'ayant rien étudié, n'étant bons à rien, il y a autant de raisons de les mettre à la guerre qu'au commerce, qu'aux affaires étrangères, etc. Il leur est impossible d'être moins aptes à une de ces fonctions qu'ils ne l'étaient ou ne le seraient à une autre, et on les voit résolument passer de l'une à l'autre, question d'émarger de gros traitements.

Je venais de lire le « Traité de Métayage » et l'enquête du comte de Tourdonnet; je venais, passant par Marseille, d'apprendre que, sous l'influence et avec l'aide de M. Talabot, il s'était constitué un comité d'études sur le phylloxéra et qu'on avait déjà obtenu de très bons résultats par le sulfure de carbone; un autre bon résultat est la résistance à l'entraînement et à la mode de remplacer trop vite la vigne française par les cépages américains.

Il y a donc encore en France des gens qui comprennent que la terre et l'agriculture sont la vraie richesse, il y a des gens qui étudient sérieusement, qui cherchent, qui trouvent déjà un peu et qui trouveront davantage.

On annonçait l'arrivée, dans les départements du midi, de M. le ministre de l'agriculture, partant en guerre contre le phylloxéra.

Qui est ministre de l'agriculture? j'avoue que, le plus souvent, je ne m'enquiers pas du nom des ministres de la soi-disant République; c'est M. de Mahy. Je demande des renseignements aux journaux plus ou moins officiels et républicains pour savoir quelles espérances il est permis de concevoir de lui au point de vue du salut de nos vignes, cette richesse si française.

J'apprends par les journaux, qui se sont copiés réciproquement, que M. de Mahy est né à la Réunion, qu'il représente à l'Assemblée, qu'il est «d'assez haute taille, maigre, un peu voûté» ; cela n'a rien qui puisse nuire à la vigne, mais n'a rien non plus qui puisse nuire au phylloxéra. — « Ses cheveux sont gris, comme sa moustache. » J'en dirai de même de ce second renseignement. Continuons : « Sa physionomie exprime l'extrême bienveillance qui est le fond de son caractère », tant mieux ! mais Cadet-Roussel aussi était bon enfant, et ça n'avait pas suffi pour le nommer ministre de l'agriculture.

M. de Mahy a étudié en France. Qu'a-t-il étudié ? La médecine. Euh ! euh ! Qu'est-ce que ce rapide voyage dans les régions et les vignes pestiférées ? une petite comédie innocente.

Suivons cependant le ministre dans sa campagne contre le fléau.

M. le ministre, disent les journaux que je vais copier textuellement, est arrivé à Marseille à 7 heures 5 minutes. Réception par le préfet ; M. Massat, secrétaire ; M. Lisboins, chef de cabinet, etc., etc. Le maire présente la municipalité. Le préfet a présenté M. Rivoire, M. Filleau, M. Fabre, les professeurs, etc., etc.

M. Mercier, représentant M. Roux, exprime le vœu qu'un ministre qui s'intéresse si vivement aux progrès de l'agriculture, reste longtemps au pouvoir. M. de Mahy très touché. La musique des pompiers joue *la Marseillaise*. La foule acclame le ministre. Un piquet d'honneur présente les armes. Déjeuner chez M. Imhauss, trésorier-payeur.

Langoustes à l'américaine, gélinotes de Russie, chapons du Mans au cresson, huîtres de Bréguillon.

Visite aux vignobles traités par le sulfure de carbone. Le ministre exprime sa complète approbation.

Le ministre se rend au parc Borely, où il a assisté aux courses de chevaux. Les chevaux, animés par la présence de ce haut fonctionnaire, se sont surpassés. Dîner chez le même M. Imhauss.

Langoustes à l'américaine, gélinotes, chapons, asperges en branches, huîtres de Bréguillon.

Le lendemain, à huit heures, départ pour Toulon. Le canon tonne, les troupes de terre et de mer, échelonnées entre la gare et l'hôtel de ville, présentent les armes, les clairons sonnent aux champs, les musiques jouent *la Marseillaise*, la foule enthousiaste acclame le ministre, qui reçoit les autorités civiles et militaires, et a pour chacun un mot aimable ; le phylloxéra n'a qu'à bien se tenir ; bouquet tricolore offert à M. de Mahy ; conversation avec les *viticulteurs*, ampeloculteurs, etc. Les uns préconisent la submersion, chose difficile pour la plupart des vignes, plantées sur des coteaux ; d'autres, les *cépages* américains, dont la mode pourrait bien passer ; quelques-uns, le sulfure de carbone, qui seul jusqu'ici a fait ses preuves ; le ministre a un mot aimable pour l'immersion, un mot non moins aimable pour les cépages américains, un mot d'une amabilité égale pour le sulfure de carbone ; d'où le journal tire la conséquence que le ministre «a prouvé sa haute compétence ».

Inauguration d'un «édifice scolaire» ; — déjeuner sauce langoustes, asperges en branches, chapons du Mans, etc. La journée se termine par un banquet à l'hôtel de ville ; alose grillée, vol-au-vent à la Toulouse, haricots verts, huîtres de Bréguillon.

Pauvre phylloxéra !

Le ministre doit aller à Nîmes, mais le maire lui ayant intimé la défense de faire une visite à M. le duc de Fitz-James, M. de Mahy s'est rebiffé, a annoncé qu'il n'irait pas à Nîmes et que Nîmes resterait livrée sans protecteur et sans défense au phylloxéra.

Heureusement, l'affaire s'est arrangée et le phylloxéra qui déjà se frottait les mains, a dû rabattre de sa superbe.

M. de Mahy est arrivé à Nîmes, réception enthousiaste, la musique des pompiers joue *la Marseillaise*, le préfet remercie le ministre d'honorer le département, si éprouvé par le phylloxéra, de sa visite. Ce même département attend de la République un prompt remède à ses maux, contre lesquels la monarchie eût été impuissante. Le ministre, très touché, a serré les mains au préfet, au maire et à tout le monde. A la sortie de la gare les régiments de la garnison ont rendu les honneurs militaires, les musiques du 55e de ligne et de l'école d'artillerie ont, comme les pompiers, joué *la Marseillaise*.

Réception par le ministre des autorités civiles et

militaires. A Nîmes comme à Marseille, un mot aimable pour tous.

Le ministre acclamé par la population.

A Draguignan, banquet, chapons du Mans, huîtres de Bréguillon, toast à M. Grévy, on boit à la mort du phylloxéra, tant pis pour lui.

A Touches, gare décorée de drapeaux, les musiques jouent *la Marseillaise;* le soir, dîner à Salerm chez M. Cotte, l'ancien préfet de Draguignan, condamné pour fraude électorale : chapons du Mans, huîtres de Bréguillon, illuminations ; le ministre se promène dans les rues et assiste à un feu d'artifice.

. . . .

Puis M. de Mahy continue sa tournée, pendant laquelle il y aura même enthousiasme, dont il sera également touché, mêmes présentations, mêmes banquets, mêmes chapons du Mans, mêmes toasts, même musique jouant la même *Marseillaise,* et mêmes résultats à l'encontre du phylloxéra. J'ai entendu dire, mais je le répète « sous toutes réserves », que dans chaque ville M. de Mahy a laissé, là un vieux veston ou un vieux chapeau, ici un vieux gilet, ailleurs une vieille culotte que l'on pendra dans les vignes pour effrayer le phylloxéra. Comme on fait dans les cerisiers avec l'espoir, hélas ! souvent déçu, d'en écarter les oiseaux.

Voici du reste ce qu'il y a d'acquis quant au phylloxéra et à la vigne, et cela était acquis dès avant le voyage de M. le ministre de l'agriculture.

Les vignes américaines sont loin d'avoir tenu ce que promettaient en leur nom ceux qui voulaient en vendre. Le sulfure de carbone a obtenu de bons résultats. Il ne faut pas abandonner les vignes françaises si l'on veut conserver le vin français ; si un vignoble est trop infecté pour être guéri par le sulfure de carbone, laissez le terrain se reposer ou porter pendant un an ou deux une autre culture, le phylloxéra y mourra de lui-même, et vous pourrez y replanter la vigne. Plantez en abondance des vignes dans le sable et soignez-les aux premiers symptômes de la maladie.

Et si vous êtes décidé à jouer *la Marseillaise* dans vos fêtes agricoles, je propose une variante au quatrième vers du refrain qui, à dire vrai, n'est ni bucolique ni humain ; au lieu de : « Qu'un sang impur, etc. », disons :

« Que l' sulfur' de carbone abreuve nos sillons. »

La promenade de M. de Mahy, qui est probablement un homme très intelligent, très honnête, très bien intentionné pour la vigne, animé d'une haine vigoureuse contre le phylloxéra, est tout ce qu'il y a de plus innocent.

C'était également un homme intelligent et honnête et bienveillant très ami de la vigne et ennemi de l'oïdium, seul ennemi qu'eut la vigne de son temps, que Ferdinand Flocon, qui, lui aussi, fut ministre de l'agriculture lorsque les soi-disant républicains tuèrent pour la seconde fois la république en 1848.

Pendant le gouvernement de Juillet, sous le tyran Philippe, il fut pendant longtemps rédacteur du

Constitutionnel avec son camarade Ader ; le *Constitutionnel* avait alors une situation bien avantageuse : il demeurait au fond d'une cour, au premier étage, et sous le premier étage était un café, où Ader et Flocon trouvaient le délassement de la politique dans le billard et des dominos presque perpétuels et sans relâche.

En 1848, Flocon fut nommé ministre de l'agriculture et du commerce, parce que déjà en ce temps florissait la bêtise d'appeler les ministères de l'agriculture, du commerce et de l'instruction publique, les petits ministères, que l'on donnait à des comparses, en en réunissant deux parce que l'agriculture seule ou le commerce seul ne méritaient pas les soins de ces comparses.

Flocon n'accepta pas un défi que je lui fis, de sortir avec moi dans les champs et de prouver que M. le ministre de l'agriculture était capable de discerner l'orge du blé. Cavaignac le remplaça par Tourret, le seul ministre de l'agriculture digne de ce beau nom et de ces nobles fonctions que j'aie vu au pouvoir depuis que j'existe.

On parle aujourd'hui d'ériger une statue à Flocon. Si cela se fait par souscription, j'apporterai mon obole, parce que Flocon a été le dernier représentant d'une école de républicains qui restaient pauvres au pouvoir.

SOUS LA COMMUNE

Je crois qu'il est aujourd'hui plus que suffisamment démontré que la prétendue République et les soi-disant républicains ne peuvent pas et ne pourront jamais constituer un gouvernement.

Le « char de l'État », vieux style, est attelé de tous côtés et tout à l'entour de chevaux, et surtout de mulets et d'ânes qui tirent chacun de leur mieux. Tantôt ça incline à *hue*. Tantôt ça appuie à *dia*, ça oscille, ça vacille, ça tourne à donner le mal de mer. Mais ça n'avance pas.

Pour chercher une autre similitude, la République s'étend en salissant et en gâtant l'étoffe, et, comme une tache d'huile, elle ne fait pas de racines.

Pour l'instant les républicains, un moment d'accord pour enfoncer les portes, ne forment encore que quatre partis distincts; il n'y a, en dépeçant tout, que de quoi rassasier un de ces partis; celui qui est momentanément au pouvoir, trouve que ça va bien comme ça et déclare la République constituée ; mais les trois autres soutiennent que nous ne sommes nullement en République, et que tout est à refaire. Quand on va avoir renversé le ministère présent, celui qui le remplacera proclamera, à son tour, l'avènement de la République, et le parti tombé ira se joindre aux deux autres pour crier que ce n'est pas du tout ça.

Supposez même qu'un parti finisse par détruire les trois autres et reste seul, vous le verrez bientôt se diviser en coteries, trouvant que les morceaux sont trop petits si on les divise entre tous. Un peu plus tard, quand je vais avoir dit deux ou trois choses que j'ai à dire, s'il me reste du papier blanc, je rappellerai le nombre et les noms des divisions, subdivisions et fractions de la première République.

On ne fera croire à personne qu'il y a un gouvernement en France, si ce n'est la Commune, comme je le disais il y a quinze jours, quand il se passe ce que nous voyons à Paris — Paris, le salon de la France et du monde civilisé, qui devrait être au moins tenu propre.

Les citoyens et électeurs souteneurs de filles affichent au grand jour leur sale profession ; la police en arrête quelques-uns le soir, et les relâche le lendemain matin. C'est parmi ces ignobles coquins que se recrutent en grande partie les héros des attaques nocturnes, plus fréquentes, plus audacieuses, plus impunies que je ne les ai vues de ma vie, les citoyens voleurs et messieurs les assassins.

Dans les républiques antiques, c'est-à-dire dans

les républiques qui pouvaient vivre et ont vécu, des magistrats s'enquéraient des moyens d'existence des citoyens, à quelle fortune ou à quel travail ils les demandaient ; si la police n'a pas encore désorganisé les règlements qui régissaient la prostitution, la police actuelle, qui a toutes les filles publiques sous la main, peut savoir en quarante-huit heures la liste des ignobles gredins qui vivent à leurs dépens ; une vraie république considérerait comme dangereux et suspects tous les gens qui ne travaillent pas, et exercerait sur eux une sévère surveillance. Si on avait quelque part, en Afrique ou ailleurs, des travaux agricoles sur lesquels on transporterait ces jolis messieurs délicatement pêchés, et là ils mangeraient quand ils travailleraient, je sais bien qu'on ferait des réclamations au nom de la liberté ; mais il y a aussi une liberté qui doit être sauvegardée, c'est la liberté pour les honnêtes gens de pouvoir sortir et rentrer le soir chez eux sans être dépouillés, roués de coups et assassinés.

S'il y avait un gouvernement en France autre que la Commune, on n'aurait pas vu cinq mille citoyens se rassembler au Père-Lachaise, et là rappeler avec enthousiasme les hauts faits de ladite Commune, glorifier les voleurs, les assassins, les incendiaires, et annoncer ouvertement qu'ils se disposent à recommencer. S'il y avait un gouvernement en France autre que la Commune, on n'oserait pas faire de semblables manifestations, ou du moins les orateurs et les meneurs auraient eu immédiatement à rendre compte à la justice de leur provocation à la guerre civile, au vol, à l'incendie, à l'assassinat, et on reconduirait où on est allé les chercher les amnistiés qui ne nous amnistient pas.

Mais, loin de songer à réprimer ces excès, on s'occupe d'enlever à la justice une puissance déjà tristement et dangereusement affaiblie ; on veut supprimer l'inamovibilité, c'est-à-dire l'indépendance des magistrats. Pour rendre l'opération complète, on songe à nommer les magistrats à l'élection, probablement au suffrage universel. Je vois d'ici Robert Macaire prétendant être jugé par ses pairs, nommant juge son ami Bertrand et lui disant à l'oreille : — Ah çà, mon vieux, pas de bêtise, n'oublie pas que si tu me condamnais, je te ficherais à la porte. Tu me juges, mais je te juge aussi, et si tu me condamnes, je te condamne.

La peine de mort, supprimée de fait pour les assassins, est non seulement conservée, on ne saurait trop le répéter, mais encore rendue beaucoup plus fréquente et quotidienne pour le crime d'avoir une montre et d'être soupçonné de porte-monnaie.

Ce qu'il faut encore répéter jusqu'à ce qu'on le comprenne, c'est que les voleurs font leur calcul, savent d'avance à quoi ils s'exposent, et ne jouent que le jeu qu'ils veulent bien jouer.

La peine de mort n'entre aujourd'hui presque plus pour rien dans ces calculs ; — dernièrement encore un assassin dont le crime était orné d'horribles détails était si persuadé qu'il ne risquait, en cas de malheur, que la transportation en Calédonie, qu'il avait promis à une femme, sa complice, de ne pas « la charger » si elle lui jurait de venir le joindre en Calédonie; — elle refusa et il dénonça la participation au crime ; — lui fut condamné à avoir la tête tranchée, mais les jurés qui venaient de prononcer le verdict signèrent un recours en grâce en sa faveur. — Quant à la femme, condamnée à six ans de réclusion, et interrogée par le président des assises sur ce qu'elle aurait à dire sur l'application de la peine, elle répondit : Je supplie les juges de m'accorder dix ans.

Et cela parce que, condamnée à dix ans, elle serait déportée sur cette terre promise des assassins.

Cette nouveauté de la déportation, après la suppression des bagnes, enchante messieurs les assassins ; ce qu'ils désirent, ne redoutant plus la mort qui n'est qu'une menace dérisoire, c'est une condamnation à perpétuité.

Le lieu de déportation est pour eux en effet un lieu de délices, c'est le paradis des escarpes, rien n'y manque, pas même les houris choisies parmi les voleuses, incendiaires, meurtrières, etc. Aussi ceux qui n'ont pas obtenu une peine suffisante pour la déportation, s'empressent de commettre un petit ou un grand crime ayant le poids nécessaire pour faire l'appoint. Ils assassinent un de leurs compagnons de prison ou un des gardiens, comme un marchand qui se retire après avoir amassé un certain capital qu'il a fixé d'avance.

Toujours dans le même ordre d'idées de glorification de la Commune et de menace à la société, la fameuse Paule Minck, la rivale de Louise Michel, étant devenue madame Negro et ayant obtenu un produit, a voulu le faire inscrire sous les jolis noms de Lucifer, Blanqui, Vercingétorix ; l'officier de l'état civil s'y est refusé ; le père a adressé une lettre indignée au ministre de l'intérieur : Eh quoi ! s'écrie-t-il en invoquant l'histoire, il nous sera interdit de donner à nos enfants les noms de Vercingétorix, de Velleda, de Marat, de Théroigne !

Ici l'époux de Paule Minck nous paraît manquer de respect aux grandes figures de Vercingétorix et de Velleda, qu'il cite au hasard, en mettant au même rang le monstrueux Marat et la « Furie de guillotine » Théroigne.

Pour moi, je suis d'avis que l'officier de l'état civil fût autorisé à se conformer aux fantaisies de nos libres penseurs. C'est un moyen de faire « aboutir » plus vite la prétendue République ; seulement je demanderai une petite loi préalable qui permettrait à tout citoyen et à toute citoyenne, à l'âge de vingt et un ans, de changer le nom qui ne conviendrait ni à son tempérament, ni à son caractère, ni à ses idées ; tel qui ne se sentirait pas de force à répéter les forfaits de l'ami du peuple et craindrait d'être justement jeté à l'égout, pourrait renoncer au nom de Marat, de même la fille qui n'aurait pas une vocation suffisante pour la prostitution et le meurtre, qui désirerait ne pas être fouettée publiquement, pourrait remplacer par un autre le nom de Théroigne.

Si cela a lieu, je profiterai de la circonstance pour demander la même latitude en faveur des garçons qu'on aurait imprudemment et trop précipitamment appelés Alexandre, César ou Marius, et ces filles auxquelles on aurait donné prématurément les noms de Rose ou de Blanche que la couleur de leur peau ne viendrait pas justifier.

Il est question de démolir le monument expiatoire élevé en souvenir de l'assassinat de Louis XVI, de Marie-Antoinette et de madame Élisabeth, et de remplacer dans les écoles les christs par des bustes de Marat. M. Negro vient d'émettre une idée heureuse. On ne savait comment, dans les écoles de filles, remplacer les images de la mère du Christ; il n'y a pas à hésiter : on mettra le portrait de Théroigne de Méricourt, nom que M. Negro semble désireux de donner à la fille qu'il s'occupe, je veux le croire, de faire succéder à Lucifer-Blanqui.

M. Negro, appuyé par plusieurs journaux libres penseurs, s'élève contre les noms du calendrier.

Qu'il se tranquillise, on va y mettre ordre. La démocratie, la démagogie, le nihilisme, le pétrole, le poignard ont leurs saints, leurs fêtes et leurs solennités. Un hasard m'a appris qu'il y a en ce moment sous presse, pour paraître au mois de novembre prochain, un

CALENDRIER DES LIBRES PENSEURS

J'en donnerai ici quelques extraits, seulement je copie les noms et les fêtes au hasard; dans l'almanach, les anniversaires et les héros, saints et martyrs seront à leur date, trente par mois.

D'abord les tueurs de rois :

Jacques Clément; il y eut un moment ballotage; Jacques Clément était prêtre et clérical, mais il avait lavé cette tache en tuant un roi.

Il en a été de même du prêtre Vergé, qui s'était racheté en tuant l'évêque Sibour.

Ravaillac, assassin de Henri IV;

Papavoine, victime de la justice;

Louvel, assassin du duc de Berry;

Collot-d'Herbois;

Montreuil, assassin de la belle Écaillère;

Marat;

Les frères Michel qui, sous la Restauration, firent une éloquente protestation contre la tyrannie du capital en tuant le banquier du Petit-Val, auquel ils devaient plusieurs millions;

Carrier;

La Brinvilliers;

Daix et Lard, assassins du général de Bréa;

Cartouche;

Hébert, le père Duchesne;

La Voisin;

Rita et Malagutti, autres protestateurs contre l'infâme capital;

Ils tuèrent le changeur Joseph au Palais-Royal.

On fit dans le temps, sur ce sujet, une complainte respirent les préjugés du temps :

> Ils entrèrent dans la boutique
> Pour obtenir changement;
> Ces deux mauvais garnements,
> Pour tromper l'homme judaïque,
> Laissant tomber de l'argent,
> De le chercher firent semblant.
>
> Voyant leur peine inutile,
> Le bon changeur complaisant,

> De son comptoir en sortant
> Lui-même éclaira le crime,
> Tandis qu'il tient la chandelle,
> Ils lui percent la cervelle.

Théroigne ;

Robespierre ;

Mandrin ;

Fouquier-Tinville ;

Booth, assassin du président Lincoln ;

L'assassin du dernier président ;

Les assassins du tyran Louis-Philippe :

Alibaud, Fieschi, Darmès, Lecomte, Henry, Meunier, puis celui qui tira le coup de pistolet du Pont-Royal. Est-ce Bergeron qui s'en était vanté, puis l'avait nié? Est-ce Benoît qui en fut également accusé?

Raoul Rigault, qui fit assassiner Chaudey ;

Pilotell, qui avait arrêté Chaudey ;

Préault de Vedel, qui fit jaillir la cervelle ;

Gentil, qui lui tira également un coup de revolver dans la tête ;

Verdoquel et Herpin, assassins des généraux Lecomte et Clément Thomas ;

Puis les communards et communardes, pétroleurs et pétroleuses, voleurs et voleuses, incendiaires et assassins des deux sexes.

Il y en a un par jour, et là les libres penseurs trouveront des noms et des patrons pour leurs petits.

Les grandes seront la mort d'Henri IV, l'exécution des otages, celle des dominicains, l'incendie de Paris, l'incendie des Tuileries, etc., etc., etc.

Et on annonce publiquement qu'on fêtera ces anniversaires et que la Commune restaurée va recommencer tout.

Voici — comme je l'avais annoncé et autant qu'il est possible de s'en souvenir — la liste des dénominations que chaque coterie avait inventées pour se désigner elle-même ou pour désigner ceux qu'elle voulait proscrire :

Aboyeurs, babouvistes, cadenettes, Jacobins, agents de Pitt et Cobourg, brissotins, vainqueurs de la Bastille, la Plaine, la Montagne, la Gironde, agrairiens, orléanistes, septembriseurs, sans-culottes, le ventre, hébertistes, modérés, le Marais, tricoteuses, hommes du 14 Juillet, hommes du 10 Août, hommes du 31 Mai, démagogues, clichyens, monarchistes, réacteurs, affameurs, oreilles de chien, suspects, royal-bonbon, royal-pituite, honnêtes gens, dantonistes, collets noirs, collets verts, égoïstes, faction de l'étranger, alarmistes, victimes, maratistes, sectionnaires, feuillants, mixtes, queue de Robespierre, bleus, carmagnoles, patriotes de 93, rolandistes, anarchistes, fayettistes, fructidoriens, impartiaux, niveleurs, bonnets rouges, bonnets gras, calotins, le Rocher, théophilanthropes, aristocrates, insermentés, chevaliers du poignard, chouans, terroristes, Vendéens, Coblentz, cordeliers, dissidents, ci-devant, contre-révolutionnaires, endormeurs, émigrés, hommes du faubourg, jeunesse dorée, incroyables, merveilleuses, insouciants, parlementaires, salariés de Cobourg, réfractaires, thermidoriens, triumvirs, robinocrates, ludovicistes, robespierristes, humanistes, amis de la Constitution, apitoyeurs, avilisseurs, bourbonistes, bureaucrates, chaumettistes, comité autrichien, égaux, conspiration des mouchoirs, conspiration des prisons, conspiration des œufs rouges, épauletiers, partisans de Fox, exclusifs, louveteaux, les mathevons, nihilistes, les nuls, les partisans du nouveau Tiers, patriotes du cul-de-sac Dauphin, les philippotins, les quintumvirs, les salanichiens, les tape-durs, les christocales, les déumvirs, la faction de Passy, les fraterniseurs de Grenelle, la jeunesse de Fréron, les martinistes, les pétitionnistes, les vendémiairistes, les vainqueurs de germinal, les hommes d'État, etc., etc.

?

Est-ce que les autres sont aveugles et sourds, ou est-ce que je rêve et suis halluciné?

Partout on bâtit des maisons et des palais. On entreprend des affaires à longue échéance. On donne des fêtes. On étale des toilettes. On fait des projets.

Est-ce que tous ces gens sont sûrs de l'année prochaine, sont sûrs d'après-demain, de demain?

Et moi, je vois la France comme un navire flottant au hasard, sans patron, sans boussole, sans gouvernail. Je vois en uniforme de capitaine, de second, de lieutenant, de maître, etc., des hommes qui ne connaissent ni la mer, ni les vents, ni les étoiles. Tandis qu'une partie de l'équipage fait des trous de vrille et de tarière dans la coque, et que d'autres, la torche à la main, se dirigent vers la sainte-barbe, la soute aux poudres, pendant ce temps les passagers causent, rient, dansent, *flirtent*.

Ceux qui commandent, ceux auxquels on obéit ne sont pas même de simples ignorants, quoiqu'ils le soient beaucoup. Ce sont ceux qui ont lancé pardessus bord le capitaine et le pilote et la boussole, et qui ont déjà jeté le bâtiment sur plusieurs écueils où il s'est fait trois ou quatre voies d'eau.

Les cinq ou six prétendues républiques aujourd'hui divisées, parce que c'est le moment de la curée, ont été d'accord pour tout renverser.

Les chefs qui ont recruté, enrôlé, enrégimenté les vauriens, les coquins, les voleurs, les incendiaires, les assassins, ne peuvent plus les licencier aujourd'hui. Le parti momentanément au pouvoir en a peur, les ménage, et leur jette quelques bribes. Les autres partis les excitent, leur font des promesses chaque jour plus magnifiques et mettent leur concours à l'enchère.

Les hommes du gouvernement sont des gens pour qui nos désastres, nos misères, notre ruine, ont été un bonheur, un gros lot, une fortune.

M. Gambetta, M. de Freycinet, M. Clémenceau, M. Ferry, M. Bert, etc., etc., leurs associés, leurs complices, leurs valets, oseraient-ils dire qu'ils voudraient que la guerre de Prusse ne fût pas arrivée ? Que seraient-ils sans nos calamités ? Qu'étaient-ils auparavant ?

Nos défaites, notre abaissement, notre diminution, nos humiliations ont été pour eux d'un si grand rapport, qu'on arriverait facilement à se demander si c'est seulement par outrecuidance, incapacité, couardise, qu'ils en ont amené la seconde moitié.

Je sais bien que chaque fois qu'une coterie réussit à renverser la coterie au pouvoir, et s'y juche à son tour, elle voudrait que ce fût le terme, qu'on en restât là, — comme Robert Macaire qui dit aux gendarmes : « Que tout le monde s'embrasse, et que ce soit fini ; » mais aucune ne peut, aucune ne pourra imposer, amener la paix et la sécurité !

Le ruisseau monte, — tout annonce une tempête de fange, — ce n'est ni M. Freycinet, ni M. Gambetta, ni les comparses qui les entourent qui empêcheront de revenir la Commune, sur laquelle d'ailleurs ils s'appuient.

Ce n'est plus le temps d'attendre du gouvernement la sécurité pour la propriété, pour la vie même.

Ceux qui sont au pouvoir, ceux qui y ont été et s'efforcent d'y revenir, — ceux qui espèrent y arriver à leur tour, tous sont également incapables et impuissants, — comme ils sont également avides et vaniteux.

Sur la pente où nous glissons, nous devons fatalement redescendre au pillage, à l'assassinat, à l'incendie.

Il faut qu'on s'accoutume à compter sur soi-même, et à se défendre. Qu'on se prépare pour la nouvelle Commune.

Il est évident que la prétendue République, comme une tache d'huile, s'est étendue sur la France, mais depuis onze ans n'y a poussé aucunes racines.

Si nous avions à traverser un bois mal famé et qu'on nous dît qu'il n'y a pas de gendarmes dans le pays, nous nous munirions de pistolets.

Nous avons à traverser une époque pire qu'une forêt suspecte. Trente-six millions d'hommes souffriront-ils encore une fois que quelques centaines de vauriens, de flibustiers, de bandits, de canailles, de voyous, de « fripouilles », se fassent maîtres de Paris et de la France, et renouvellent l'incendie, le meurtre, le pillage ?

Le gouvernement actuel n'existe pas ; ceux qui lui succéderaient dans le parti républicain feraient juste la même chose au bout de trois mois.

On n'en peut attendre ni protection, ni sécurité. Préparons-nous à nous protéger nous-mêmes.

**

Le plus mauvais tour qu'il fût possible de jouer à Garibaldi et à sa mémoire, à son entrée dans l'histoire, c'est ce qu'ont fait l'autre jour M. Borriglione, le député de Nice, et ceux qui l'ont poussé, et ceux qui l'ont suivi, en exigeant que les représentants de la France rendissent au célèbre aventurier un hommage que la France ne lui devait pas. Ils ont excité contre lui une mauvaise humeur qui lui a fait faire son procès avec passion, c'est-à-dire avec un certain parti pris et une certaine exagération.

Il fallait laisser aux Italiens à honorer une mémoire qui doit leur être chère ; en ne nous en mêlant pas, chacun alors parmi les Français pouvait se faire ou garder une opinion plus ou moins favorable sur le « héros italien » ; mais en essayant d'en faire un « héros français » on a tout gâté.

Pour juger Garibaldi, il faut non seulement l'avoir connu, mais aussi connaître les Italiens. Je l'ai connu pendant trente ans, et j'ai ressenti pour lui la sympathie qu'il inspirait à tous ceux qui le voyaient de près.

Quant aux Italiens, il ne faut pas croire que l'on sait et qu'on comprend leur langue en traduisant chaque mot par le mot correspondant du dictionnaire.

Nous avons en français trois modes, le positif, le comparatif et le superlatif. Par exemple : grand, plus grand, très grand, — et on s'arrête là. Mais le positif italien correspond à notre superlatif, puis il continue à monter. Ça commence par « immense ».

Chez l'Italien, il y a à peu près toujours du comédien, du « personnage ». Dans ces climats heureux où l'on vit en plein air, on parle haut, on parle à pleine bouche.

. . . . . Graïs dedit ore rotundo
Musa loqui. . . . .

A Gênes, à Milan, à Naples, à Venise, je fus frappé d'une chose : les petits théâtres jouent des pièces avec des titres emphatiques, souvent terribles : les *Mystères de la tombe;* les *Forfaits du moine rouge.* Mais ces titres sont suivis d'un sous-titre qui surtout affriande le public.

A Gênes on annonce :

LES MYSTÈRES DE LA TOMBE

AVEC GIANDUIA

A Naples ;

LES FORFAITS DU MOINE ROUGE

AVEC PULCINELLA

Le Gianduia de Gênes, comme le Pulcinella à Naples, ce n'est autre que Polichinelle. Polichinelle a de droit son rôle dans le drame et dans la tragédie aussi bien que dans la comédie.

Dans un cas où un Français dirait d'un autre homme : Il ne me plaît pas, l'Italien dira : C'est un scélérat, je le hais, et quelques Italiens ajouteront : J'ai soif de son sang, si bien que si par hasard vous vous trouvez avec celui qui vient de parler ainsi, en face de celui dont il parle, vous frémissez, vous vous attendez à quelque scène tragique ; mais vous êtes étonné et rassuré en voyant votre compagnon faire quelques pas au-devant de l'autre et lui dire : Eh ! mon cher, comment vas-tu ?

Garibaldi, je l'ai dit il y a longtemps, était un cœur et un bras, mais ce n'était pas du tout une tête. Il avait joué un grand rôle, un rôle peut-être indispensable, dans la Trinité dont il faisait partie avec le roi Victor-Emmanuel et le comte de Cavour. Mais l'Italie libre, son rôle était fini, et il l'avait d'abord compris d'instinct en se retirant dans son île de Caprera. Mais les ambitieux, les mécontents, les membres des coteries s'emparèrent de lui, l'enivrèrent comme on avait fait de Mazaniello et le décidèrent à reparaître dans des rôles qui n'étaient ni à sa taille ni de son tempérament. On lui fit croire qu'il avait des idées, des principes auxquels il n'avait jamais pensé. Il était brave, audacieux, désintéressé, c'était beaucoup, mais c'était tout, et son entourage fit de lui un faux Garibaldi, celui qui écrivait ou copiait ces lettres emphatiques, absurdes, ridicules, dont je m'affligeais, et sur lesquelles plus d'une fois j'essayai en vain de l'éclairer. De temps en temps, il s'ennuyait, il se fatiguait des rôles qu'on lui faisait jouer et qui, comme on dit au théâtre, n'étaient pas de son emploi, et il se réfugiait à Caprera. Mais les coteries revenaient l'y chercher, et on voyait reparaître dans l'arène politique Garibaldi avec Gianduia, avec Pulcinella.

Supposez Garibaldi, une fois son rôle fini, passant le reste de sa vie à Caprera, cultivant son jardin et se livrant à la pêche, qu'il aimait beaucoup, il serait resté, sans contestation possible, une grande figure.

Mais je vis, à n'en pouvoir plus douter, dans un voyage que je fis il y a quelques années, comment on s'était emparé de lui, comment il n'était pas libre et était exploité par une coterie.

Me trouvant à Rome, je pensai à saluer le roi d'Italie, que j'avais eu plusieurs fois l'honneur de voir à Nice, et à serrer la main à Garibaldi.

J'écrivis donc au roi au Quirinal, et à Garibaldi à Frascati où il prenait des bains.

Quant au roi, ce fut très simple ; le même jour on vint me dire que le roi m'attendait au Quirinal le lendemain matin.

Le lendemain matin, j'allai au Quirinal, je donnai mon nom, le roi vint au-devant de moi, me tendit cordialement la main, et faisant allusion à ce que je lui avais écrit que mes compagnons de voyage avaient essayé de me détourner de le voir, à cause de mon costume, il me dit : Si vous revenez me voir et qu'il fasse chaud comme aujourd'hui, je vous conseille de venir en manches de chemise.

Quant à Garibaldi, ce fut très différent. Je lui avais écrit à Frascati par le télégraphe que je ne reculerais pas devant le petit voyage à Frascati. Il m'avait répondu :

« Je serai demain à Rome où je vous attendrai. »

Le lendemain, je m'informai de sa demeure à Rome : « Il faut sortir par la porte *Pia,* et ensuite toujours tout droit, *sempre dritto.* » Je crus un moment que *toujours* était le vrai mot, car la villa Cosalini, que l'on m'avait indiquée, est à plus d'une heure et demie de Rome.

Je finis cependant par y arriver.

La maison est au fond d'un jardin ; je frappe, je sonne ; ce n'est qu'après un temps assez long qu'il paraît un homme en chemise rouge, qui me dit assez brusquement :

— Que demandez-vous ?

— Le général Garibaldi·

Il remonte un escalier, reste absent dix minutes et revient.

— Qu'est-ce que vous lui voulez, au général ?

— Ce que je lui veux, mais ça ne vous regarde pas, et c'est à lui que je compte le dire.

— Il disparaît encore une fois, puis revient : — Votre nom ?

Je lui donne ma carte — nouvelle éclipse de la chemise rouge, puis retour.

— Avez-vous un rendez-vous avec le général ?

— Il m'a envoyé une dépêche de Frascati.

La chemise rouge remonte, puis redescend :

— Voyons la dépêche.

Ici la patience m'échappe ; ah çà ! ma bonne chemise rouge, vous m'ennuyez ; est-ce que vous me trouvez l'air d'un homme qui a besoin de porter dans sa poche la preuve de ce qu'il dit ; oui ou non, puis-je voir le général ?

Il remonte assez effarouché, puis revient.

— Le général est fatigué, il dort.

— Que ne le disiez-vous tout de suite ? Alors donnez-moi un morceau de papier et une plume.

J'ai raconté ailleurs en ce temps-là qu'on ne trouva ni plume ni papier, et que je dus écrire avec un bout de crayon sur la marge d'un journal :

« D'après votre dépêche, mon ami, je me suis transporté à la villa Cosalini ; mais, arrivé là, j'ai dû renoncer à vous voir. J'ai, dans ma vie, connu plusieurs tyrans ; aucun n'était aussi bien gardé que vous. »

Je restai encore quelques jours à Rome, et ce ne fut cependant qu'à mon retour à Saint-Raphaël que je reçus la réponse de Garibaldi :

« Mon bien cher et... (ici un gros mot italien) ami,

» Je suis désolé de n'avoir pu vous voir, et ce serait long de vous raconter les malencontreuses circonstances qui m'ont privé de ce plaisir. Écrivez-moi pour me prouver que vous ne me boudez pas, et que je suis toujours votre ami dévoué.

» GIUSEPPE GARIBALDI.

» Frascati. »

Je lui répondis :

« Non, certes, je ne vous bouderai pas, mon ami, puisque vous avez partagé mes regrets d'un quiproquo qui nous a empêchés de nous rencontrer encore une fois, à une époque de notre vie où il ne se présentera probablement plus d'autres occasions.

» Je vous sais d'autant plus de gré de votre lettre affectueuse, que je sais par moi même que ce n'est pas une petite affaire que d'écrire dans votre maison ; ce qui doit, permettez-moi de vous en féliciter, vous rendre plus difficile d'émettre certaines lettres qui, ainsi que je vous l'ai déjà dit, affligent vos amis. »

L'entourage plus ou moins immédiat de Garibaldi avait plus de besoins et était moins désintéressé que lui ; il y avait là un cordon sanitaire contre la vérité, le bon sens et la franchise. A Rome, on ne lui avait pas permis de me voir.

M. Borriglione, maire et député de Nice, a profité de l'occasion pour donner quelques gages à ce qu'on appelle le « parti italien » et « séparatiste ».

Candidat à la députation, il avait profité de l'exemple donné par l'étrange préfet soi-disant républicain, Marc-Dufresse. Celui-ci avait pris toutes les listes des candidats à quelque parti, à quelque couleur, à quelque nuance qu'elles appartinssent, et enlevant un nom, y avait substitué le sien ; de cette manière, il fut élu à la fois comme républicain modéré, comme intransigeant, comme monarchiste, comme clérical et comme Italien séparatiste.

On n'était pas encore mûr comme on le serait aujourd'hui pour un scandale aussi effronté ; l'élection fut annulée.

Le même procédé réussit à M. Borriglione un peu plus tard ; candidat à la représentation nationale de la France, il sollicita les voix des ennemis de la France, des Italiens qui rêvent la séparation de Nice et le retour à l'Italie.

Il disait dans sa profession de foi, en 1871 :

« Si vous nous envoyez siéger à l'Assemblée nationale, notre premier acte sera de demander la revision du pacte qui nous lie à la France. »

Élu grâce à l'appoint des voix séparatistes, M. Borriglione oublia complètement de demander ladite revision : ce n'était plus là qu'étaient la faveur et les grâces ; on comprend qu'il ait saisi avec empressement une occasion d'essayer de reconquérir sa popularité dans ce parti.

Disons, puisque nous y sommes, la vérité sur ce parti.

Il n'existe pas.

Il avait trois chefs italiens dont deux de bonne foi : le comte de Falicon, homme justement et universellement considéré ; le chevalier Ch. Laurenti, très aimé et très populaire, le troisième était l'avocat Malaussena, qui, après avoir contribué de son mieux et par ses intrigues à l'annexion, faisait semblant d'être « séparatiste » et soutenait clandestinement les complots les plus honteux contre la France, pour se faire pardonner par une partie de la population, non pas tant sa trahison que la grosse fortune qu'elle lui avait value. Tous trois sont morts.

La vérité est que, aujourd'hui, si on « revisait le pacte », les habitants de Nice voteraient à une immense majorité pour la continuation de leur annexion à la France.

Pour revenir à Garibaldi, il aimait d'instinct la liberté, et par tempérament les aventures ; il n'en savait pas plus long que cela, et ceux qui ont fait de lui un personnage politique lui ont joué un mauvais tour. M. Borriglione, l'autre jour à l'Assemblée, lui en a joué un autre.

Croyez-vous que ce soit également sans chagrin que je lis les petites lettres que publie de temps en temps, à l'envi de Garibaldi, un grand poète que j'ai beaucoup aimé et que j'aime encore à admirer en me rappelant le temps où, à la place Royale, vers 1832, on ne parlait de la politique qu'avec indifférence, ou plutôt avec un suprême dédain.

ARRÊTONS LES FRAIS

S'il ne s'agissait pas de la Chambre des représentants de la France, à laquelle je ne dois, je ne puis, je ne veux témoigner que toutes les nuances et tous les degrés de la sympathie, de l'estime et de l'admiration ;

S'il s'agissait d'une autre Assemblée, dans un autre pays, ayant voté l'abolition de la magistrature, je constaterais une fois de plus ce qu'a constaté tant de fois l'histoire des Assemblées, — à savoir que, selon Montesquieu, il semble que les têtes des plus grands hommes s'étrécissent lorsqu'elles sont rassemblées et que là où il y a le plus de sages de profession, il y ait moins de sagesse, et aussi que les actes et résolutions d'une Assemblée sont loin de représenter les sommes des intelligences individuelles qu'elle contient.

Je ferais le compte détaillé des 283 voix que cette autre assemblée eût données à la loi sur la magistrature, je dirais combien d'ignorants, combien de fous, combien de nuls et d'ignares, mais j'aurais beaucoup de peine à ne pas donner place à deux ou trois scélérats.

Mais comme il s'agit des représentants de la France, auxquels je ne dois, je ne puis, je ne veux témoigner que sympathie, estime et admiration, je me contenterai de rappeler seulement l'histoire d'une situation et d'une résolution semblables et des conséquences qu'elles ont amenées.

Je ne dirai rien dont je n'aie les preuves irrécusables sous les yeux.

Le 15 août 1792, Robespierre dit à l'Assemblée :

« La juste vengeance du peuple n'a pas encore été satisfaite ; je ne sais quels obstacles invincibles semblent s'y opposer... Il faut au peuple un gouvernement digne de lui, il lui faut « *des juges créés par les circonstances* ».

Cette motion amena la création du tribunal criminel du 17 août 1792.

Procès-verbal d'installation du 18 août :

» Au nom de la nation, pour le salut de la patrie, nous, citoyens envoyés par les sections de la Commune de Paris, nous sommes réunis dans la salle du palais nommée la Petite Tournelle, où nous avons été installés à l'heure de minuit... Nous sommes constitués en jury spécial d'accusation pour connaître des délits commis contre la sûreté, la liberté et le bonheur de la nation française...

» Considérant qu'il est important que la majesté du peuple souverain soit à l'avenir garantie des attentats, le tribunal sans différer plus longtemps à sauver la patrie...

» En conséquence, les portes de la salle ouvertes, et *le peuple* introduit (ils étaient trente-trois...). »

Chacun des membres, qui s'étaient mutuellement choisis et se disaient nommés par le peuple, a prêté le serment suivant : « Je jure d'être fidèle à la nation, de maintenir la liberté et l'égalité et de mourir à mon poste. »

Puis, les membres du jury se présentèrent un à un sur une espèce d'estrade. Là, s'adressant au peuple, chacun prononça ces mots : « Peuple ! je suis un tel, de telle section, demeurant dans tel endroit, exerçant telle profession. Avez-vous quelque reproche à me faire? Jugez-moi avant que j'aie le droit de juger les autres. »

Naturellement les trente-trois flâneurs, « fripouilles », gamins, etc., qui composaient le *peuple* introduit dans l'assemblée, ne firent aucune objection.

Ce fut à ce tribunal, formé à l'élection, que le fameux Fouquier-Tinville fit ses débuts.

Mais ce tribunal fut jugé mou, inactif, insuffisant. Dans un espace de trois mois il n'avait prononcé que vingt-cinq condamnations à mort et dix-sept condamnations aux fers et à la détention, il y avait même eu des acquittements; ça ne marchait pas. Il fut dénoncé et un rapport du député Garrau prononça sa dissolution le 29 novembre 1792.

Quand ce tribunal, dont les membres étaient censés nommés par l'élection à deux degrés, fut remplacé, en mars 1793, par le « tribunal révolutionnaire », on renonça à l'élection et les membres furent nommés par la Convention. Les jurés durent émettre leur opinion à *haute voix*, et cinq juges prononçaient sans recours en cassation Ça allait un peu mieux ; en moins de six mois, on obtint quatre-vingt-six condamnations à mort ; mais ça n'était pas encore ça. Le 30 août, un décret divisa le tribunal en deux sections pour accélérer la marche ; en dix-sept mois, il y eut près de deux mille condamnations.

Le 5 septembre, nouvelle division du tribunal en quatre sections pour l'accélération des jugements ; le 22, au nom des comités de salut public et de sûreté générale, on adopte une liste de *citoyens* pour compléter les quatre sections.

Le 29 octobre 1793 (8 brumaire an II), un décret donna aux jurés la faculté d'arrêter les plaidoiries, interrogatoires, etc., et de se déclarer suffisamment instruits.

En même temps le tribunal supprime un certain nombre de « formalités qui entravaient sa marche ».

C'est alors que « ça marchait ».

Bientôt les tribunes, envahies par des hommes avinés et à figures patibulaires, et par les tricoteuses et « furies de guillotine » qui insultent les accusés et les juges qui ne vont pas assez vite, exigent les condamnations, en attendant mieux.

Un spécimen du 2 septembre.

On improvise un tribunal à l'Abbaye, le citoyen Maillard est acclamé président par « le peuple » ; le citoyen, qui attendait dans la foule le succès de cette manifestation préparée à l'avance, déclare qu'il va *travailler* en bon citoyen, et il choisit douze hommes de sa bande pour l'assister dans les jugements qu'il va rendre.

On commence sans formalités par égorger les Suisses et vingt-cinq gardes du roi : « Ne perdons pas de temps à les interroger, ils sont tous coupables, il ne doit pas en échapper un seul. »

Comme les accusés pourraient se défendre avec le courage du désespoir, Maillard et ses acolytes conviennent de ne pas prononcer le mot de peine de mort, on dira simplement : « Conduisez le citoyen à la Force », et on le mettra dehors, où « le peuple l'égorgera. »

Au Luxembourg, cent cinquante-cinq accusés (le 10 juillet 1794). Seillier préside le *tribunal;* il demande à Bonval :

— Connaissiez-vous la conspiration ? — Non. — Je m'attendais à cette réponse, mais elle ne fera pas fortune ; c'est bien.

A Lamiguère. — As-tu été noble ? — Oui. — C'est bien.

A Guedreville. — Es-tu prêtre ? — Oui. — C'est bien.

A Goustaut. — Es-tu noble ? — Je suis fils de laboureur. — C'est bien.

A Mothet-Vely. — N'as-tu pas été architecte de Madame ? — Oui. — C'est bien.

A Bourmont-Fleury. — N'es-tu pas banquier ? — Oui. — C'est bien, etc.

Renaudin, juré, ennuyé, interrompt cet interrogatoire et dit au président :

« Tu ne vois pas que ces gens-là nous endorment avec leurs sornettes ! »

Seillier se rend à cette observation ; on déclare les débats fermés, et les cent cinquante-cinq accusés sont condamnés.

Ça allait trop bien à Paris pour qu'on ne pensât pas à faire jouir les départements de cette justice expéditive.

Je ne vais plus faire raconter les atrocités de ces tribunaux que par les présidents et leurs assesseurs, qui s'en vantent dans des lettres trouvées au domicile de Robespierre après sa mort, et rassemblées par Courtois sur l'ordre de la Convention.

« Robespierre a dit à Lebon qu'il voudrait que chacun de nous pût former seul un tribunal et empoigner chacun une ville. » Signé Darthé.

Et, en effet, Robespierre a envoyé à Arras Lebon et Darthé.

Voici encore ce qu'écrit Darthé :

« Lebon est content, nous avons épuré la société. Voici quelques notes sur notre jury révolutionnaire d'Arras.

*** Pas assez de caractère.

Galand va très bien.

Bocqueville sans aucune instruction, mais bougre à poil et va très bien.

Flament, tu le connais, etc. »

Du même Darthé :

« Lebon est revenu de Paris transporté d'une patriotique fureur contre l'inertie qui entravait les mesures révolutionnaires; tout de suite, un jury terrible, à l'instar de celui de Paris, a été adopté au tribunal révolutionnaire. Ce jury est composé de soixante bougres à poil. »

Un arrêté vigoureux a fait claquemurer les femmes aristocrates dont les maris sont incarcérés. La guillotine ne désempare pas, les ducs, les marquis, les comtes, les barons mâles et femelles tombent comme grêle, tous les gros aristocrates.

On les fait éternuer dans la besace.

« Le tribunal d'Arras, écrit Daillet, ne fait grâce à personne. Quand les aristocrates n'ont pas pris une part active dans les conspirations, ils ont appelé la contre-révolution dans leur cœur. »

Les citoyens Maignet et Payan établissent à Orange un tribunal « jugeant révolutionnairement, sans instruction écrite et sans assistement de jurés ».

« Tu connais la position d'Orange, écrit Benet à Payan, la guillotine est placée devant la *montagne*. On dirait que toutes les têtes lui rendent, en tombant, l'hommage qu'elle mérite. Allégorie précieuse pour les vrais amis de la liberté. »

Il faudrait beaucoup de gros volumes pour raconter les assassinats commis par les prétendus tribunaux « épurés » et « créés par les circonstances », comme ceux que l'avenir nous promet.

Je terminerai ces souvenirs par une lettre de Payan, « agent » national, à Roman-Fonrosa, juge à Orange.

Fauvety, président, avait écrit à Payan pour se plaindre de plusieurs de ses collègues, entre autres Meilleret et Roman-Fonrosa.

« Roman est formaliste enragé, disait-il, et un peu loin du point révolutionnaire où il le faudrait. Il lui faut des preuves, comme aux tribunaux de l'ancien régime. Il inculque cette manière de voir et d'agir à Roman. Nous avons quelquefois des scènes très fortes. »

Payan, qui aimait Roman-Fonrosa, lui écrit paternellement...

« Il est bon de t'observer d'abord que les commissions chargées de punir les conspirateurs n'ont aucun rapport avec les tribunaux de l'ancien régime. Il ne doit y exister aucunes formes, la conscience du juge est là et les remplace.

» Il ne s'agit pas de savoir si l'accusé a été interrogé et de quelle manière, s'il a été entendu paisiblement et longtemps. Il s'agit de savoir s'il est coupable.

» La sensibilité individuelle doit cesser, elle doit prendre un caractère plus grand, plus auguste. Je t'en conjure, laisse des formes étrangères à ta place; n'aie de l'humanité que pour la patrie. Marche d'un pas égal avec tes collègues. Fauvety sait l'impulsion qu'il faut donner au tribunal...

» Oublie que la nature t'a fait homme et sensible; l'humanité individuelle, la modération qui prend le voile de la justice est un crime... Choisis entre l'amour du peuple et la haine... lis sans cesse ces réflexions et surtout avant le jugement des scélérats que vous avez à frapper, etc.

» PAYAN. »

Vous venez de voir dans cette rapide esquisse, comment de « l'épuration de la magistrature », de la suppression de l'inamovibilité, de l'élection des juges, on est arrivé en 1792, 1793, etc., aux tribunaux révolutionnaires, aux assassinats, aux massacres.

Le même escalier conduit au même endroit, la Chambre des députés a descendu l'autre jour deux marches de celui dont les républicains de 1792 avaient aussi d'abord descendu seulement deux marches.

On reverra encore la Commune et la Terreur, si on ne met un frein aux mêmes avidités, aux mêmes ambitions, aux mêmes folies, parce qu'il y a comme autrefois des affamés, des ivrognes, des fainéants, des vaniteux, des haineux, des cruels, des sanguinaires ;

Parce qu'il y a en bien plus grand nombre qu'autrefois des décavés, des déclassés, des fruits secs des professions dites libérales, qui ont acquis de terribles appétits et ne peuvent vivre que de révolutions ; parce qu'il y a au moins autant de bavards, de crédules, de dupes, c'est-à-dire de complices.

J'entends des bourgeois dire : Mais M. Gambetta n'est pas un Robespierre.

M. Pyat n'est pas un Marat.

Mademoiselle Louise Michel n'est pas une « Furie de guillotine ».

Erreur.

Robespierre n'était pas un Robespierre lorsqu'il plaidait avec un certain succès au barreau d'Arras.

Marat n'était pas un Marat quand il s'occupait d'études assez sérieuses sur le feu et l'électricité, il était médecin des écuries du comte d'Artois.

Théroigne de Méricourt n'était pas une Théroigne,

lorsqu'à dix-sept ans elle s'enfuit de la maison paternelle avec un jeune noble.

Les mêmes éléments subsistent.

Vous avez vu hier mademoiselle Louise Michel dire de M. Gambetta : « Quand le cochon est gras, on le tue. »

Vadier en 1793 disait de Danton : « Nous viderons bientôt ce turbot farci. »

Il y a longtemps, allant voir au Muséum du Jardin des Plantes Isidore Geoffroy-Saint-Hilaire, qui était un de mes amis, je trouvai, dans une grande cage, son fils Geoffroy-Saint-Hilaire, directeur aujourd'hui du Jardin zoologique du Bois de Boulogne, qui jouait et se roulait avec deux jeunes lionceaux ; il est probable qu'on les sépara à temps.

DÉMOLITIONS ET DÉCOMBRES

J'ai un petit-fils; un des vœux que je fais pour lui, c'est qu'il ne soit ni inventeur, ni précurseur, ni réformateur; c'est, aux yeux du vulgaire, un crime impardonnable. M. Grévy lui-même est tendre pour les assassins, pour les parricides, pour les violeurs de petites filles, et ne pousserait pas l'indulgence au point de montrer de la sympathie à un inventeur. L'histoire des inventeurs n'est qu'un martyrologe, à moins qu'on n'entende les réformes à la façon des abominables saltimbanques qui sont censés nous gouverner et qui s'en font des rentes.

Une idée juste, quelle que soit son opportunité, n'a aucune chance d'être adoptée que lorsque celui qui l'a émise est mort ou s'en est vu enlever la paternité. On se rappelle que Parmentier ne réussit à faire adopter la pomme de terre, ce petit pain tout fait, qu'en ordonnant de garder le champ où elle était plantée à des soldats qui avaient l'ordre d'être distraits et d'en laisser voler. Quand en ayant volé et mangé, on eut enfin reconnu que la pomme de terre était un des plus grands bienfaits de la Providence, alors on cessa de l'appeler *parmentière*.

S'il est permis de comparer les petites choses aux grandes — *si parva licet componere magnis* — je suis, dans ma sphère modeste, un exemple de cette loi.

Il y a quelque quarante ans (1839) que je résumai pour la première fois mon opinion sur la propriété littéraire, en quelques mots qui tranchaient net la difficulté.

« La propriété littéraire est une propriété. »

Depuis ce temps on publia beaucoup de gros volumes sur cette question; j'en ai ici le plus grand nombre, qui m'ont été envoyés par les auteurs. — A chacun on lit sur la première page, de la main de l'écrivain, une dédicace : « A l'auteur de la solution, ou de l'axiome, ou de l'aphorisme : « la propriété littéraire est une propriété. »

Mais pas un seul, dans sa partie imprimée, ne cite ni l'axiome, ni l'aphorisme, ni la solution, ni l'auteur; c'est quelque chose qu'on voulait bien me confier, me dire à l'oreille, mais qu'on ne voulait ni dire tout haut, ni communiquer au public.

En 1861, une commission fut nommée pour étudier et élucider enfin cette question si simple.

Le très honorable Walewski, reconnaissant que ma phrase devait être le point de départ de la loi nouvelle, m'envoya le « premier exemplaire » du rapport de la commission.

Jusque-là c'est très bien, — mais dans ce rapport imprimé on cite, il est vrai, ma solution, mais elle n'est plus mienne.

« Le prince Napoléon, dit-on, écrivait en 1844 — dans une lettre à M. Jobard de Bruxelles : — « L'œuvre intellectuelle est une propriété comme une terre. »

C'est-à-dire ce que j'avais imprimé en 1839 et répété souvent depuis chaque fois que la question s'était représentée.

A la même époque, un avocat député, dont je ne me rappelle pas le nom, mais qui était alors trop bonapartiste pour ne pas être aujourd'hui, s'il vit encore, républicain avancé, écrivait dans un journal : « Cet aphorisme d'un auguste écrivain : La propriété littéraire, etc. »

Ah! me dis je, auguste est trop fort; j'aurais accepté estimable, peut-être même quelque chose de plus; mais auguste, vrai! c'est exagéré; ma modestie fut bientôt remise à l'aise, quand, achevant la lecture, je vis que c'était à l'empereur que l'avocat prêtait ma petite phrase.

Adoptée par un « auguste » parrain auquel on soutenait qu'il était son père, la petite phrase avait sa fortune assurée et devait faire son chemin. On m'avait volé mes pommes de terre, j'étais un peu froissé, mais en même temps très content.

C'est ce que j'espérais dernièrement, lorsque je vis M. de La Rochefoucauld présenter, à l'occasion de la question du divorce, un amendement reproduisant ce que je demande depuis longtemps à propos de la séparation de corps.

« Que la femme séparée, disais-je, cesse de porter le nom de son mari. »

Cette loi, ainsi formulée, permettait presque de

15.

se passer de divorce, car elle détruisait le plus funeste effet peut-être de la séparation de corps et de biens.

Quant à la femme divorcée, ça allait tellement de soi-même que je n'aurais pas, je l'avoue, songé à le demander.

A quel titre, des deux personnes qui ne sont absolument plus rien l'une à l'autre, l'une porterait-elle le nom de l'autre ?

Cette femme divorcée n'a pas plus le droit de porter le nom de l'homme qui a été son mari, que de prendre le nom d'un passant.

La Chambre a rejeté cet amendement.

Le nom est une propriété respectable et sacrée. Une longue série souvent de générations s'est appliquée successivement à le rendre honorable. Tel grand homme, héros, savant, homme d'État, philosophe, écrivain, ne laisse parfois à ses enfants que ce nom qui les aide d'abord, qui les oblige ensuite, et que, s'ils ne peuvent le grandir encore, ils doivent du moins, à leur tour, transmettre non diminué à leurs enfants ; et cet héritage est un des plus beaux et des plus justement appréciés.

La plus grande preuve d'amour, je ne parle pas ici de fantaisie, mais d'amour fondé sur la sympathie et l'estime qu'un homme puisse donner à une femme, c'est de lui offrir, de lui confier son nom, une partie de son honneur, le nom et l'honneur des enfants qui naîtront d'eux ; un nom que jusqu'à ce qu'il la rencontre, les efforts de toute la vie ont eu pour but de rendre respectable et respecté, est plus digne d'être offert mille fois que les diamants de la corbeille de mariage.

Et ce nom, la femme divorcée, comme la femme séparée, pourra, sans contrôle de l'homme obligé de le porter avec elle, en faire ce qu'elle voudra, le traîner dans la fange comme de vieux souliers!

Ce nom, qui a été commun aux deux époux, si c'est le mari qui le diminue, qui l'avilit, rien n'empêche la femme de le quitter; elle en a un autre, elle reprend le nom de sa famille. Mais l'homme, si c'est la femme qui prostitue le nom commun, il n'en a pas d'autre, il faut qu'il le garde et le transmette à ses enfants, devenu un écriteau d'infamie.

Cette loi du divorce a été si mal bâclée qu'elle donnera raison aux adversaires du divorce, et qu'un jour elle sera abolie, comme sera aboli du reste inévitablement tout ce que perpètrent aujourd'hui nos cinq ou six cents sages à vingt-cinq francs par jour, vraies corneilles abattant des lois.

Une autre niaiserie de cette loi est de proclamer, à l'égard du divorce, l'égalité de l'adultère de l'homme et l'adultère de la femme.

Au point de vue du cœur et de l'amour, on pourra peut-être — et je dis peut-être avec intention, car je vais y revenir — admettre l'égalité de l'offense. Mais au point de vue de la famille, c'est une autre affaire. L'adultère de la femme y introduit un enfant dont la naissance déshonore le mari et qu'il a le droit de haïr, en même temps qu'elle rend les autres suspects et qu'il n'ose plus les aimer. L'adultère de la femme détruit la famille et déshonore la maison.

On sait le mot de cette femme qui disait à son mari soupçonné d'infidélité :

— Monsieur, ne jouez pas ce jeu-là avec moi,

vous y perdriez ; si vous faites des bâtards dehors, moi je vous ferai, dans votre maison et avec qui me plaira, des enfants légitimes.

L'homme peut répudier et chasser la femme adultère, au même titre que la femme pourrait répudier l'homme ayant subi une condamnation infamante.

La femme adultère déshonore à la fois elle et son mari ; le mari infidèle peut chagriner cruellement la femme, mais la fait plaindre.

La femme peut pardonner et pardonne souvent l'infidélité de son mari ; parce que si cette infidélité l'offense et l'afflige, elle ne déshonore cependant pas l'homme ; la femme peut haïr momentanément son mari infidèle, mais elle ne le méprise pas. Tandis que la chasteté est l'honneur de la femme, et le mari conçoit autant de mépris que de haine contre sa femme adultère et ne peut lui pardonner.

Encore deux exemples : Un homme est-il déshonoré pour une fantaisie blâmable, je le veux, que lui aura inspirée une jolie femme de chambre ? En est-il de même de la femme qui aura pris pour amant son domestique ou son portier ?

Vous avez, madame, une fille et un fils en âge d'être mariés ; on vient vous proposer un gendre et une bru.

Vous vous enquerrez de l'intelligence, des principes, de l'honorabilité, du caractère du prétendant. Mais si sa mère, pour compléter l'éloge, croit devoir ajouter qu'elle le garantit vierge à vingt-huit ans, et aussi pur et immaculé que lorsqu'il est sorti de ses entrailles, vous hausserez les épaules et vous

vous direz : Il faut voir si ce ne serait pas un imbécile.

Quant à la fille qu'on vous offre pour votre fils, si on vous disait : Elle est jolie, raisonnable, bien élevée, bonne musicienne, assez douce ; seulement elle a eu quelques aventures, deux ou trois petits amants, vous feriez jeter à la porte la personne qui vous la proposerait.

C'est que, je le répète, la chasteté est l'honneur de la femme ; l'honneur, la sécurité, le bonheur de la famille et de la maison. Une femme libertine équivaut à un homme lâche et voleur.

L'égalité que la nouvelle loi établit entre l'adultère de l'homme et celui de la femme est donc une absurdité.

Il n'est pas égal de briser deux tasses, fussent-elles de la même porcelaine, si l'une de ces tasses contient des pois ou des perles, si vous voulez, qu'on peut ramasser si la tasse est cassée, tandis que l'autre est pleine de café ou de nectar qui est perdu.

A ce propos, quelques journaux reviennent sur l'éternelle question de l'égalité entre les deux sexes. C'est précisément parce que je suis très sérieusement partisan de l'égalité entre les deux sexes que je ne suis nullement d'accord avec les femmes déclassées très souvent, ou décavées de leur jeunesse et de leur beauté, qui prêchent avec le plus d'acharnement une fausse et absurde égalité entre un sexe auquel elles sont devenues indifférentes, et un sexe dont elles ne font plus guère partie.

Ces *hommesses*, qui au lieu d'entrer en religion, comme faisaient autrefois les isolées et les abandonnées, entrent aujourd'hui en feuilleton, ne comprennent pas que l'égalité ne consiste pas à être la même chose, mais à être aussi complètement, avec des garanties suffisantes, ce qu'on est et ce qu'on doit être — et cela s'applique également à la politique — à être aussi femme que l'homme est homme.

Quand on parle de l'égalité entre les hommes et les femmes, peut-être faudrait-il la réclamer au bénéfice des hommes, du moins dans la classe appelée bourgeoise, où si souvent l'homme travaille, pioche et sue, et la femme ne fait que dépenser.

Il y a là une inégalité de situation et presque de classe à l'avantage de la femme.

Mais, en droit, cette femme seule est et doit être l'égale de l'homme, qui apporte, fait et prend sa part dans l'association.

La femme qui gouverne bien sa maison, qui y etablit, par une économie intelligente, l'aisance et l'absence de soucis, qui élève bien ses enfants, qui, par ses soins, sa bonne humeur, sa complaisance, fait de la maison pour son mari un refuge agréable, un asile heureux, où elle ne veut être jolie et parée que pour lui, cette femme est l'égale de l'homme.

La femme du petit marchand, qui vend, achète, tient les livres au besoin, et allèche la clientèle par des façons gracieuses et obligeantes, est l'égale de l'homme.

La femme du paysan, qui fait la cuisine, sarcle le jardin, soigne la volaille et les vaches, tandis que l'homme pioche, laboure, fauche et soigne les chevaux, est l'égale de l'homme.

La femme du porteur d'eau, qui s'attelle à la charrette et tire une part proportionnée à sa force, est l'égale de son mari le porteur d'eau.

Mais la femme qui est la plus grosse dépense et le plus poignant souci de l'homme, la femme qui

> Ne s'inquiétant pas si, pour parer l'idole,
> Le pauvre époux travaille, emprunte, joue et vole,
> . . . .
> A, le Code à la main, droit d'être... entretenue ;

cette femme-là n'est pas l'égale de l'homme ; il n'y a pas apport égal, il n'y a pas société, donc il n'y a pas égalité.

L'excessive parure des femmes est pour elles une cause et un signe d'esclavage ; les bagues, les bracelets, les colliers indiquent par leur forme qu'ils sont les anneaux d'une chaîne, anneaux séparés pour dissimuler le charme, mais qui n'en constituent pas moins une chaîne que le diable tient par un bout ; c'est cette chaîne de la vanité, cette chaîne de luxe, cette chaîne de besoins qu'elle ne peut satisfaire par elle-même qui font de la femme une esclave volontaire.

C'est cette chaîne-là qu'il faudrait briser avant de déclamer contre des chaînes métaphoriques qui n'existent pas.

Mais à quoi bon parler du divorce, quand bientôt, si le diable prête vie à la soi-disant République, le mariage lui-même sera tout à fait tombé en désuétude ?

Sans parler du luxe furieux des femmes, l'instabilité du gouvernement, l'incapacité, l'avidité, l'outrecuidance, l'improbité des gouvernants, troublant le présent, donnant de justes inquiétudes pour l'avenir, amèneront cette situation qu'on n'ose plus avoir une femme et des enfants qu'on n'est pas sûr de protéger contre les hasards, les aventures et les bouleversements.

D'ailleurs pourquoi se marier lorsque tout tend aujourd'hui, même dans la législation, à corrompre les mœurs, à détruire la famille, à démolir la maison et le foyer? Les soi-disant républicains ont eu peur de ce qui était le seul moyen de relever, de sauver la France : « Contenir la génération actuelle, élever celle qui la suit. »

Ils ont fait comme ces Bohémiens qui volent des enfants pour recruter leur troupe et en faire des clowns, des danseurs de corde, des phénomènes et des désossés.

Ils s'efforcent de voler les enfants de la France; — l'instruction obligatoirement athée ne suffit pas à leur peur et à leur impatience.

Ils veulent corrompre d'avance le fruit en sa fleur.

C'est ainsi qu'un insecte malfaisant enfonce sa tarière dans la fleur des pommiers, des cerisiers, etc., et y glisse des œufs qui deviendront des vers.

La crainte d'une maturité des esprits qui serait la perte des pseudo-républicains, a inspiré une idée remarquable au ministre chargé de la destruction de l'éducation, comme le ministre de la guerre s'occupe de la dissolution de l'armée, comme le ministre des affaires étrangères s'applique à la destruction de notre diplomatie et de nos relations extérieures.

Un certain nombre d'esprits sérieux se sont demandé si, sur les cinq, six ou sept années que les « étudiants » passent à Paris dans une vie souvent débraillée, il n'y avait pas une préjudiciable perte de temps, sans parler d'autres inconvénients qui n'échappent à personne, et en même temps s'il n'y aurait pas un résultat plus avantageux et plus prompt, en réunissant les étudiants en médecine, en droit, etc., dans des collèges spéciaux où, pendant deux ou trois ans, avec une certaine somme de liberté réglée par une discipline assez large, ils suivraient les cours plus régulièrement, et seraient plus vite aptes à l'exercice de la profession adoptée.

L'imagination de M. le ministre s'est dirigée en sens contraire; il vient d'édicter que « les proviseurs des lycées, collèges, etc., laisseront sortir *seuls* les élèves âgés d'au moins seize ans. »

Il ne manque à cette inspiration qu'un corollaire qu'on ne manquera pas d'y ajouter.

C'est que dans l'intérêt de l'émulation entre les deux sexes et de l'émancipation de la femme, les directrices des lycées de filles fassent coïncider les sorties seules de leurs élèves avec les sorties des garçons.

P. S. — Je veux répondre à un reproche qu'on peut me faire, et plaider au moins les circonstances atténuantes.

Ne suis-je pas bien vaniteux, bien avare de réclamer, de revendiquer certaines petites phrases que j'ai publiées de temps en temps? Ça en vaut-il la peine?

L'homme auquel on enlève trois sous peut crier au voleur aussi haut que celui auquel on vole trois millions, si ces trois sous composent toute sa fortune.

J'ai noirci bien du papier, j'ai écrit bien des volumes, eh bien, approchant du terme de la vie, et faisant mon bilan, je me dis que s'il reste quelque chose de moi, ce sera ces six ou huit petites phrases, résumé de sérieuses études et de consciencieuses, désintéressées et solitaires méditations — que l'on n'a pas prises assez au sérieux de mon vivant — parce que les hommes n'adorent que ceux qui leur font du mal, ne vénèrent que ceux qui les ennuient et n'admirent que ce qu'ils he comprennent pas.

LES SOTTISES DE LA SEMAINE

« Celui que l'esprit seul peut percevoir, qui échappe aux organes des sens, qui est sans parties visibles, l'Éternel, l'âme de tous les êtres, l'œil du monde, que nul ne peut comprendre, » le grand *un*, etc., les sages Indiens prétendent que c'est *Brahma*.

Ils lui adjoignent *Siva* et *Vichnou*.

Cette doctrine, qui remonte pour le moins à quatorze siècles avant l'ère chrétienne, n'est qu'une figure, elle représente la République.

Et MM. Gambetta, Freycinet et Ferry étaient prédits et annoncés sous les noms de *Brahma*, de *Siva* et de *Vichnou*, c'est-à-dire la Triade, la Trinité, sous le nom de *Trimourti*.

Lorsque les temps furent arrivés, en 1870, par un de ces prodiges qui ont étonné notre époque, autant que peuvent étonner les miracles anciens du brahmanisme, la triade républicaine, la République se composait seulement de deux divinités : *Brahma* et *Siva*; *Brahma*, l'œil du monde, M. Gambetta, et *Siva*, le dieu de la guerre, M. Freycinet.

Les orthodoxes ne peignent pas, ne représentent pas Brahma qui « échappe aux organes des sens ».

Quant à Siva, on le représente comme un homme au visage blanc ou argenté, aux yeux rouges. Il a cinq têtes, un œil au milieu de chacun de ses cinq fronts ; c'est le dieu terrible, le dieu de la guerre, le destructeur.

Mettons en regard le portrait que fait de M. de Freycinet le brave général d'Aurelle de Paladines :

« Son visage est pâle, ses traits fatigués. Sa tête porte quelques rares cheveux gris. Dans son regard, qu'il est difficile de surprendre, on chercherait en vain la bienveillance ; il est petit, maigre, d'apparence chétive, plein de raideur, embarrassé pour trouver une pose qui réponde à l'importance qu'il cherche à se donner. »

Brahma et *Siva* représentaient mieux qu'Oreste et Pylade.

Dans le *Bahgavata-Pouroun*, un patriarche s'adresse à Brahma, à Siva et à Vichnou : Quel est de vous trois le véritable Dieu ? Tous trois lui répondent : Il n'y a point de distinction entre nous, l'être unique paraît sous trois formes, mais n'est qu'un. C'est ainsi que M. Gambetta disait en 1870 : « Mon collaborateur le plus éminent est M. Ch. de Freycinet, dont le dévouement et la capacité se sont montrés à la hauteur de toutes les difficultés pour les résoudre, de tous les obstacles pour les vaincre. Avec lui nous avons sauvé l'honneur de la France. »

(Textuel.) Et M. Freycinet n'avait pas assez d'éloges pour la capacité, le courage, l'audace un peu imprudente de M. Gambetta.

Un peu plus tard, *Brahma* et *Siva* complètent leur trinité et cherchent *Vichnou*, un homme précisément apte à rien et conséquemment propre à tout, un dieu pour tout faire. On trouve dans les livres sacrés de l'Inde l'histoire de ses incarnations, métamorphoses, etc. On l'a vu tortue ; on l'a vu sanglier ; on l'a vu nain ; il doit, plus tard, paraître en cheval blanc. On le représente flottant sur les eaux, étendu sur le dos ; une fleur de lotus sort de son nombril. M. Ferry était leur affaire ; on pouvait le faire ministre de ceci ou de cela, chef ou comparse ; le mettre à telle besogne ou à telle autre ; il n'était pas plus mauvais, pas plus nul, pas moins outrecuidant à l'une qu'à l'autre. Il flottait sur les eaux comme Vichnou, montant ou descendant avec elles. La fleur de lotus est représentée par un gros traitement.

Grâce à cette trinité, — *Trimourti*, — la République est complète et triomphante. Mais voilà que la discorde se met entre *Brahma* et *Siva*, entre Léon et Charles, entre Gambetta et Freycinet.

— Tu n'as fait que des sottises pendant la guerre de 1870, dit *Brahma* à *Siva* ; ton outrecuidance à l'égard d'Aurelle de Paladines, le seul qui ait battu les Prussiens, auquel tu voulais apprendre son métier, est proverbiale.

— Et toi, répond *Siva*, tu l'entravais pour lui faire garder Tours, où tu avais peur. A quel danger t'es-tu exposé ?

— Et toi ? tu as fait mourir Paladines de chagrin.

— Ce n'est pas moi qui l'ai déclaré traître et ai fait proclamer sa trahison dans les préfectures, notamment par ton ami Gent à Marseille.

— Et Bourbaki que tu as assassiné !

— Et Cissey mort des calomnies de tes complices ; c'est toi que Thiers appelait « fou furieux ».

— Parce qu'il ne daignait pas parler de toi.

— Et l'emprunt Morgan ?

— C'est toi qui nous a mis dans le pétrin avec les affaires d'Égypte.

— Dis que je vous y ai trouvés, grâce à toi.

— D'Aurelle t'a prouvé les plus effrontés mensonges.

— Te parlerai-je de Bouvines et de Longjumeau ?

— Il n'en est pas moins vrai que tu as mis la France dans l'embarras.

— Après toi, je l'ai trouvée dans l'aplatissement où tu l'avais mise de ton chef.

— Le *Livre bleu* te condamne à la risée universelle.

— Le *Livre jaune* éclaire ton absolue incapacité politique et t'écrase comme une punaise.

Vichnou-Ferry, avide d'une nouvelle incarnation, durant leur dispute, dit bas à Freycinet : Hardi ! ne le ménage pas, tu me garderas.

Et aussi bas à Gambetta : Bravo ! démolis-le, tu me reprendras.

Mais j'ai oublié, en regard du portrait de Vichnou, de mettre celui de M. Ferry. Je vais l'emprunter au plus énorme pamphlet (16 volumes in-8°) qui ait jamais été commis. On y trouve, entre autres gentillesses, la réhabilitation et l'éloge de Collot-d'Herbois, qui, avec des parties louables et bien faites, préconise puérilement une politique du rouge le plus foncé.

Selon le dictionnaire Larousse, M. Ferry est, au physique et au moral, le plus beau, le plus noble des humains. Il va jusqu'à parler de suprême distinction, ce qui est fort, mais pourrait être une plaisanterie, quand on lit à la suite : « C'est le gentleman de la démocratie : le nez un peu fort, oblique et gonflé, comme s'il venait de recevoir un coup de poing, gâterait ce mâle visage, s'il ne lui donnait encore du caractère. » (Textuel.)

Quel caractère ? Le caractère d'un nez qui a reçu, reçoit et recevra non seulement des coups de poing, mais des pichenettes, ce qui est pire.

Larousse ajoute :

« La prosopopée est sa muse, le chœur des *tropes* danse autour de sa pensée. »

Brahma et Siva tous deux s'accusent réciproquement avec des preuves irréfragables à l'appui. L'accusé n'essaye même pas de se justifier ; il répond par un autre grief, une autre imputation ou une invective : ils ont raison tous les deux. Mais voici deux membres de la trinité de la République, je ne dirai pas qui se démolissent, c'est fait, ils se sont démolis ; reste Vichnou, mais M. Ferry n'existant pas, ça ne démolit pas, le canon même ne renverse pas des murailles de beurre ; ça se fond de soi-même, le jour où le soleil sort des nuages. Cette trinité éclaire pourtant la République ; alors, que devient la République ?

Le règne des avocats est menacé — à force de réunion publiques et privées, à force de clubs, de chambrées, de manifestations, etc., etc., — beaucoup de jeunes citoyens se sont exercés à cette gymnastique de la parole, qui consiste à parler longtemps sans s'arrêter, sans hésiter, sur n'importe quoi, sans en savoir un mot, mais en cousant bout à bout des chiffons, des lambeaux de phrases, sonores comme tous les corps vides, ampoulées — *sesquipedalia verba*, — que la foule prend facilement pour de l'éloquence, ou dans lesquelles pendant longtemps les avocats n'ont eu pour rivaux que les dentistes en plein vent, les marchands d'orviétan et Mangin, le marchand de crayons. — C'était le bon temps.

Ces nouveaux venus pour les théories, pour les revendications, pour les promesses, commencent là où s'arrêtent les avocats les plus hardis et leur coupent la popularité sous les pieds ; — une fois aux Assemblées. il n'y a plus à parler que pour eux, ils assiègent, ils accaparent la tribune, — dans les courts entr'actes où ils sont obligés, de temps en temps, de laisser parler les autres, ils les interrompent et les insultent.

Chez les Athéniens, on avait cru devoir à un certain point mettre des limites à cette intempérance, à cette incontinence de paroles, et on lit dans plusieurs discours de Démosthène que les plus jeunes ne parlaient qu'après les anciens.

Un des plus bruyants de ces jeunes est un certain M. Hugues, de Marseille. Il s'est rendu compte de sa situation de dernier venu ; les positions sont prises, telle vieille barbe promet au peuple du pain, du fromage et du petit bleu ; mais un autre orateur enlève le cercle des badauds qui entourent la vieille barbe, en offrant du veau rôti et du vin cacheté ; il ne tarde pas à son tour à se voir abandonné par un pitre plus hardi qui annonce des dindes truffées, du château-yquem et des robes de soie.

M. Hugues a inventé le parti ouvrier.

Qu'est-ce que le parti ouvrier ? D'abord les patrons n'en sont pas ; on ne remarque pas que les patrons pour beaucoup plus de la moitié ont été des ouvriers habiles, intelligents, laborieux et économes ; le parti ouvrier procède par grèves et s'efforce de ruiner les patrons, en attendant qu'on les pende ; ce qui serait la perfection, car on a vu dernièrement un journal, le *Droit social*, ouvrir une souscription pour offrir un revolver d'honneur à Fournier qui a essayé d'assassiner un patron à Roanne ; cette feuille publie une liste de souscription où on lit, entre autres jolies choses :

« Un partisan de la pendaison des patrons en général.

» Un incendiaire.

» Un partisan du poignard.

» Un trancheur de têtes, etc. »

Les grèves ont pour but avoué de diminuer les heures de travail en augmentant simultanément le prix de ce travail diminué et cela au plus tard tout de suite.

Le but non avoué et déterminant pour beaucoup, c'est de passer un certain nombre de journées dans les cabarets au moyen des secours que donnent les comités aux grévistes.

Il est incontestable que la vie est devenue plus chère en grande partie, grâce aux révolutions auxquelles les ouvriers ont pris niaisement une très grande part au bénéfice d'un certain nombre d'intrigants et de charlatans, grâce aux changements de gouvernement et aux impôts toujours croissants, si bien que le budget de la France, le revenu direct, qui sous le règne du tyran Louis XVI était de moins d'un demi-milliard, 475 millions 294,000 livres, suivant Necker, est aujourd'hui de quatre milliards, pour la perception desquels il a fallu imposer les objets de consommation et de première nécessité.

Mais, cela reconnu, il faut reconnaître aussi que l'ouvrier souffre beaucoup moins de l'enchérissement des denrées et des nécessités que l'employé du gouvernement, que le petit rentier, que l'officier, parce que le salaire de l'ouvrier s'est graduellement élevé à mesure de cet enchérissement.

Il faut reconnaître aussi que l'ouvrier a pris de nouvelles habitudes et acquis de nouveaux besoins ; que les chômages tant reprochés autrefois aux fêtes religieuses qui n'avaient que le tort d'être obligatoires, sont singulièrement remplacés et dépassés par les réunions publiques, les clubs, les cabarets, les cafés, les parties de plaisir et surtout les grèves.

Ce à quoi les grévistes ne songent pas, c'est que les patrons ont pris des engagements pour livrer telles marchandises ou telles besognes à tel prix, et que s'ils doivent subitement élever les salaires, ils ne peuvent plus remplir leurs engagements ; de là, ruine de beaucoup de patrons et la nécessité pour eux de se mettre en grève à leur tour, c'est-à-dire de fermer les ateliers. Après quoi les ouvriers iront demander de l'ouvrage et du pain aux orateurs et aux journalistes qui excitent, encouragent et soutiennent les grèves.

Si bien que si on prenait les grévistes et leurs prétentions au pied de la lettre, on arriverait à dire : Que demande la classe laborieuse ? Elle demande à ne pas travailler. C'est du moins ce que veulent ou promettent les meneurs.

Le parti ouvrier, nous avons dit que les patrons n'en sont pas, — les paysans non plus n'en sont pas, — le parti ouvrier..., c'est donc une caste comme les brahmanes chez les Indiens, comme la noblesse sous Louis XIV. Quel avantage, quelle justice y aurait-il à changer une caste pour une autre caste ? Et puis, supposez le parti ouvrier vainqueur et aux affaires, et M. Hugues passé Gambetta de ce parti, combien de semaines, combien de jours sans divisions dans ce parti ?

Ces jours derniers, dans le XIe arrondissement de Paris, il se présentait quatre candidats pour un siège de conseiller municipal ; tous quatre se disaient républicains : MM. Veyssier, candidat ouvrier opportuniste ; Labusquière, candidat révolutionnaire collectiviste ; Michelin, candidat intransigeant, et Gelez, candidat socialiste.

M. Hugues monté au rang de « Gambetta du parti ouvrier » il ne manquera pas d'autres Hugues qui imagineront des partis, des divisions, des nuances, pour se mettre à leur tête et s'en faire un marchepied et... des rentes.

Nous aurons le parti menuisier, puis le parti peintre en bâtiments, puis le parti chiffonnier, puis le parti ramasseur de bouts de cigares, puis le parti vidangeur, puis le parti souteneur de filles, puis le parti repris de justice, fatigué de travailler pour les autres à toutes les révolutions.

Un autre qui parle aussi beaucoup, c'est un certain M. Jules Roche.

On comprend l'ardeur croissante des jeunes et des nouveaux. M. Gambetta n'est plus à la mode ; d'ailleurs M. Freycinet et lui s'entre-détruisent. M. Clémenceau, qui semblait l'héritier présomptif de M. Gambetta, vient d'être anathématisé ; la succession est ouverte.

M. Roche a prononcé un discours très étudié, « très pioché », contre Dieu et contre le serment en justice.

Je ne connais pas M. Roche, quoiqu'il représente, je crois, le département du Var, où est situé Saint-Raphaël, et je ne puis dire en conscience si c'est avec justice et à quel point il peut avoir à se plaindre de son Créateur et le considérer comme un ennemi personnel.

M. Roche est un « fort en thème », ou du moins a voulu se montrer tel ; son discours est émaillé de ce qu'on appelle au collège de « bonnes expressions », et dont les « forts » font collection dans un cahier spécial, *ut ita dixerim*, etc.

Mgr Freppel a corrigé le thème de M. Roche, a relevé des solécismes et de fausses citations ; néanmoins M. Roche a triomphé, et c'est son amendement qui a été adopté.

Eh bien je dirai : Quel que soit le ton pédant et solennel dont on débite des gamineries et des jocrissiades, ce sont néanmoins des gamineries et des jocrissiades ; on les dirait en latin et en grec que ce seraient encore des jocrissiades et des gamineries, et on n'a pas trouvé et proféré autre chose contre le serment judiciaire.

C'est, je crois, un sentiment vague, qu'ils ne comprennent pas bien, qui excite contre Dieu une telle animadversion chez les soi-disant républicains : ils aimeraient mieux qu'il n'existât pas, et imitent le voyageur qui chante sur le chemin où il a peur. Dernièrement, comme la police cherchait le féroce assassin du curé Rivet, elle reconnut cette bête fauve au milieu d'une escouade de terrassiers qui travaillaient ensemble ; on remarqua qu'à la vue des gendarmes tous les ouvriers, moins un, levèrent le nez, regardèrent les gendarmes et se reprirent à piocher ; ça leur était égal qu'il y eût des gendarmes là ou ailleurs. Un seul laissa tomber sa pioche, pâlit et d'un regard inquiet chercha par où on pourrait s'enfuir. A ce signe, on lui mit la main au collet, et, en effet, c'était Pierre Mallet.

Nos gaillards voudraient bien, à force d'avanies, dégoûter Dieu de s'occuper d'eux ; ils ne peuvent supporter ni des images convenues, ni le nom du Maître souverain, comme les gens qui ferment les portes et les fenêtres pendant l'orage de crainte d'attirer la foudre par un courant d'air.

J'ai eu autrefois un matelot, brave marin et ardent

16.

pêcheur, mais au moins autant ivrogne, et ce qu'on appelle une « pratique ».

Non seulement il avait réuni tous les jurons des pays où il avait navigué, et en toutes langues, mais il en avait inventé quelques-uns, et en improvisait au besoin ; il y en avait de formidables et affreusement grotesques, pour une corde qui ne glissait pas, pour une estroppe d'aviron qui se rompait, pour un poisson qui se décrochait de l'hameçon.

Nous nous trouvions un jour à la mer par un gros orage, les éclairs déchiraient les nues et le tonnerre grondait terriblement. Mon matelot était silencieux et morne ; comme je lui commandais d'amener un foc, il s'y mit lentement, je m'impatientai, et je lui dis avec un juron qui, tout anodin qu'il est, n'est pas cependant dans mon habitude : Sacrebleu ! Pierre, fais donc ce que je te dis.

— Ah ! Monsieur, me dit-il, c'est bon de jurer, mais pas par un temps comme ça ; et il fit le signe de la croix.

Ce n'est pas aux marins qu'il faut prêcher l'athéisme, eux qui se trouvent parfois dans des périls où les forces réunies de tous les hommes ne peuvent leur être d'aucun secours.

Une des puérilités de ceux qui veulent supprimer Dieu, c'est qu'ils ne manquent jamais de le remplacer par quelques fétiches, semblables au sauvage qui déclare dieu pour la journée le premier animal ou le premier objet qui frappe ses regards en sortant de sa case le matin, un chardon, un champignon, un lézard, une punaise, etc. ; mais jette le soir son dieu aux vents, et en invente un autre le lendemain.

On ne jurera plus devant Dieu, on ne prendra plus Dieu à témoin de son serment, mais on jurera sur son « honneur » et sur sa « conscience ». Qu'est-ce que la conscience? Qu'est-ce que l'honneur? sinon des divinités intérieures qu'on ne veut pas offenser, qu'on craint de mécontenter, mais qu'on peut, au besoin, jeter au vent et supprimer, si elles se montrent trop exigeantes, comme le fétiche du sauvage, tandis que l'autre Dieu, Dieu l'ancien, il subsiste au-dessus de tout et malgré tout.

Il suffirait qu'un seul être humain reculât devant un faux serment prêté devant Dieu,

Il suffirait qu'un seul être humain se crût assuré de l'impunité en évitant de prendre Dieu à témoin, pour que le serment au nom de Dieu dût être maintenu.

Ceux qui veulent jurer sur leur honneur et leur conscience pensent-ils donc que cet honneur et cette conscience disparaîtraient et s'évanouiraient au nom de Dieu, comme les fantômes au chant du coq? En quoi cela les gêne-t-il de jurer sur leur honneur et leur conscience devant Dieu?

Si un homme me fait un serment sur son honneur et sa conscience, qu'est-ce que cela prouve, s'il n'est pas établi qu'il a un honneur et une conscience? qui me garantit cet honneur et cette conscience? Il y a Dieu pour ceux qui ne poussent pas la bêtise au point de ne pas croire en Dieu, qui ne poussent pas la vanité et la peur au point de le nier. Mais, je le répète, le nom de Dieu ajouté à l'honneur et à la conscience que vous prétendez avoir, ne détruit pas même à vos yeux cet honneur et cette conscience, puisque selon vous il n'y a pas de Dieu. C'est un zéro devant un chiffre, ça n'en diminue ou n'en change pas la valeur. Seulement, vous me permettrez bien, à moi, de placer ce zéro après le chiffre ; d'en faire la troisième signature responsable que la banque exige pour accepter les billets.

Si un témoin s'avance devant le tribunal et si son témoignage doit décider de votre fortune, de votre vie, ne voudrez-vous pas que la véracité de ce témoin présente le plus de garanties possibles ? Son honneur et sa conscience qu'il doit avoir, mais qu'il n'a peut-être pas, vous suffiront-ils ? Si ce témoin croit en Dieu, vous pouvez penser qu'alors il n'osera ni altérer ni dissimuler la vérité en prenant Dieu à témoin.

Oserez-vous alors renoncer à la garantie la plus certaine, que ce témoignage, qui doit sauver votre fortune, votre vie, votre honneur, sera conforme à la vérité ? Non, vous ne trouverez pas que le nom de Dieu soit une garantie inutile, illusoire, nuisant même aux autres, et si vous pouviez en imaginer une, dix, cent de plus, vous les imposeriez au témoin, à moins que vous ne soyez un coquin, un voleur, un assassin qui n'a plus d'espoir de salut que dans un faux témoignage et qui désire qu'il coûte le moins possible à celui qui doit le rendre.

Je le répète, ces discours contre Dieu, contre le serment, sont de sottes et puériles gamineries ; on veut avoir l'air fort, on veut se parer, s'affubler de la bêtise pour le moment à la mode ; on veut aller plus loin que les autres, même sur les chemins boueux et sanglants, parce qu'on veut être le premier ou un des premiers, parce qu'on est vaniteux, on est avide, on est aveugle ou on est bête.

P. S. — Ce qui suit s'adresse à M. Coquelin aîné. Je ne l'ai jamais vu, ni entendu, mais tout le monde me dit qu'il a du talent. Je veux l'éclairer sur les inconvénients pour un artiste, pour un comédien, de se jeter dans la politique. Je ne lui rappellerai qu'en passant Fabre d'Églantine et Collot-d'Herbois, quoique Collot eût commencé par être un comédien paisible et que Fabre soit l'auteur de la romance : *Il pleut, bergère.*

On sait comment ils ont fini.

Mais ce qui n'en est pas moins tragique pour être moins commun, je lui dirai que le célèbre acteur-chanteur Trial avait vécu familièrement avec Robespierre, et de là s'était trouvé mêlé aux fureurs sanglantes de la Terreur. Après le 9 thermidor, à son apparition sur le théâtre, le public exigea qu'il chantât à genoux le *Réveil du peuple*, cantate antirévolutionnaire, puis le chassa du théâtre. Il rentra chez lui et s'empoisonna.

NOS VOISINS

M. Brachet vient de publier une seconde brochure sur l'Italie et les Italiens, qui obtient un grand et légitime succès ; c'est je crois, le moment de publier qu'on est de ses amis, et qu'on l'était même avant les brochures.

M. Brachet démontre qu'il ne nous faut compter ni sur la reconnaissance, ni sur l'amitié des Italiens.

Un homme auquel on reprochait d'être en procès avec ses parents et ses amis répondit : — « Avec qui voulez-vous que j'aie des procès ? Les autres, je ne les connais pas, ou n'ai rien à débattre avec eux. »

Ce ne sera jamais chez ses voisins que ni un homme, ni un peuple trouvera des amis. Cela a toujours été si rare, que Thémistocle, mettant une métairie en vente, ajouta qu'elle était entourée de bons voisins, et j'ai, il y a longtemps, résumé cette question en disant : « N'ayez pas de voisins, si vous voulez vivre en paix avec eux. » — C'est du côté des voisins qu'il faut bâtir les murs les plus élevés, planter les haies les plus épaisses.

Avoir son voisin pour ami, chose si peu probable, devient encore bien plus difficile si on lui a rendu un service ou si on en a reçu un.

Il est au moins bien rare que le bienfaiteur et l'obligé tombent ou demeurent d'accord sur la valeur du service rendu.

Il est en effet bien difficile de rendre un service, et bien difficile de le recevoir.

En rendant un service, ne pas le jeter, le flanquer de trop haut sur la tête de l'obligé, ne pas penser, ne pas laisser voir surtout qu'on le peut considérer comme lié et garrotté. — Ne montrer aucune supériorité, et cependant ne pas affecter de n'en pas montrer ; ne pas prendre pour de l'ingratitude une manière de voir différant de la vôtre.

En recevant un service, ne le recevoir que de quelqu'un qu'on estime et qu'on aime assez pour ne pas en être humilié, ne pas témoigner une gratitude verbeuse, humble et plate qui a pour but moins de remercier d'un service que d'en obtenir un second. — Ne pas chercher dans le caractère et les défauts du bienfaiteur des prétextes pour diminuer le bienfaiteur et le bienfait ; ne pas se croire forcé d'être de son avis sur tout, mais ne pas se piquer de n'en être sur rien pour afficher son indépendance.

Ce n'est certes pas avec la Russie ni avec le Japon que la France sera jamais exposée à avoir des querelles à propos des frontières respectives et de cette rivière, ou de cette touffe d'herbes que le plus fort des deux voisins déclare, jusqu'à nouvel ordre, ses frontières naturelles.

Il serait difficile, même au plus italianissime des Italiens, de prouver que sans l'aide de la France, Milan et Venise n'appartiendraient pas encore à l'Autriche. Les tentatives malheureuses de Charles-Albert, à Mortara, à Novare, en 1849, les batailles sur terre de Custozza, et sur mer de Lissa, perdues par les Italiens, cette fois seuls en 1866, — l'*Italia fara da se*, — donnent une bien grande probabilité à l'efficacité des secours de la France.

Je suis, par principe, tout à fait contraire aux conquêtes, élargissements de territoire, annexions, etc. Chaque fois qu'il en a été question de ce temps-ci, j'ai toujours crié au conquérant en prurit d'élargissement de ses États : « Mais, malheureux, tu en as déjà trop, à la façon dont tu les gouvernes. » Pourquoi d'ailleurs aller chercher des terres au dehors, tant qu'on en a tant chez soi qui ne sont ni cultivées ni mises en valeur ? Le résultat de toute conquête, de toute annexion, est très certainement de faire entrer de force chez soi une population qui restera hostile pendant au moins un demi-siècle.

J'habitais Nice italienne lorsqu'il fut question de l'annexion à la France de Nice et de la Savoie. On consulta les habitants des deux régions et on les invita à voter. J'expliquai à ceux que je connaissais qu'il fallait franchement et résolument exprimer leur opinion et leurs sentiments ; que si une grande majorité votait contre l'annexion, celle-ci ne pourrait pas avoir lieu. Je ne suis pas bien au courant de ce qui se passa en Savoie, mais je sais qu'à Nice l'annexion fut votée à une immense majorité…, vingt-cinq mille sur trente. Certes, je n'exagère pas la sincérité des plébiscites, mais je le dis alors aux Niçois : la chose est faite, il ne vous reste plus qu'à devenir de bons Français, si vous pouvez.

La France se montra envers la ville de Nice de la coquetterie la plus généreuse, la plus prodigue. Nice est, depuis 1860, transformée, agrandie, enrichie, comme par une baguette de fée.

Les documents rassemblés par M. Brachet et les conséquences qu'il tire de ces documents sont irréfragables et concluants, quant à ce qui concerne les idées, les rêves, les prétentions, les emphases des Italiens à propos de la revendication de Nice, des Italiens d'Italie, qui veulent, dit-on, refaire l'ancienne Rome qui redeviendrait maîtresse du monde, mais qui n'ont pour l'instant à leur disposition ni Decius, ni Fabius, ni Cincinnatus, ni Horatius Coclès, ni Furius Camillus, ni Paulus Emilius ni aucun des Scipion, ni Marius, ni Manlius Torquatius, comme je pense qu'il en est de même de la Savoie, dont je ne parle pas, n'y ayant rien vu par moi même.

Quant aux idées, aux projets, aux aspirations de Nice et des Nizzards, c'est autre chose, j'ai passé treize ans à Nice, Nice italienne et Nice française ; j'ai vu se faire l'annexion ; j'ai assisté aux intrigues ; je connais les gens et je suis obligé de dire à M. Brachet qu'il a, je crois, pris trop au sérieux les rapports du préfet Marc Dufraisse, dont il cite quelques-uns.

Après le désastre de Sedan, mon vieil ami Crémieux m'écrivit à Saint-Raphaël :

« Ce serait bien à vous de m'écrire de temps en temps ; les lueurs sont bonnes dans un ciel obscur... Je pense que Baragnon, le nouveau préfet de Nice, s'est arrangé pour vous voir ; je le crois excellent, mais je voudrais le savoir de vous. »

Crémieux écrivit à M. Baragnon qui m'écrivit à son tour ; d'autre part, un grand nombre d'habitants de Nice me priaient de les protéger contre les erreurs du préfet. Je me transportai à Nice ; M. Baragnon me reçut bien, je lui parlai avec étonnement de sa préfecture gardée comme une forteresse, de ces patrouilles dont les chevaux faisaient, pendant la nuit, résonner les dalles de la ville d'une façon jusque-là inconnue ; il me répondit par la nécessité de dissiper des rassemblements nocturnes sur les places et dans les rues, et de « *prévenir des Vêpres niçoises* ».

Ce n'est pas, lui dis-je, pour conspirer ni égorger personne que tant de Nizzards passent la nuit dehors : c'est parce que, pendant l'été et l'automne, il fait trop chaud dans leurs maisons et il y a trop de puces. Au mois d'octobre, ils rentreront chez eux.

Les « Vêpres niçoises » avaient été inventées par Léon Pillet, journaliste et ancien directeur de l'Opéra, et consul de France à Nice au moment de l'annexion. C'était alors peut-être un peu moins déraisonnable. Pillet ne manquait pas d'un certain esprit, était loin d'être poltron, mais avait fort envie de rester à Nice comme préfet. Il fit venir une frégate qui s'en retourna le lendemain de son arrivée.

M. Baragnon fut révoqué ; Crémieux m'écrivit qu'on expédiait à Nice M. Marc Dufraisse, *avec pouvoirs illimités sur cinq départements ;* et il m'envoyait une lettre qu'il me priait de lui faire remettre aussitôt son arrivée. Cette lettre, ouverte, pour que je puisse la lire, prescrivait à M. Marc Dufraisse, qui de même que M. Baragnon n'était jamais venu à Nice, de ne rien faire avant de m'avoir vu ; il n'en fit rien. Nouvelles instances d'un grand nombre des habitants pour que je les défendisse contre les agissements du préfet ; mais le résultat d'une conversation que j'eus avec lui fut que je l'envoyai promener et écrivis à Crémieux :

« La République devrait être le gouvernement des meilleurs choisis par tous ; je ne crois pas qu'elle puisse vivre étant le gouvernement des médiocres alliés aux pires. »

Un jeune avocat, nommé Blache, qui s'était installé à la préfecture avec le titre de « commissaire à la Défense » et s'était nommé lui-même préfet aussitôt le départ de M. Baragnon, non encore destitué et mandé à Tours, écrivait à Laurier :

« Je suis très heureux de la venue de Marc Dufraisse, je le servirai avec bonheur... Laissez-moi mon titre de préfet ; qu'il se nomme « administrateur supérieur », je me charge de persuader Marc Dufraisse ».

M. Marc Dufraisse annonça qu'il venait, non pour remplacer, mais pour aider « son jeune ami Blache », et ne pensa plus qu'à s'en débarrasser.

J'ai publié dans un gros livre : *Plus ça change, plus c'est la même chose,* une série de dépêches de

M. Marc Dufraisse au gouvernement de Tours, demandant pour son jeune ami la préfecture du Var, ou celle des Basses-Alpes ou les fonctions d'avocat général ou de procureur général.

Il faut l'envoyer, ce jeune homme de vingt-huit ans, n'importe où, excepté aux Prussiens. Il est de la coterie, il est sacré.

On ne répond pas à M. Dufraisse. Il écrit, le 26 octobre 1870, à Laurier :

« Je demande la suppression des commissaires à la Défense ; c'est un vrai danger dans le Midi. Il y a *raison d'État* pour envoyer M. Blache préfet à Digne. »

Autre dépêche du 1er novembre, 4 h. 35, soir :

« Il faut que je sois seul ici. Envoyez M. Blache aux Basses-Alpes. »

Autre dépêche du 3 novembre :

« Au nom du salut de nos départements du Midi, il faut retirer Blache d'ici et lui donner une destination qui ne lui laisse aucune action. »

Deux jours après, autre dépêche :

« Envoyez Blache auprès de Senard, à Florence. »

Le 6 novembre, Marc Dufraisse à Crémieux :

« Il me faut d'urgence un siège de procureur général pour Blache ; si vous n'avez pas de vacances, faites-en une. Il y a de graves raisons politiques.

» M. Blache est par la maturité de son esprit et par son intelligence politique à la hauteur de la situation que je réclame pour lui... il est impossible qu'une haute compensation ne lui soit pas donnée. »

Compensation à quoi? à la privation qu'il aura de ne pas achever de perdre les départements du Midi !

Du 13 novembre :

« Le préfet Cotte et sa famille sont gênés, offrons à Cotte une compensation lucrative, et nommez Blache préfet du Var. »

Le 21 janvier :

« Blache ne veut plus être avocat général, il préférerait le poste de commissaire des guerres au camp des Alpines; faites l'un ou l'autre, etc. »

Pendant ce temps, M. Marc Dufraisse, ayant « inspection sur cinq départements », ne quitte pas Nice une minute, il s'occupe de se faire élire député par un procédé que j'ai raconté dernièrement.

Sous prétexte de « Vêpres niçoises », ledit M. Dufraisse fait venir à Nice une frégate de Toulon. Arrivés, soldats et marins n'ont rien à faire; pour les désennuyer, on les fait voter pour M. Marc Dufraisse, et ils s'en retournent. C'était si scandaleux que l'élection fut cassée.

En réalité, si Nice votait aujourd'hui, le maintien de l'annexion à la France serait voté à une imminente majorité.

Il y a en effet en Italie des députés et d'autres qui prêchent la revendication de Nice et de la Savoie; mais c'est surtout pour être vus et entendus la prêchant, comme vous avez en France des représentants qui demandent à l'envi les uns des autres toujours quelque énormité nouvelle.

Par exemple, en ce moment, l'abaissement du prix des loyers et la fixation d'un maximum, ce qui ne fait pas rire M. le président Grévy, très gros propriétaire.

Les Italiens ne peuvent rêver cette reprise de Nice qu'à la faveur d'une nouvelle guerre, où ils se joindraient à la Prusse contre nous, ce qui ne serait ni honnête ni propre.

A Nice comme ailleurs, il y a un certain nombre de gens qui, par incapacité, par paresse, par débauche, tirent le diable par la queue et aiment naturellement mieux attribuer leur misère à la France qu'à leur fainéantise et à leurs vices.

Mais le parti séparatiste, très restreint, ne faisant pas même un parti, ne descendra pas dans la rue. Depuis l'annexion, M. Gavini est resté préfet plus de dix ans à Nice. Il n'a jamais parlé de « Vêpres niçoises », et la ville était heureuse et calme cependant.

Je ne dis pas qu'on ne doive pas prendre des précautions. J'en indiquerai trois suffisantes, mais indispensables et urgentes. La première, je l'ai en vain conseillée à tous les préfets qui se sont succédé à Nice. Il existe un journal, organe, dit-on, des séparatistes, journal à un sou, écrit en langue italienne. Aux assertions ou aux prédications de ce journal on ne répond que par des journaux écrits en langue française que ne comprennent pas les trois quarts de la population indigène. Les lois existantes doivent suffire pour prescrire à ce journal certaines limites rigoureuses, sous peine de suppression ; mais surtout il faut publier à un sou un journal français écrit en langue italienne. J'y joindrais des illustrations et des primes.

Un second point serait qu'on n'eût pas comme maire à Nice et représentant à l'Assemblée nationale de Paris, un personnage qui comme M. Borriglione, a demandé et dû une partie des suffrages obtenus en se présentant à des catégories d'électeurs comme séparatiste et ennemi de la France.

Quant au troisième point, c'est une mesure de simple police ; tout Italien qui, ivre ou non, vociférerait des injures et des menaces contre la France, serait immédiatement et délicatement cueilli sans violence et déposé de l'autre côté de la frontière à Vintimiglia. Vous n'aimez pas la France, allez-vous-en, retournez chez vous et restez-y.

Ainsi que je le disais à M. Baragnon, le premier préfet envoyé à Nice par le gouvernement soi-disant républicain, ce n'est pas une ville difficile à gouverner, qu'une ville dont tous les habitants ont un intérêt unique et commun : attirer les étrangers et les conserver le plus longtemps possible.

Si quelques brouillons semblent menacer la tranquillité publique, qu'une autorité qui ne soit pas aux mains d'un séparatiste et d'un ennemi de la France les désigne, les dénonce aux habitants de Nice, comme inquiétant, effrayant les étrangers, les empêchant de venir ou les faisant partir ; vous n'aurez bientôt qu'à protéger ces brouillons contre l'indignation générale, et empêcher qu'on les noie dans le Paglione, la première fois que par hasard il s'y trouvera de l'eau.

SIMPLIFIONS

La Grèce renfermait, dit-on, sept sages, et en était fière, et encore, pour compléter ce nombre, Plutarque y fait-il entrer Anacharsis qui était Scythe. Quelques auteurs en ajoutent deux ou trois autres, mais qui ont été discutés.

Le métier de ces sages, il est vrai, n'était guère encouragé, ils ne coûtaient rien aux républiques grecques ; quelques-uns vivaient de lupins et de figues ; d'autres, d'épluchures. Socrate reprocha un jour à ses disciples de ne s'être pas aperçus qu'il avait passé tout l'hiver sans manteau. Quelques-uns même pour vivre étaient obligés de se faire pour quelque temps tyrans de leur patrie, comme Pittacus.

Il est bien glorieux à la «République athénienne» que nous avons l'honneur d'être aujourd'hui, d'avoir dans son sein et de pouvoir réunir dans une seule Chambre cinq cents sages déclarés tels par le suffrage universel, c'est-à-dire par la voix du peuple, c'est-à-dire par la voix de Dieu. *Vox populi, vox Dei*. Il faut dire que la France est grande, et que c'est l'élite, la crème de la nation.

Cinq cents sages, à très peu d'exceptions près, bien faits, jolis, bien élevés, intrépides, savants, corrects, laborieux, éloquents, désintéressés, élégants, généreux, dévoués à la patrie, très sérieux et très austères.

A la vérité, la France se montre mère plus tendre et plus libérale que la Grèce pour ses sages ; elle leur donne vingt-cinq francs par jour, le droit de voyager presque gratuitement dans toute la France et des invitations à dîner de temps en temps chez les ministres et chez le président de la République.

Ajoutons que ceux qui sont un peu gourmands peuvent, à peu près sans frais, grâce au parcours, quasi gratuit, se faire offrir des dîners, des banquets, etc., etc., en se faisant donner ou en se donnant la mission d'aller dans les départements exterminer l'insecte ennemi de la vigne, ou celui qui attaque les pommes de terre, ou celui qui détruit les groseillers, ou ceux qui sous divers noms infestent le blé, le maïs, etc., qui viennent disputer aux gouvernants et aux gouvernés le soin de détruire l'agriculture ; si bien qu'il semble que le souverain Maître, fatigué, dégoûté de nous, ait livré chacun de ses bienfaits à supprimer à de petits ministres coléoptères, hémiptères, lépidoptères, etc., absolument comme M. Grévy met M. Ferry à l'instruction publique pour démolir l'instruction publique, M. de Freycinet aux affaires étrangères pour rompre nos alliances et diminuer notre influence et notre situation, etc., etc. Faute d'insectes malfaisants à détruire et au moins à étudier, il y a bien quelque vague projet de chemin de fer ou de canal, ou encore on va se « retremper au sein de ses électeurs »; tout cela n'est rien autre que des synonymes de dîners, de banquets, de gueuletons, de ripailles et de galimafrées ; ça ne coûte que d'entendre et de rendre le discours et le toast.

Quelques-uns cependant trouvent que vingt-cinq francs c'est un peu maigre. Grâce aux impôts que votent et laissent voter nos soi-disant représentants et qui dépassent énormément les plus lourds qu'aient jamais exigé les tyrans, tout est devenu bien cher. Les bocks vont toujours augmentant leur prix et diminuant leur capacité, et le verre de bière se paye plus cher qu'on ne payait les bouteilles sous les despotes des deux branches ; aussi voit-on, sans compter ce qu'on ne voit pas, d'honorables et malheureux représentants de la France réduits à de cruelles extrémités. M. Lecomte, par exemple, grattant un billet de chemin de fer, pour rapprocher ou pour éloigner sa femme sans bourse délier. L'histoire est restée discrète sur ce point. Est-ce un cœur fidèle, affamé et exigeant, est-ce un cœur volage et papillon? Puis le même se fait membre fondateur d'un tripot. On n'a pas su, je crois, ou du moins on n'a pas dit tout haut le nom de ce député, qui protégeait si ardemment et si efficacement un fournisseur des armées, qui commettait, ce qu'on appelait autrefois des vols, et ce qu'aujourd'hui, par un euphémisme assez hardi, M. le ministre de la guerre appelle une « infraction aux règlements ».

A voir ces misères révélées par le hasard ou le bavardage hostile des réactionnaires et des cléricaux, on peut supposer et deviner combien d'autres misères restent cachées par une honorable pudeur ou par une adresse plus grande et plus exercée.

Il serait donc bon d'augmenter cette indemnité de nos représentants, ainsi qu'on l'a déjà demandé. Ne pourrait-on pas, en exécutant une menace déjà plusieurs fois exprimée, abolir le Sénat, assemblée parfois, quoique rarement gênante, quelquefois inquiétante, renfermant dans son sein sept ou huit hommes qui ont une notoriété de probité, de connaissances, d'éloquence et de courage, assemblée moins assouplie, moins disciplinée que la Chambre des députés et dont les indemnités viendraient agréablement grossir celle des députés ?

La République athénienne, l'ancienne, nourrissait quelquefois au Prytanée un citoyen qui avait rendu quelque signalé service à la patrie ; pourquoi n'instituerait-on pas un prytanée, quelque chose comme la table d'hôte du Louvre, où tout député pourrait dîner en répondant à la présentation de « l'addition » par la présentation de sa médaille, s'ils en ont encore ; et s'ils n'en ont pas, la Monnaie est là.

Cette médaille de l'élite, de la crème de la nation, des honorables représentants de la France, devrait leur donner le droit d'entrer gratuitement partout. Il faudrait qu'en l'exhibant, ils pussent aller... même à Corinthe.

Mais ce n'est que la préface, l'avant-propos, la plus petite partie de ce que je veux proposer dans l'intérêt de nos honorables représentants et aussi des électeurs.

Je prie mes lecteurs de ne pas s'effaroucher trop tôt, et d'attendre la fin pour juger sainement de la justice, de la justesse et de l'opportunité de mes idées.

Il y a longtemps déjà que, voyant le feu à la maison, j'ai pensé devoir quitter la mince avoine, *tenuem avenam* du poète, pour la plume de guerre, choisir le glaive qui convenait à mon tempérament, en diviser l'acier en des milliers d'épingles, et comme font cruellement et sottement à des taureaux innocents les fameux toréadors, harceler les sots, les méchants, les coquins, les imbéciles, les avides, les charlatans, les hâbleurs, les effrontés et toute la sacro-sainte crapule aujourd'hui triomphante, criblant leur cuir de mes dards, que les petits drapeaux qui les ornent ont fait par les naïfs prendre pour une arme peu sérieuse, mais dont la haine des blessés m'a agréablement affirmé les qualités térébrantes.

Un des grands dangers que j'ai signalés et combattus dans mes commencements a été « la tribune », qui donnait de si invincibles avantages aux avocats accoutumés à parler longtemps, sans s'arrêter, sans hésiter, sur n'importe quoi dont ils ne savent pas le premier mot, faconde creuse et malsaine que le vulgaire appelle éloquence.

La tribune, que n'osaient affronter des soldats qui avaient cent fois affronté la mitraille, parce qu'il était reçu en France qu'il valait mieux pour un ministre ou tout autre homme politique faire mille sottises que d'en dire une seule, — aujourd'hui on les fait et on les dit sans danger ; — la tribune, qui a fini par rendre cette jésuitière des avocats maîtresse affamée de la France et nous faire dégringoler où nous sommes, je soutenais que les représentants de la France ne devaient être ni des comédiens, ni des chanteurs, ni des orateurs de profession, que quelques-uns se révéleraient orateurs naturels et quasi sauvages, comme le fit le soldat Cavaignac dans cette mémorable séance où il fit une telle purée d'avocats, mais que l'assemblée des députés ne devait être ni un théâtre ni une académie, qu'il fallait qu'un représentant choisi par ses concitoyens, osât toujours, sans hésiter, donner un bon avis, éclairer ou sauver son pays fût-ce en patois. On ne m'écouta guère. J'ai déjà constaté que je n'ai guère eu la fortune d'entendre dire de moi : Il a raison. Mais que j'ai entendu dire assez souvent : Comme il a eu raison il y a vingt ans, il y a dix ans ! Comme il avait raison hier ! Situation assez fâcheuse et assez peu productive, si j'avais recherché la fortune et les « honneurs », et qui s'explique par ceci, que, n'ayant envie de rien, je ne suis pas au jeu, ne parie pour aucun joueur, et me tiens ainsi à l'abri de la maladie, de la folie régnante.

Cependant, en 1848, j'obtins la suppression de la tribune — du moins la résolution de la brûler. Mais ça dura deux ou trois jours, et ça recommença de plus... laide.

Aujourd'hui, je n'y pense même plus. La tribune est plus qu'ébranlée ; ses ais disjoints sont en train de crouler.

Grâce aux clubs, aux réunions, aux banquets, aux assemblées électorales et autres, un tas de petits malheureux ont attrapé le procédé, les «ficelles» le « truc » des avocats, et après s'être exercés sur les tables des cafés et des cabarets et sur la borne, ils savent, aussi bien que les avocats, parler longtemps, sans hésiter, sans penser, sans s'arrêter, de n'importe quoi, comme nous disions tout à l'heure sans en savoir le premier mot. Ils envahissent et accaparent la tribune, et au besoin en précipitent les avocats.

Le républicain Prud'homme avait constaté, dans son *Miroir de Paris*, que sous la Convention et la Terreur on ne voyait plus sur les places publiques ni faiseurs de tours de gobelets, ni arracheurs de dents, ni vendeurs d'orviétan, parce que tous étaient devenus des personnages politiques ;

Revenons donc à ce que je veux proposer dans l'intérêt des députés, des électeurs et pour la tranquillité du gouvernement.

Ici, mesurons bien et pesons les paroles; il s'agit d'une démonstration mathématique.

1° Les représentants représentent-ils les opinions, les idées, les sentiments des représentés ?

Procédons par des exemples, et des exemples que j'ai eus sous les yeux :

A Nice, le républicain Marc Dufraisse, dans ses diverses professions de foi, proclame son amour de la paix et sa conviction qu'il faut la faire immédiatement. Il est élu, son élection est cassée ; il est élu ailleurs et vote pour la guerre à outrance.

A Nice, M. Borriglione demande un appoint de

suffrages aux « séparatistes » ennemis de la France. Il est élu en partie grâce à eux. A la Chambre, il est Français, républicain, gambettiste, opportuniste et vote avec le ministère.

A Draguignan, feu Laurier, homme fort spirituel, mais sans aucune conviction, arrive dans le département, prend des renseignements sur l'esprit des diverses villes où il doit pérorer, et se conforme dans ses discours aux nuances indiquées. A Draguignan, rouge feu et sang ; à Toulon, rouge nacarat; dans telle ville, rose vif ; dans telle autre, lilas; mais partout républicain, il plaît à tout le monde, est élu ; mais comme le parti républicain est arrivé à la crise de la curée et du partage, et qu'on le dit très riche, une fois à l'Assemblée, il fait Charlemagne, se déclare légitimiste et vote avec les légitimistes.

M. Dufraisse, votant pour la guerre, ne représentait donc pas les électeurs qui l'avaient envoyé faire la paix.

M. Borriglione, se faisant Français, républicain, opportuniste, ne représente pas ceux qui l'ont envoyé pour revendiquer Nice et la Savoie et se séparer de la France.

M. Laurier, élu comme républicain, ne représente pas ses électeurs en votant avec les légitimistes.

On donnerait de pareils exemples par centaines, si ce n'est que je ne veux citer que ceux que j'ai vus de mes yeux.

Donc les représentants ne représentent pas les représentés.

Que sont et à quoi servent des représentants qui ne représentent pas les représentés ?

Que sont des représentés que leurs représentants ne représentent pas ?

Une fois élu, chaque député va s'annexer au groupe où il voit le plus de chances de faire personnellement ses affaires et vote les yeux fermés avec ce groupe.

Quelques bavards, quelques naïfs, quelques roués montent à la tribune, font de longs discours plus ou moins travaillés et qu'ils émaillent eux-mêmes de (Très bien) et de (Approbation) en corrigeant leurs épreuves. Les bavards s'admirent, les roués envoient ce discours à leurs électeurs pour les « entretenir », les naïfs sont émus comme s'ils combattaient et triomphaient ; très peu écoutent ; mais en réalité, ce discours, pas plus que les autres, n'a aucune influence sur les votes et la décision des questions. Chacun savait d'avance, en arrivant à l'Assemblée et même sans connaître l'ordre du jour et sans savoir ce qu'on discuterait, chacun savait qu'il voterait avec son groupe, soit avec, soit contre le ministère.

Non, la présence des députés, la tribune, les discours, la discussion, tout cela ne fait absolument rien sur le vote et sur la marche du gouvernement.

A quoi donc bon perdre un temps qu'il serait si facile d'employer plus agréablement, à rester assis dans une salle à pérorer, à écouter plus ou moins, à mettre des boules dans des caisses, puisque tout cela ne sert absolument à rien ?

Une fois la majorité constituée, elle vote sans étudier, sans réfléchir, sans comparer, sans peser tout ce que propose ou demande le ministère, et vote ensuite tout le contraire, si le ministère trouve utile, non pour le pays, mais pour sa propre conservation de proposer ou de demander le contraire.

Il est donc parfaitement inutile de faire des élections sous prétexte d'être représentés, puisque les représentants ne représentent pas les représentés.

Il est inutile d'assister à des séances, de parler, de discuter, puisque chacun est décidé d'avance, puisque personne ne changera, ne modifiera un vote résolu d'avance, et ne sera ni entraîné, ni convaincu, ni persuadé, ni même ébranlé par aucune révélation, par aucune démonstration, par aucune évidence.

Déjà les électeurs ne vont plus guère aux élections, et bientôt n'iront plus du tout ; dernièrement, à un scrutin pour je ne sais quelles deux fonctions municipales, il ne s'est trouvé que deux électeurs; ils se sont déclarés candidats, et se sont à l'unanimité nommés, chacun à une des deux fonctions.

Dans un autre endroit, il ne s'est présenté ni candidats, ni électeurs.

Quelque effrontés que soient nos puissants polichinelles, il deviendra bientôt difficile d'appeler cela le suffrage universel, et la volonté du peuple français du peuple souverain.

Le peuple athénien, tirons toujours d'Athènes nos exemples, puisque nous sommes en république athénienne, le peuple athénien votait lui-même et non par représentants. Ils s'assemblaient sur le *Pnix*. Quand l'assemblée allait s'ouvrir et sur l'ordre du prytane, des agents allaient entourer l'Agora, le marché et les lieux voisins d'une corde teinte fraîchement au vermillon. Ils poussaient les électeurs devant eux vers le Pnix, et tous ceux que la corde touchait et marquait de rouge ne recevaient pas le triobole, les trois oboles dues aux électeurs.

A la bonne heure! les Athéniens n'étaient pas exposés à voir des représentants envoyés pour dire blanc ou bleu, aller dire rouge ou noir à l'Assemblée! ou comme les députés de 1789, porteurs de cahiers impératifs, proclamant la monarchie perpétuelle et le roi sacré, et proclamant la République et guillotinant le roi.

Les élections sont donc une comédie ennuyeuse et inutile à supprimer. Ah! quand on aura le scrutin de liste! à la bonne heure! ça se fera à Paris, dans le cabinet de l'incapable, du coquin ou du bandit pour le moment à la mode, et on enverra aux électeurs sans les déranger non seulement leurs candidats, mais leurs députés tout nommés.

Quant aux discussions, il n'y en aura pas ; à l'avènement d'un nouveau ministère, on convoquera les députés ; le chef du nouveau cabinet dira n'importe quoi, chantera même quelque chose, s'il le préfère. On votera, et on sera une fois pour toutes, tant que durera ce ministère, 300 votants pour, 200 contre, et sans plus déranger ni ennuyer nos représentants chaque fois que le ministère voudra faire et défaire quelque chose, édifier et casser n'importe quoi, il publiera sa décision précédée de ces mots :

Au nom du peuple français, à la majorité de 300 contre 200, nous ordonnons ce qui suit, etc., etc.

Il n'y aura d'autre séance qu'à un changement de ministère... et encore !

Ne vous récriez pas. Si vous ajoutez la coutume des ministères de la République de proroger la Chambre, c'est-à-dire d'envoyer les députés se promener lorsqu'ils ont quelque sottise, quelque bêtise. quelque crime ou quelque infamie à faire, vous verrez que ce que je propose est tout simplement la régularisation de ce qui existe.

On donnera des banquets, le peuple apprendra par les journaux, que les prétendus représentants se sont bien régalés, qu'aux menus ils ont mangé des foies gras au madère, des poulardes du Mans truffées, un cuissot des Ardennes, sauce poivrade, une timbale de homard par représentant, et bu du château-yquem et du champagne Cliquot.

Le gouvernement continuera à appeler cela une fête nationale, et ça sera comme l'histoire de cette femme qui dit à son mari : Mon ami, c'est ta fête après-demain, je ne l'oublie jamais ; aussi je t'ai commandé chez la meilleure modiste un charmant chapeau rose que tu me donneras pour ta fête.

Et ça ira comme ça jusqu'à ce que ça n'aille plus du tout.

P. S. — J'ai beaucoup connu Henry Delaage, qui vient de mourir ; il était du Havre, où son père, qui occupait dans la douane une position élevée, avait d'ailleurs une certaine fortune.

Delaage avait fini par connaître tout le monde à Paris, et être bien avec tout le monde.

Je l'appelais le cancanier en bien. Il arrivait chez vous et vous disait : « Je viens de chez Hugo, il était dans le ravissement de votre dernier roman. » Chez Hugo, il disait : « Ce pauvre Lamartine, il en avait encore les yeux rouges d'avoir lu toute la nuit et pleuré en lisant vos derniers vers. »

Où cela avait le plus grand succès, c'était chez Tartampion ou chez Bruscambille : « Ah ! mon ami, disait-il, quel succès : George Sand vient, devant moi, de jeter au feu un livre sur le même sujet que le vôtre, dont elle venait d'écrire le dernier feuillet. »

Il avait acquis une certaine influence et ne s'en servait que pour les autres.

PARIS

Si je devais, si je voulais, si je pouvais vivre dans une ville, je vivrais à Paris. C'est même la seule ville dont je trouve l'utilité démontrée. Les autres sont des amas de maisons qui gagneraient beaucoup à être séparées.

Un des points qui m'ont le plus frappé dans le célèbre livre des *Germains*, écrit par Tacite, c'est qu' « ils n'habitaient pas des villes, qu'ils ne toléraient même pas de demeures contiguës, vivaient séparés et dispersés, selon qu'une plaine, une forêt ou une source leur avait plu. Leurs villages n'étaient jamais formés de maisons se touchant et se joignant. Chacun entourait sa demeure d'un espace libre. »

Ce n'est que pour en avoir toujours vu qu'on n'est pas stupéfait et choqué de ces maisons se touchant et s'élevant jusqu'à cinq, six ou sept étages, où les habitants sont superposés comme dans des tiroirs de commodes ou comme des sardines ou des anchois dans un baril de saumure. Quoique né à Paris et y ayant forcément passé ma première jeunesse, je ne me suis jamais accoutumé à cet aspect amené par le prix excessif des terrains et une raison d'économie.

Si je préfère Paris à toute autre ville, ce n'est pas seulement, ce n'est peut-être pas du tout à cause de la splendeur de ses édifices, de la largeur de ses rues, de sa nombreuse population, de la richesse de ses maisons, — c'est surtout parce que de toutes les villes, c'est celle où l'on peut être pauvre avec le plus de dignité et le moins de privation, où il y a pour le pauvre le plus de richesses gratuites et le plus de liberté — je parle du moins du Paris que j'ai connu et habité, car il me semble qu'on l'a, depuis, bien changé. La dernière fois que j'y suis allé, j'ai été désagréablement frappé de ces nouveaux quartiers, de ces nouvelles rues toutes semblables, toutes de la même largeur, toutes bordées de maisons identiques. Autrefois, chaque quartier de la ville avait son aspect particulier, sa physionomie « personnelle ». Aujourd'hui, transporté en voiture sur un point de la ville, rien ne vous indique si vous êtes près de la Madeleine ou près de Notre-Dame. Le Paris nouveau semble être fait à la mécanique sur un modèle unique, sur un poncif.

Je ne parlerai qu'en passant des bibliothèques, des musées, etc. Le seul point qui établit que, tout pauvre que vous soyez, vous n'êtes pas propriétaire de ces richesses dont les hommes les plus opulents n'essayent même pas d'approcher, c'est que vous n'avez ni le soin, ni le souci, ni les frais de leur conservation et de leur entretien.

Il en est de même des jardins, des parcs, des « squares », si bien plantés par M. Alphand.

Mais musées, bibliothèques, parcs, jardins, etc., vous les avez aussi dans quelques autres villes, en Allemagne et surtout en Italie.

Je pourrais m'étendre davantage sur les boulevards, qui sont uniques au monde.

Mais je ne veux appuyer que sur ceci — c'est qu'un homme aussi pauvre que vous voudrez le supposer, s'il a un talent quelconque, obtient à Paris sa place et son rang; il trouvera toujours un centre, un groupe, une coterie où il sera apprécié, et traité avec bienveillance et même avec respect, — c'est qu'à Paris, l'argent n'a pas toujours et partout le premier rang.

A Paris, on a tant de voisins qu'on n'en a pas — on ne songe même pas à s'occuper des autres. — Quant à la vie matérielle, surtout depuis les chemins de fer, tout afflue tellement au grand centre, le chemin de fer râtelant, raclant tout sur son passage dans les villes, les bourgs et les hameaux qu'il traverse, qu'il y a presque chaque matin trop de quelque chose, et que ce quelque chose est presque forcément donné à plus bas prix qu'on ne pourrait l'obtenir à son lieu d'origine; — c'est ce qui explique le prodige par lequel la femme de petit employé, pour peu qu'elle soit née ou devenue Parisienne, c'est-à-dire connaissant bien « son Paris », arrive à nourrir et à habiller elle, son mari et ses enfants.

Voilà en partie et sans plus de développement, pourquoi j'aime ou j'aimerai Paris.

Mais il faut que Paris soit Paris, ne soit pas autre chose, et ne prétende pas être autre chose.

Paris appartient à la France, il ne faut pas que Paris veuille s'emparer de la France et la traiter en pays conquis, — il ne faut pas surtout que Paris soit un tripot où une poignée de brelandiers, de grecs, de retourneurs de rois, jouent les destinées, la fortune et l'honneur de la France.

Rappelons la Ligue, la Fronde, la Convention, la Terreur, les diverses révolutions, 1848, le 2 décembre, la Commune de 1870 et celle d'aujourd'hui.

Tout cela s'est fait et décidé à Paris, sans qu'on songeât jamais à consulter l'opinion, la volonté, les intérêts de la France. Paris renverse, proscrit, tue, et la France n'a qu'à obéir, et obéit ; parfois on fait semblant de la consulter ironiquement quand tout est fini. Il suffit d'un retard de la poste pour que, dans toute la France, on se dise : « Les Parisiens ont-ils institué un nouveau gouvernement auquel nous devons nous soumettre ? » Et quels Parisiens ? la cohue, la coterie, la houle qui, à certain jour, à certain moment, est arrivée la première à l'Hôtel-de-Ville et s'en est emparée.

Or, en ce moment, les membres de la Commune qui ont repris possession de Paris veulent prendre aussi possession de la France, en rétablissant une mairie centrale, c'est-à-dire « la Commune légale ».

Or, s'il reste un peu de mémoire, de bon sens et d'instinct de sa propre conservation à la France, c'est précisément en sens inverse que la vraie volonté nationale doit exiger que l'on marche.

Il faut que Paris donne des garanties à la France.

Paris est à la France. Que dis-je? Paris est au monde entier, si bien qu'après trois invasions amenées toutes trois par la République qui a amené les empires, Paris a été respecté par les envahisseurs, comme le roi des échecs qu'on fait *mat*, mais qu'on ne prend pas.

Mais Paris a son rôle à jouer et doit s'y conformer et s'y renfermer.

Supposez un homme riche, un très gros négociant, ayant une femme douée de tous les dons de la beauté et de l'esprit; il en est fier, il aime à la montrer parée, il la considère comme faite pour le plaisir de tous en même temps que pour ses plaisirs à lui. Riches étoffes, bijoux rares, voitures splendides, chevaux célèbres, il ne ménage rien; il est heureux et orgueilleux de ses succès; il aime à la voir entourée, courtisée, adulée, fêtée, encensée; il lui pardonne d'être coquette, espérant que cela n'ira pas plus loin; mais si elle se met à crocheter sa caisse, à se faire donner des pots-de-vin par les fournisseurs, à imiter sa signature et à émettre des billets faux qu'il est obligé de payer; si elle met ses amis à la porte, si elle insulte leurs femmes, si elle s'éprend d'un ténor ou d'un chanteur comique de café-concert et lui fait présent de la montre de son mari, si elle lui donne le bras dans la rue, si elle casse tout dans la maison et y met le feu;

Le mari sera bien obligé de lui dire : « Je suis toujours amoureux de vous; vous serez toujours la plus richement, la plus élégamment parée, je vous donnerai tout ce que vous désirerez; mais j'arrête les frais quant au reste, et je ferai en sorte que vous ne recommenciez pas. Je flanque le ténor à la porte, je ne paye plus vos dettes, ni vos billets vrais ou faux ; je vous mets sous la tutelle d'une duègne sévère, et mes fournisseurs, mes gens, mes correspondants, seront avertis de me consulter d'abord sur ce que vous pourriez leur commander ou leur demander.

» Vous serez toujours belle, parée, admirée, mais vous ne serez plus que cela. Arrangez-vous pour en être heureuse. »

En 1848, après les tristes batailles du mois de juin, il fut un moment question de déplacer le siège du gouvernement ; je m'y opposai de mon petit mieux ; je fis de même en 1870, et j'écrivis dans les mêmes *Guêpes* : « En face d'un gouvernement de Tours ou de Versailles, il s'élèvera à l'instant un gouvernement de Paris », ce qui eut lieu.

Je disais en 1848 :

« Il ne faut plus que la France permette que les émeutes de Paris décident du gouvernement et de tous les intérêts du pays, — il ne faut pas songer à déplacer le siège du gouvernement ; — mais Paris est le salon, il faut le tenir propre, — on a fait de Paris un égout, une sentine où arrivent toutes les ordures de la France et du monde entier. Paris est une ville où nationaux et étrangers viennent faire ce qu'ils n'oseraient ou ne pourraient faire ailleurs, — il faut que cela finisse. »

En effet, cette multitude, ces deux millions d'habitants, plus serrés que les arbres d'une forêt, forment une forêt humaine où les voleurs, les assassins, les scélérats du monde entier viennent se réfugier et se cacher, et jamais Paris n'a été infesté de voleurs et d'assassins au point où il l'est aujourd'hui ; la police est impuissante et les brigands l'attaquent elle-même.

Il ne doit y avoir à Paris aucun vagabond, aucun repris de justice ; quand on a si follement rappelé les assassins et les incendiaires de Nouméa, il fallait d'abord ne ramener que ceux qui auraient donné des gages sincères de repentir, ensuite leur faire faire une quarantaine en Algérie.

Une police bien faite, dans chaque quartier, dans chaque rue, devrait surveiller tout homme qui sans avoir de fortune ne travaille pas, et l'expédier là où il y a du travail, — il y en a toujours quelque part.

Tous les ateliers dont l'industrie n'est pas nécessaire à la ville, ou à l'industrie desquels la ville n'est pas nécessaire, doivent s'établir ailleurs ; comparez avec les ateliers des villes les usines dans les campagnes, la petite maison de chaque ouvrier au centre d'un petit jardin qu'il cultive à ses moments de loisir, ses repas pris en famille sous une tonnelle devant sa porte, le vin de la vigne voisine fait sous ses yeux, peut-être par lui-même ; le dimanche, la promenade avec sa femme et ses enfants, la lecture, la pêche, la chasse, les danses joyeuses, les jeux d'exercice.

Dans l'atelier de la ville, le cabaret, le vin empoisonné, le café, le club, la femme et les filles laissées seules à la maison, les garçons dans la rue, l'envie, la haine.

Il faut, à tout prix, que la police soit faite de telle

façon que les rues soient aussi sûres la nuit que le jour.

Tout cela est peut-être peu facile, mais il faut que Paris soit Paris, et il ne l'est plus.

En attendant, il est curieux de voir avec quelle insolente naïveté les soi-disant républicains s'empressent de ramasser les morceaux brisés des attributs, des armes, des ornements même des rois, de les raccommoder, recoller, rafistoler et arranger à leur petite taille. Les décorations collectionnées par M. le président Grévy sont d'un comique qu'on n'aurait pas osé inventer et mettre au théâtre par respect pour la vraisemblance.

Le peuple de Paris est admis pour sa fête à voir manger les magistrats municipaux.

Sous la tyrannie, on voyait ainsi quelquefois manger le roi et sa famille. Louis XV même, disent des mémoires du temps, n'était pas fâché de faire admirer à son pays la dextérité avec laquelle d'un seul coup il déchaperonnait un œuf à la coque, et on avait soin d'en servir à chaque repas où le public était admis comme spectateur, mais on ne payait rien pour cela, tandis qu'à l'Hôtel-de-Ville, pour voir manger le Gouvernement, il a fallu payer cent quatre-vingt-douze mille francs, sans compter les millions dépensés et à dépenser pour la reconstruction de l'Hôtel-de-Ville. Quelques-uns seulement des convives avaient brûlé cet Hôtel-de-Ville, mais tous étaient enchantés qu'il eût été brûlé, car autrement il n'y eût pas eu à le reconstruire, et alors pas d'inauguration, pas de fête où le Gouvernement paraisse dans sa gloire, pas de banquet.

A un autre point de vue : le jour où, aux dépens du peuple français, on inaugurait l'édifice brûlé par les coquins et les assassins de la Commune, il n'eût pas été très injuste, ni d'un très mauvais exemple, d'annoncer ainsi la fête :

« Le 14 juillet, à l'Hôtel-de-Ville incendié et reconstruit, on pendra la crémaillère et trois ou quatre des scélérats qui y avaient mis le feu. »

Des gens qui se disputent aujourd'hui les épaves de notre naufrage, il n'en est pas un qui n'eût beaucoup perdu à ce que la France n'eût pas subi l'empire, la guerre de Prusse et l'invasion, et pour qui ce ne soit le plus grand bonheur que le destin pût lui départir.

Résumons :

Une horde de sauvages, de truands, de tire-laines, de malandrins, de triacleurs, de piliers de café, d'orateurs de la borne et du ruisseau, de va-nu-pieds et de cagouleux, vous demandent avec instances et menaces l'autorisation d'aller, le brûle-gueule en bouche, s'asseoir et fumer sur la poudrière et la Sainte-Barbe.

Voilà ce que le président de la République et ses ministres n'osent pas refuser.

LE CHAR DE L'ÉTAT

(VIEUX STYLE)

UNE LÉGENDE

Un de ces jours derniers, le tribunal de police correctionnelle a jugé et condamné une demi-douzaine de coquins ; je ne me rappelle pas quelle a été leur peine, — mais comme ils n'ont ni assassiné, ni empoisonné, ils ne peuvent compter sur l'indulgente et sympathique protection de M. Grévy.

La *Gazette des Tribunaux*, de mon ami Duverdy, faisait remarquer que cette forme du vol était nouvelle un mois auparavant, mais qu'elle avait été adoptée par les filous et s'était, en peu de jours, représentée trois fois. Voici le fait :

Devant la porte d'un hôtel du faubourg Saint-Germain était arrêté un carrosse — une très belle voiture à la fois richement et simplement peinte d'un vernis œil de corbeau, avec de très nobles et très anciennes armoiries sur les panneaux, attelée de deux magnifiques chevaux ; le valet de pied avait précédé ou suivi les maîtres dans la maison devant laquelle on s'était arrêté ; le cocher était resté seul sur son siège ; mais il faisait chaud, il faisait soif ; ce cocher, qui méritait cent fois d'être chassé, et qui le fut, descendit de son siège, et comptant sur la sagesse de ses chevaux admirablement dressés, entra dans un café qui se trouvait à quelques boutiques de là, et demanda un verre de bière.

Une demi-douzaine de truands qui s'étaient arrêtés pour jeter sur la belle voiture des regards d'envie et de haine, échangèrent quelques signes ; le plus leste grimpa rapidement sur le siège, un second s'y jucha à côté de lui ; le premier saisit les rênes et le fouet et cingla les deux nobles bêtes peu accoutumées à être traitées ainsi, qui, surprises d'abord, s'irritèrent ensuite, et partirent à un trot précipité. Le reste de la bande eut le temps de monter derrière la voiture ; de nouveaux coups de fouet changèrent le trot en galop, puis en course affolée. Des passants appelèrent le cocher, on cria au voleur et quelques gardiens de la paix se mirent à courir ; mais le cocher improvisé continuait à frapper les chevaux ; comme il ne savait pas conduire, il accrochait toutes les voitures qui se trouvaient sur son passage, et renversa une vieille femme et un enfant. Un sergent de ville se jeta aux rênes, mais fut culbuté et la voiture passa sur lui. Au détour d'une rue, la voiture monta sur une borne et faillit verser ; mais le choc fut tel que le cocher fut jeté à terre. Celui qui était à côté de lui saisit les rênes et le fouet, et s'efforça de frapper encore plus fort en passant sur le corps de son compagnon, puis il eut peur et essaya d'arrêter les chevaux, mais il n'était plus temps, et d'ailleurs il n'y entendait rien. Enfin ils se jetèrent sur un camion, qui renversa la voiture à demi brisée, les deux chevaux s'abattirent et se blessèrent. La foule entoura l'épave, on releva la voiture et les chevaux en fort mauvais état; on se saisit du second cocher comme on avait ramassé le premier : les autres gredins qui étaient juchés derrière le coffre, tombèrent et se relevèrent assez vite pour que deux pussent s'échapper ; le troisième fut pris et paraissait devant le tribunal avec ses deux complices.

Ils avouèrent que leur but était d'aller le plus loin possible hors de la ville, de vendre à quelque receleur ou d'abandonner la voiture, et de vendre les chevaux sur quelque marché éloigné.

Le succès n'était pas impossible, puisque malgré la capture des trois chenapans, l'idée avait paru bonne à leurs émules, que deux autres vols semblables ont suivi le premier dans la même semaine, et qu'un des deux a complètement réussi.

Il ne faut pas cependant que les citoyens voleurs s'enorgueillissent trop de l'invention, car c'est exactement le procédé qu'ont avant eux employé et emploient aujourd'hui encore nos gouvernements; ils se sont juchés sur la voiture momentanément sans cocher; ceux qui n'ont pu trouver place sur le siège se sont cramponnés, en grappe, derrière la voiture et aux portières, comme Alexandre Dumas nous dépeignait un « corricolo » de Naples. Ils ont fouetté les chevaux, ne sachant ni les conduire, ni les retenir, accrochant, renversant, écrasant, jusqu'à ce que chevaux et voiture soient culbutés, brisés, mis en pièces.

Si à mesure qu'un des complices tombe du siège, c'est-à-dire a donné des preuves complètes, irréfutables, de rare incapacité et de crasse ignorance, son rôle était fini, on pourrait concevoir quelque espérance de voir un jour la fin de ce ruineux carnaval lorsque tous auraient passé au pouvoir à leur tour et auraient fait leurs preuves ; mais il n'en est pas ainsi : celui qui tombe du siège se relève et monte derrière la voiture, en attendant qu'un autre tombe à son tour et lui fasse de nouveau place sur le siège. Gambetta tombe, Freycinet prend sa place ; Bert est précipité, Ferry lui succède ; puis, quand Freycinet et Ferry dégringolent, ce sont Gambetta et Bert qui reparaissent. Ce jeu se joue entre une douzaine de personnages ; seulement, celui qui a été renversé comme incapable à l'intérieur est essayé aux relations extérieures ; si ça ne va pas encore, on le mettra à l'agriculture ou aux travaux publics, comme Rossini avait retourné sens dessus dessous, sur le pupitre de son piano, de la musique de Wagner, pour voir si ce serait plus joli comme ça, et alors on peut faire de ces divers pions des combinaisons infinies.

Ozanam a calculé dans ses « Récréations mathématiques » que si les douze apôtres, après la leçon d'humilité que leur donna Jésus-Christ, avaient cédé réciproquement et successivement les premières places, en sorte qu'ils eussent changé de situations autant qu'il était possible, ils se seraient arrangés en quatre cent soixante et dix-neuf millions six cents manières différentes. Il y en a donc pour jusqu'à la fin du monde et au delà.

Le jour où M. Freycinet, après avoir constamment oscillé, est définitivement tombé, il disait piteusement à l'Assemblée : « Mettez-vous dans la situation où je me suis trouvé quand j'ai pris les affaires ; que devais-je faire? » N'est-ce pas bien là ce que dit le cocher improvisé, embarrassé des rênes et du fouet, dont je parlais tout à l'heure? — et M⁰ Gambetta triomphe des sottises que M. Freycinet lui a coupées sous le pied, et l'a empêché de faire en les faisant à sa place.

Si bien que nous voyons incessamment s'agiter et grouiller les quinze ou vingt personnages, les uns retombés du pouvoir, et aspirant à y remonter, les autres réclamant leur tour; tous criant, hurlant, grondant, se mordant comme une meute autour des os et de la peau du cerf dans ces curées que ce bon Jadin, qui vient de mourir, aimait à peindre et peignait si bien ; c'était un amas, un tas confus de gueules, de queues, de pattes, en fureur.

Un gouvernement tumultueux où l'on discerne à peine la tête de l'un, les pattes d'un autre, les crocs et la queue d'un troisième. Gré — Gam — Frey — Bert — Fer — Bet — Farre — Son — Lab — Vy — Ry — Mi — Flo — Go — ta — geon — chel — amon — ci — ordère — quet — blet — roux — net.

Qu'on prononcerait gâchis ou tohu-bohu.

Ce gouvernement, grouillant comme les asticots dans la boîte d'un pêcheur à la ligne, laisse loin derrière lui les exhibitions des veaux et des enfants à deux têtes qui passionnent la foule dans les foires. C'est un gouvernement, un monstre à trente-six têtes... Ça se fait et ça se défait comme les casse-têtes chinois découpés en morceaux qu'on sépare et rejoint ensuite pour former des figures.

M. Freycinet, proclamé un si grand homme par Mᵉ Gambetta en 1870 et 1871, le même Freycinet est plus que vilipendé par son ancien complice et thuriféraire, qui lui fait ce qu'on peut appeler un « enterrement incivil ».

Mᵉ Gambetta a dit en le voyant sombrer : « J'en ai vu tomber de plus haut, mais jamais si bas. » Ce serait dur si M. Freycinet, le jour de la chute du grand ministère qui n'a précédé la sienne que de quelques mois, n'avait pas dit publiquement : « J'en ai vu tomber de plus haut, mais jamais si bas. »

En attendant, l'Europe, le monde entier en sont arrivés à ne plus prendre au sérieux ni la République ni son gouvernement, on ne traite plus avec eux, on les compte pour rien, on attend que « ça se passe » pour reprendre des relations avec la France.

Je me crois presque obligé de rappeler ici une anecdote que j'ai racontée dès les commencements de la prétendue République, parce que ce qui était alors une prédiction est aujourd'hui un fait à peu près accompli.

Un malade va voir Ricord : « Monsieur, je viens à vous, le prince de la science, j'ai consulté dix médecins, dix ânes ; tous me disent qu'il faut amputer... mon nez. » Ricord examina le cas et dit : « Vous avez raison, Monsieur, ce sont des ânes, il ne faut rien couper, ça tombera tout seul. » Une des circonstances étranges, absurdes, monstrueuses que nous présente en si grand nombre ce prétendu gouvernement, c'est qu'à mesure qu'on voit tomber un ministère sous le reproche d'incapacité, d'ignorance et de trahison, il ne faut pas moins conserver les lois présentées et éditées par ces incapables, ces ignorants, ces traîtres; ces lois iniques, bêtes et funestes, et leur obéir.

Il faut aujourd'hui que j'émette un peu de la bile qu'excite chez moi depuis longtemps la légende menteuse qui a servi de prétexte à cette fête absurde, immorale, despotique, qu'on ose appeler « fête nationale » : la légende de la Bastille prise héroïquement par le peuple :

1° D'abord le fait est loin d'être héroïque, au contraire ;

2° Ce n'est pas « le peuple » qui l'a commis;

3° Il n'y avait alors plus de Bastille.

Il me plaît, pour ne pas être accusé de partialité, de prendre la plus grande partie de mes documents, sauf vérification, dans les ouvrages de nos contemporains qui ont tenté de réhabiliter la Convention, la Terreur, Robespierre, Danton, Marat, Maillard, Fournier l'Américain, etc.; les ambitieux et les avides, pour « décrocher » des ministères, des ambassades, etc , pour pêcher plus fructueusement en eau trouble ; les jobards, pour avoir l'air d'hommes forts; les crétins, parce que c'était la mode, comme aujourd'hui le réalisme et la pornographie ; — tous complices pour enivrer et empoisonner les esprits béjaunes et nous faire tomber où nous sommes.

Quelques-uns de ces empoisonneurs ayant du talent, quelques-uns n'étant pas des scélérats, ils ont copié les uns sur les autres la « légende de la si glorieuse prise de la Bastille par le peuple. »

Donc :

1° Le fait n'est pas héroïque, au contraire.

Il est à remarquer que dans la « *Constitution de la République française* » de l'an III, la Convention en train d'imaginer des fêtes nationales où, comme le sultan Shaha-baam, tout le monde devait s'amuser sous peine d'être empalé, elle en invente sept, mais moins absurde ou moins effrontée que nos hommes d'aujourd'hui, elle n'osa pas y mettre l'anniversaire de la prise de la Bastille, pensant avec raison qu'il ne fallait pas soumettre la légende à un examen Ainsi, chaque année, sept fêtes nationales, savoir :

La fête de la fondation de la République,

Celle de la jeunesse,

Celle des époux,

Celle de la reconnaissance,

Celle de l'agriculture,

Celle de la liberté,

Celle des vieillards.

Il n'est pas question de fêter l'anniversaire de la prise de la Bastille.

On évalue à quarante mille hommes le nombre des agresseurs. La garnison se composait de trente-deux Suisses et de quatre-vingt-deux invalides. *Les invalides avaient laissé tomber les armes de leurs mains* (Larousse), donc trente-deux contre quarante mille ; l'armée de Xerxès ayant tué les trois cents

Spartiates aux Thermopyles, ce ne fut jamais, alors ni depuis, l'armée de Xerxès qui fut appelée héroïque.

Les assiégeants n'avaient rien à craindre derrière eux, on savait que Louis XVI ne voulait pas qu'on tirât jamais sur le peuple, et M. de Bezenval, dans ses Mémoires, raconte qu'il reçut, comme d'autres officiers, l'ordre de s'éloigner de Paris.

Le 7 septembre 1789, Louis XVI écrivait à son frère le comte d'Artois :

« Je pouvais donner le signal du combat; mais quel combat horrible ! Vous parlez de résistance aux factieux, mon frère, vous n'êtes pas roi. Le ciel en me plaçant sur le trône m'a donné un cœur sensible et les sentiments d'un bon père. »

Et le 5 octobre suivant, au comte d'Essling :

« Me défendre ! Il faudrait verser le sang des Français. Mon cœur ne peut se familiariser avec cette affreuse idée.

» Point d'agression, point de mouvement qui puisse laisser croire que je songe à me venger, même à me défendre.

» LOUIS. »

Le gouverneur, les invalides et les Suisses, sur la foi d'une capitulation faite avec les assaillants, avaient abaissé les ponts-levis et ouvert les portes.

On massacra le gouverneur, on porta sa tête au haut d'une pique, on massacra les Suisses, on pendit les invalides.

Je cherche le côté glorieux de ce que le diction-

naire Larousse appelle « un combat qui allait faire
éclore une France et une humanité nouvelles, » et
je ne le trouve pas.

2° Ce n'est pas le peuple qui a commis la prise
de la Bastille.

Je ne veux pas admettre que ce soit le peuple
français, le peuple de Paris, qui ait lâchement mas-
sacré le gouverneur, les Suisses et les invalides,
lesquels, après une capitulation convenue avec les
assaillants, avaient abaissé les ponts-levis et ouvert
les portes.

Les exploiteurs du peuple ont toujours eu soin de
masquer de ce nom honorable et aimé les truands,
les ivrognes, les fainéants, les vagabonds, les filous,
les fripouilles, les gredins, les canailles, les escarpes, les cannibales, et toute la sainte crapule
qui forment les cadres de leur armée.

Le peuple de Paris était encore brave, honnête,
généreux, laborieux et gai — je ne sais comment il
est aujourd'hui, je ne l'ai pas revu depuis trente
ans — ce n'est pas plus lui qui a commis les ignobles, honteux et lâches assassinats qui ont suivi la
prise de la Bastille, que ce n'est lui qui a commis
les massacres des prisonniers de septembre. Il a
des accès d'ivresse, de folie même, mais la France
serait finie si le peuple français devenait le « peuple »
qui forme l'armée des avocats, des médecins et
des écrivains sans clients, sans malades, sans lecteurs.

Ces hordes de « souteneurs-soutenus », ces assassins qui ensanglantent Paris toutes les nuits, oserez-
vous appeler ça le peuple, et cependant ne les voyez-

vous pas dans toutes les émeutes, dans tous les tumultes ?

Naturellement, tous ces gens-là étaient à la prise de la Bastille, et comme toujours, derrière eux quelques jobards et moutons de Panurge y allant parce qu'on y va. Mais il faut compter aussi parmi les assaillants « plusieurs sergents des gardes françaises à la tête de leurs détachements insurgés » (Larousse), un ou plusieurs « officiers du régiment de la reine » (*id.*), et toute une liste, une horde, que le même Larousse appelle « une liste de héros et de martyrs ». Citons-en quelques-uns :

Le héros républicain Hulin, ennemi des rois, de la tyrannie et des bastilles, qui, quelques années plus tard, en 1804, présida, dans la bastille de Vincennes, le pseudo-conseil de guerre qui condamna le duc d'Enghien, immédiatement exécuté.

Le héros Maillard, le président du tribunal improvisé lors des massacres des prisons, un des plus immondes scélérats de la Terreur.

Le héros Fournier, un voleur, un assassin, qui, à la tête de deux mille hommes, regarda égorger les prisonniers de Versailles qu'on l'avait envoyé protéger et amener à Paris ; celui que madame Roland appelait « l'homme à face livide et sinistre » et avec lequel le ministre Roland échangeait des lettres où il lui témoignait des égards, de la considération et de l'estime.

Le héros Santerre, le fameux brasseur de la rose rouge, celui qui fit couvrir la voix de Louis XVI sur l'échafaud par un roulement de tambours.

Le héros Parein, qui, appelé à Lyon par Collot-d'Herbois, fit guillotiner plus de quinze cents victimes.

Le héros Fauchet, évêque du Calvados, où il prêcha la loi agraire et le partage des propriétés, ce qui le fit chasser par ses ouailles normandes. Il fut plus tard guillotiné par ses amis.

Tout ça, ça n'est pas le peuple.

3° Le 14 juillet 1789, il n'y avait plus de Bastille.

Qu'était-ce que la « Bastille? » Une prison d'État où, sur des lettres de cachet émises arbitrairement, données légèrement, quelquefois vendues, on assouvissait des vengeances, on commettait des injustices, on satisfaisait des caprices et des faiblesses despotiques; en un mot, quelque chose de hideux, de monstrueux, que j'appellerai très volontiers, avec l'énorme pamphlet rouge Larousse, « la caverne de l'arbitraire et de la tyrannie », ou de tout autre dénomination indignée et flétrissante que l'on voudra.

Mais,

Pour que la prise et la destruction de la Bastille fussent un fait héroïque, il eût fallu la prendre et la détruire sous Louis XIV ou sous Louis XV.

Mais Louis XIV et Louis XV n'auraient pas voulu; il fallait attendre un roi bon, peut-être faible. Rappelons-nous le vaudeville de *M. Prudhomme en voyage;* des amis gais, pour punir de certains propos fanfarons le personnage observé plutôt que créé par Henry Monnier, lui font croire qu'il est, la nuit, attaqué par des bandits. On a habillé et planté sur la route un manche à balai avec un chapeau, une redingote et un bâton représentant un fusil, et la voix d'un camarade caché derrière un arbre fait entendre le cri consacré : La bourse ou la vie !

M. Prudhomme se jette à plat ventre, et, la face contre terre, sans oser regarder le brigand, il lui tend sa bourse et sa montre, et il lui dit d'une voix suppliante : « Monsieur le voleur, c'est un excellent Bréguet ; elle retarde un peu, mais très peu ; elle a l'habitude d'être remontée à neuf heures du soir... »

Mais des éclats de rire partent de derrière les arbres, on arrive avec des lanternes, M. Prudhomme se relève, on lui avoue et on lui explique la farce ; indigné, il arrache le bâton à l'épouvantail. Ah ! tu n'es qu'un mannequin ! tu n'es qu'un manche à balai, et tu t'attaques à Joseph Prudhomme !

Et il tape dessus avec une ardeur furieuse.

Larousse ajouterait : héroïque.

Or,

Le 17 avril 1776, c'est-à-dire treize ans avant la prise de la Bastille, Louis XVI écrivait à Malesherbes :

« ... Vous avez commencé votre ministère avec une vigueur qui ne contrariait pas mes principes...

» La Bastille regorgeait de prisonniers qui, après plusieurs années de détention, ignoraient quelquefois leurs crimes, et vous avez rendu à la liberté tous les hommes à qui on ne reprochait que d'avoir déplu à ces messieurs en faveur, et tous les coupables qui avaient été trop punis... »

Le 28 octobre 1786, c'est-à-dire trois ans avant la prise de la Bastille, Louis XVI écrivait au même Malesherbes :

« ... Il y a d'étranges choses dans la manière de faire usage des lettres de cachet. L'ouvrage de M. de Mirabeau sur les prisons d'État, que j'ai lu avec attention, renferme des vues profondes. Il faut, mon cher Malesherbes, profiter de tout ce que vous trouverez d'utile dans son ouvrage, bien se convaincre des abus et remédier promptement au mal. Présentez-moi donc vos vues régénératrices dans cette partie, et je me ferai un devoir de les méditer. »

Ainsi, dès 1776, treize ans avant la prise de la Bastille, on en avait déjà fait sortir tous les innocents et tous ceux dont les fautes ou les crimes avaient été trop punis.

Et trois ans avant cette même prise de la Bastille, Louis XVI étudiait le livre de Mirabeau sur les prisons d'État, le faisait lire à Malesherbes et lui disait : Voyons les abus et remédions promptement au mal.

Il est donc juste, il est logique de dire que, à cette époque, « la Bastille, cette caverne de l'arbitraire et de la tyrannie, » n'existait plus.

Ceux qui l'ont, le 14 juillet, attaquée et démolie, n'ont attaqué et démoli qu'un édifice, un bâtiment, et si on s'obstine à les appeler les « héroïques vainqueurs de la Bastille », je demande qu'on mette sur la même liste de héros ceux qui, longtemps après, ont démoli et détruit l'éléphant colossal en plâtre que j'ai vu dans mon enfance et que beaucoup d'autres ont vu sur la place de la Bastille, annonçant le projet et exhibant le modèle d'une fontaine monumentale, bizarre, monstrueuse. L'éléphant devait jeter de l'eau par sa trompe.

Et il sied bien de parler d'un ton indigné et triomphant, de Bastille, de prisons, de caverne de la tyrannie, à ce parti qui, si peu de temps après, de l'aveu du républicain Prudhomme (*Miroir de Paris*) « encombra tellement les prisons, qu'on dut métamorphoser en prisons supplémentaires les palais, les églises et les hôtels de ceux qu'on y enfermait. »

Un détail grotesque dans ce même ouvrage (*Miroir de Paris*) : on avait planté dans la cour de chacune de ces prisons un *arbre de la liberté*.

Il sied bien de s'indigner au parti qui, bientôt, pour faire de la place dans ses bastilles trop pleines, au mois de septembre, pendant cinq jours, massacra tous les prisonniers, sous les ordres du héros Maillard, du héros Fournier, etc.;

Ce que ce petit malheureux, ce sinistre gamin d'Esquiros, appelle dans son *Histoire de la Montagne*, page 149, *nettoyer les prisons;* ce que Marast, supprimant pour un jour l'*s* de son nom, en collaboration avec le petit avocat Dupont se disant de Bussac, appelle dans les *Fastes de la Révolution*, page 342, *un grand acte de justice populaire*.

Voilà donc enfin que j'ai dit ce que j'avais sur le cœur à propos de cette « fête nationale. » N'en parlons plus.

DÉSORGANISATION

DÉCOMPOSITION — POURRITURE

L'homme à l'état primitif, sauvage, isolé, conduit par ses seuls instincts, prend et exerce le soin de protéger, de conserver, de venger lui et les siens.

Les hommes en société conviennent que si un des membres de cette société veut s'emparer de la part d'un autre, le frapper ou le tuer, tous les autres se réuniront contre lui ; et alors, avec le calme et le sang-froid que donne la sécurité de la force, infligeront des peines édictées d'avance et proportionnées à la fois au délit commis contre l'individu et au danger qui menace la société.

Chaque homme délègue et transmet à la société, représentée par des magistrats soumis aux lois, le droit naturel de se défendre. Diminué de tout ce que la passion, la colère, l'intérêt personnel pourraient y ajouter d'arbitraire et d'excessif, l'individu, en effet, sous l'empire de la peur ou de la colère, peut se croire en danger plus et plus tôt qu'il ne l'est, et mettre dans sa défense l'ivresse de la haine et la férocité de la peur.

Lorsque les lois ont été édictées, elles ne menaçaient encore que des crimes qui n'étaient pas commis ; au moment où elles étaient faites et acceptées, les hommes, n'étant entraînés ni par la paresse, ni par le besoin, ni par l'avidité, ni par une férocité naturelle, ni par la colère, ni par l'impunité, n'ont songé qu'à se garantir eux-mêmes de l'oppression... des autres ; c'est pour être protégé contre le vol et l'assassinat que chacun consent à être emprisonné ou tué s'il vole ou s'il assassine lui-même.

Plus tard, le criminel qui pouvait espérer être plus adroit et plus fort que sa victime ne peut espérer être plus adroit et plus fort que la société entière. Les chances d'être victime lui-même de son crime sont donc augmentées pour le criminel par la délégation faite par chacun à la société, c'est-à-dire à la loi et à ses organes de son droit de défense et de représailles, et ces chances augmentées, entrant nécessairement dans son calcul, sont plus puissantes à le détourner du crime. En même temps sont augmentées la puissance de l'exemple et de la peur pour ceux qui sont sur le chemin du crime, la sécurité pour ceux qui peuvent craindre d'en être les victimes, et néanmoins des garanties sont données, même au criminel, qu'il sera jugé sans colère, sans haine et de sang-froid, c'est-à-dire qu'il ne subira que la peine prononcée par la loi consentie par tous et par lui-même quand il était encore innocent.

La justice est la base de toute société, disons mieux,

DÉSORGANISATION — DÉCOMPOSITION 335

elle en est l'âme; — l'âme morte, le corps tombe en décomposition et en pourriture.

Aussi ne saurait-on apporter trop de soins, de scrupules dans le choix des magistrats organes de la loi, trop de sévérité dans l'interprétation, trop de précision dans les garanties exigées. « La meilleure loi, dit Bacon, est celle qui laisse le moins à la disposition du juge ; le meilleur juge, celui qui laisse le moins à sa volonté. »

Aussi les législateurs de bon sens ont cherché à augmenter les garanties exigées des juges, entre lesquelles l'*inamovibilité*.

Un crime commis par un particulier ne corrompt qu'un ruisseau ; le crime du juge inique corrompt la source même et est le plus odieux des crimes.

Le plus terrible danger que court en France aujourd'hui la société actuelle, c'est la décadence, l'impuissance, la déconsidération, l'injustice de la justice.

La prétendue République a lâché sur la société l'ignorance, la sottise, l'avidité, la vanité, toutes les mauvaises passions et les instincts dépravés, qui, semblables aux harpies de l'ancienne mythologie, ou aux mouches malsaines ou charbonneuses, déposent leurs œufs, leurs vers et leurs piqûres empoisonnées sur les chairs et les amènent rapidement à la décomposition et à la pourriture.

On veut faire des magistrats des hommes de parti pour lesquels le plus punissable des crimes serait d'être du parti contraire, et la seule innocence, l'innocence inattaquable, d'être du parti auquel ils se soumettraient.

Mais remontons plus haut :

Dès la fin du siècle précédent, quelques écrivains prenaient parti pour certains crimes contre la justice et les lois ; par un but d'intrigue, de vanité, d'avidité, on a réhabilité les plus immondes scélérats, on a glorifié ce que la loi appelait crime et forfait.

On a imaginé de prêcher et de demander l'abolition de la peine de mort contre les assassins, empoisonneurs, etc. Un très grand poète, qui laissera après lui quelques très beaux volumes, un très grand nombre de pages splendides, et plus encore des vers sublimes, s'est fait le héros, le porte-drapeau de cette absurde, injuste, périlleuse revendication.

Il a été suivi par les médiocres qui veulent avoir l'air fort, et par les moutons qui suivent placidement les moutons, même allant à l'abattoir.

De vrais philosophes, qu'on n'accusera pas d'être cruels, se sont déclarés contraints de maintenir la peine de mort.

Entre ces hommes, nullement sanguinaires, je citerai : Sénèque, Cicéron, Bentham, Bacon, Montesquieu, Voltaire, J.-J. Rousseau, Puffendorf, Charron, Montaigne, Fénelon, etc.

Chose étrange, ceux qui demandent le plus bruyamment l'abolition de la peine de mort sont ceux qui ont essayé de réhabiliter et de justifier les crimes de la terreur de 1793 et de 1871, les noyades de Carrier, le massacre des prisons et celui des otages.

C'est-à-dire qu'ils veulent abolir la peine de mort pour les assassins en la maintenant pour leurs adversaires politiques et pour les gens coupables de chaînes de montre et suspects de porte-monnaie.

C'est insensé, c'est absurde, c'est injuste, c'est monstrueux, et cela a fait des progrès et gagné du terrain, et est prêché, soutenu, toléré dans le sanctuaire même de la loi et de la justice.

Les avocats, auxquels il est interdit de parler au jury de la pénalité encourue, qui ne devraient plaider que contre l'application de la loi, osent plaider contre la loi elle-même. Par une faiblesse coupable, les présidents et le ministère public, loin de les arrêter et réprimer sévèrement, les laissent faire.

Certains avocats, plus comédiens qu'avocats, au moyen de grands gestes, de grands cris, de grands coups de poing sur leur pupitre, de grosses phrases boursouflées de mélodrame, enivrent, entraînent les jurés. Beaucoup de ceux-ci, déjà « commencés » par des lectures malsaines, ne font guère de résistance et sont décidés à éluder la loi.

Si bien que la peine de mort n'est plus appliquée que de loin en loin, à peu près au hasard. Je vous défie d'imaginer un crime si odieux, si inouï, si épouvantable, de l'entourer de circonstances si monstrueuses, qu'on puisse être certain de voir ces circonstances si monstrueuses ne pas devenir des « circonstances atténuantes, » et ne pas faire échapper l'assassin à de justes représailles.

Tous les jours vous lisez dans les journaux : Le crime était horrible, évident, avoué ; mais grâce à l'éloquence de l'avocat Un Tel, l'accusé a été acquitté ou favorisé d'une déclaration de circonstances atténuantes ; ce qui m'a fait demander, il y a déjà longtemps, si, dans l'intérêt de la justice, il ne serait pas nécessaire de supprimer ou le jury ou les avocats.

Le mal a été porté à son comble par la légèreté, que j'appellerai puérile et criminelle, du vieillard qui est pour le moment président de la prétendue République.

Il ne permet que de loin en loin d'exécuter les arrêts de la justice, et cela au hasard, sans choix, sans examen : il laisse placidement fusiller un soldat qui a frappé son caporal, ce qui est peut-être fatalement nécessaire, tant qu'on a des armées, et il fait grâce à un parricide.

« Le droit de faire grâce, dit Jean-Jacques Rousseau, que les soi-disant républicains vont insulter d'une statue, n'appartient qu'au souverain ; encore son droit en ceci n'est pas bien net, et les cas d'en user sont-ils très rares. Sous la république romaine, jamais le sénat ni les consuls ne tentèrent de faire grâce ; le peuple lui-même n'en faisait pas, quoiqu'il révoquât quelquefois son propre jugement. Les fréquentes grâces annoncent que bientôt les forfaits n'en auront plus besoin, et chacun voit où cela mène. »

« Le droit du souverain en ceci n'est pas bien net, » dit Rousseau ; et, en effet, peut-il légitimement et sans mon consentement faire grâce à celui qui a tué mon père, mon enfant, mon ami ?

Grâce aux prédications insensées, à la faiblesse du président et des magistrats, à l'outrecuidance des avocats, à l'.... des jurés, j'ai pu prouver il y a quelques années par une statistique exacte que, aujourd'hui, la profession d'assassin est la profession la moins dangereuse et la moins insalubre de toutes les professions connues.

On s'attend à voir le veto anémique du président venir compléter le verdict si étrange, si scandaleux du jury dans l'affaire Fenayrou.

Si Fenayrou, qui a assassiné Aubert avec une cruauté inutile, — puisqu'il pouvait lui brûler la cervelle en le trouvant enfermé avec sa femme, et être excusé par la justice — avec une férocité dont la lâcheté seule est capable ; si Fenayrou a mérité la mort, comment ce monstre impassible et froid, qui n'aimait ni l'amour, ni les amants, mais seulement le vice et l'adultère, cette furie placide qui a inventé un crime nouveau et le plus hideux peut-être de tous les crimes connus — a-t-il obtenu du jury des circonstances atténuantes ? Est-ce par un certain charme malsain qu'ont pour le vulgaire les femmes ayant eu des aventures, ce charme de cantharide qui peupla il y a quarante ans la France d'amoureux de madame Lafarge?

Au sujet de ce procès, le tribunal était donc forcé d'accorder de l'argent au beau-frère et à la sœur d'Aubert! A quel titre cependant le demandaient-ils? Ils n'avaient aucun droit, aucune chance d'hériter de lui, puisqu'il voulait se marier.

Ils en héritent cependant, puisqu'il laisse cette pharmacie, qu'ils vendront.

N'est-il pas laid de voir cette sœur et ce beau-frère vouloir absolument tirer de l'assassinat d'Aubert tout le profit et tout le bonheur possibles?

J'aurais aimé entendre le président des assises, en prononçant l'arrêt qui leur accordait ces trois mille francs, y ajouter pour six mille francs de blâme énergique et de vitupération indignée, en leur faisant comprendre que cet argent, c'est à ces enfants Fenayrou, déjà si malheureux, qu'ils le prennent, en perdant le droit de maudire les assassins de leur frère ; car ces assassins leur diront : Votre frère, on vous l'a payé !

Quand un forfait vient faire ouvrir une tranchée dans la société, il arrive ce qui arrive quand on fait des tranchées en déblai pour les voies ferrées ; la terre ouverte fait toutes sortes de révélations : elle montre des pierres, des granits, des porphyres, des fossiles cachés depuis des siècles ; de même la société montre parmi les accusés, les victimes, les témoins, etc., beaucoup de choses qui auraient gagné à rester enfouies.

Une grâce que la douce mais funeste et absurde manie du Président devrait lui inspirer, ce serait de faire en sorte que les deux pauvres enfants des Fenayrou et ceux de son frère Lucien fussent autorisés à changer de nom, qu'un tuteur leur fût donné, qui les fît élever loin du théâtre de l'injuste mais inévitable déshonneur qui tombe sur eux.

Grâce au désarroi de la justice, à la multiplicité chaque jour croissante des crimes les plus féroces, les plus audacieux parce que les plus impunis, la justice, la loi, la société vont être obligées de dire aux Français : Nous sommes impuissantes à accomplir le mandat que nous avions accepté ; reprenez la délégation que vous nous aviez faite de votre droit de défense et de représailles ; reprenez-le, exercez-le, défendez-vous vous-mêmes. Et les habitants de

Paris les premiers le reprendront, peut-être même sans attendre qu'on le leur ait offert.

Car, pour mon compte, si je voyais un scélérat ayant assassiné mon frère, ma fille ou un ami — par ami, j'entends un ami — obtenir du jury un acquittement ou des circonstances atténuantes, ou la grâce de M. Grévy, je déclare que je m'arrangerais pour lui brûler la cervelle.

⁎

A propos de « décomposition avancée », M Freycinet, au moment de quitter le pouvoir, a fini par se résumer, lui et la prétendue république, en un acte le plus sot, le plus honteux, le plus lâche, le plus plat qui soit possible d'imaginer : il a fait ou laissé afficher dans l'enceinte du Parlement, le document que voici :

« Le prince de Bismarck a chargé l'ambassadeur d'Allemagne à Paris, prince de Hohenlohe, d'exprimer à M. de Freycinet le profond regret que lui a fait éprouver la chute du cabinet français.

» Il espère voir M. de Freycinet rentrer aux affaires. »

Si nous n'en avions tant vu depuis douze ans, on ne pourrait se figurer la profondeur d'insanité qu'il faut à un homme pour prendre cette note pour un éloge et un titre de gloire.

Je le crois fichtre bien qu'un ennemi de la France voit avec plaisir la République en France et MM. Freycinet, Bert, Gambetta, Ferry, Floquet, Songeon à la tête du gouvernement.

Ce n'est pas la première fois que M. de Bismarck apprécie M. Freycinet, se réjouit de le voir au pouvoir et s'inquiète de le voir tomber.

Il s'en réjouissait de très bonne foi lorsqu'en 1870 MM. Gambetta et Freycinet, dirigeant la guerre, envoyaient à la boucherie de braves jeunes gens sans armes, sans souliers, sans vêtements, et se tenaient réfugiés à l'abri des balles prussiennes avec leurs amis à Bordeaux, à Tours, dans les préfectures, fumant des « cigares exquis, » touchant de gros traitements, et permettant aux Prussiens, grâce à leur « folie furieuse, » de doubler leurs prétentions.

C'est avec joie que M. de Bismarck les voyait déclarer traître et lâche ce brave général d'Aurelles, le seul qui eût battu les Prussiens, et le faire mourir d'indignation et de chagrin ;

Et oublier Bourbaki sur la frontière de la Suisse et l'amener à se tirer un coup de pistolet dans la tête ;

Et tout bouleverser, tout casser, tout ruiner, tout démoraliser en France.

C'est avec joie qu'il verrait M. Gambetta remonter au pouvoir et être de nouveau remplacé par M. Freycinet — et toujours comme cela.

Après la guerre et la paix, il eût été digne, noble, sensé, de ne jamais parler de l'Allemagne, ni des Allemands.

Que nos ministres, nos ambassadeurs, nos agents de toute sorte eussent continué à observer, à étudier, surveiller, rien de mieux, mais en silence.

Loin de là ; on a humblement, piètrement, sottement enregistré, publié les moindres paroles, les moindres gestes de M. de Bismarck.

M. de Bismarck a mal digéré la sauer-kraut, il a bu trois bouteilles de bière en fumant, il a éternué trois fois, il a eu la colique, etc. Les Prussiens ont l'air de penser ceci, de proposer cela; les hussards chantent une chanson menaçante, etc.

Mais taisez-vous donc, imbéciles !

Votre *Marseillaise,* ce beau chant, cette noble et enivrante mélodie que vous avez déshonorée et dont vous faites ce que dans les ateliers de peintre on appelle une scie, n'est-elle pas aussi une menace, une imprécation ?

A ce propos, il y a quelques jours, il se célébrait une fête dans ma petite ville de Saint-Raphaël, une vraie, honnête, raisonnable fête, autre chose que la fête provocante, insolente, absurde du 14 juillet. Les régions méditerranéennes qui ont de l'eau sont des oasis, notre maire et notre conseil municipal, au lieu de faire de la politique creuse, se sont occupés de la terre, des champs, du blé, du pain et du vin, ils sont allés chercher l'eau et l'ont amenée à Saint-Raphaël.

On inaugurait l'arrivée de l'eau précisément cette année où règne et sévit la plus terrible sécheresse qu'on eût vue depuis longtemps.

M. le préfet du Var avait très gracieusement accepté l'invitation d'assister à la fête.

Il arrive à la gare, la musique chante :

Qu'un sang impur abreuve nos sillons.

Il déjeune chez le maire, la musique joue :

Qu'un sang impur abreuve nos sillons.

Il porte un toast à la ville, la musique :

Qu'un sang impur abreuve nos sillons.

Il arrive devant la première fontaine où il doit mettre en liberté l'eau jaillissante :

Qu'un sang impur abreuve nos sillons.

J'avais l'honneur d'être auprès de lui. Monsieur le préfet, lui dis-je, n'accepteriez-vous pas une variante pour le moment où l'eau s'élance joyeuse et murmurante, et à la place du *sang impur* ne serait-il pas plus sensé de chanter :

Qu'une onde pure abreuve nos sillons.

Le préfet, homme du monde, de façons bienveillantes et cordiales, prononça un discours plein de courtoisie et de promesses ; nous verrons.

On m'invita à dire quelques mots, ce que je fis volontiers ; de ces fêtes-là, j'en suis.

« Notre chère et... pour bien peu de temps encore *petite* ville de Saint-Raphaël a été par la Providence comblée de tant de faveurs qu'on pourrait dire d'elle ce que les Maures disaient de Grenade, que c'est dans la partie du ciel précisément au-dessus d'elle qu'est situé le paradis.

» Cependant, nous sommes entre nous, on peut dire la vérité, et la vérité, la voici :

» Notre félicité n'est pas complète. Quelque premier habitant de ce pays, du temps qu'il s'appelait *San-Raphean*, aura mangé quelque chose de défendu ou commis quelque autre chose que, selon la législation et la pénalité des *Edens*, nous devions expier et nous expions par le retour périodique d'un fléau, et ce fléau, vous le connaissez tous comme moi.

» Il ne pleut jamais à Saint-Raphaël.

» Nos champs et nos jardins ne se souviennent d'avoir été arrosés, abreuvés à leur gré qu'une fois, une seule fois, et ce n'est pas hier, c'est lors du déluge universel, du temps de Noé.

» Pendant l'été nous voyons quelquefois s'élever de l'est de gros et pesants nuages blancs, gris ou noirs, chargés de trésors de pluies; ils passent sur nos têtes, et vont inexorablement, dédaigneusement, ironiquement les verser... ailleurs.

» Cette belle voûte, cette belle coupole bleue du ciel semble être pour nous un riche mais dur parapluie de saphyr qui ne laisse pas passer une goutte d'eau.

» Si bien que, exempts de ces tristes, froids et rudes hivers de cinq ou six mois dont nous parlent les étrangers qui les fuient et viennent se réfugier et s'abriter ici; exempts de ces frimas que nous ne connaissons que de réputation, et que nous n'envions pas; nous avons en juillet et août un petit hiver que j'appellerai, si vous voulez, hiver torride, hiver caniculaire, mais hiver cependant qui ne laisse pas d'avoir ses tristesses et ses rigueurs.

» Les grands Romains, ces maîtres du monde, qui allaient chercher leurs dictateurs à la charrue, et ne s'occupaient de politique que tous les neuf jours[1]

---

[1]. Les assemblées ne se tenaient que les jours de marché (*nundinæ*), tous les neuf jours; les hommes les plus éminents de la République cultivaient leurs champs, et venaient à la ville seulement ces jours-là, pour traiter et régler les affaires publiques. (Columelle, livre I.)

pour ne pas négliger les travaux de la terre... et aussi pour dire et faire moins de sottises, savaient apprécier, honorer et aimer l'agriculture, et pensaient à l'eau ; nous voyons encore d'ici dans les plaines voisines, les aqueducs construits par eux pour amener l'eau à Fréjus.

» Ce ne sont pas eux, qui, comme certains soi-disant politiques de notre temps, auraient imaginé de faire injustement et sottement un terme de mépris et une injure du beau nom de rural et de paysan.

» L'eau a été de tout temps l'objet d'un culte religieux ; le philosophe Phalès la considérait comme le principe de tout, et Moïse dit, qu'avant la création du monde, l'esprit de Dieu était porté sur les eaux.

» Homère appelle le maître des dieux « *Jupiter assemble-nuages*, » et les Romains, dont nous parlions tout à l'heure, avaient élevé un temple à « JUPITER PLUVIEUX, » le dieu auquel on peut demander et duquel on obtient de la pluie.

» Mais, aujourd'hui, nous sommes en joie et en fête, parce que l'expiation est accomplie, le pardon est accordé, et la soif, la terrible soif de notre sol, va être enfin étanchée par la joyeuse, féconde et murmurante arrivée de l'eau à Saint-Raphaël, aujourd'hui 6 août 1882.

» C'est que, nous aussi, nous avons notre « *Jupiter pluvieux*, » c'est le nom sous lequel la légende invoquera la mémoire impérissable de l'ingénieur Félix Martin sous le Consulat, et par la sollicitude duquel ce bienfait, cette fortune nous sont accordés.

» L'arrivée de l'eau à Saint-Raphaël n'est pas seulement une date, c'est une ère, une hégire, un nouvel *âge*. Cet *âge* s'appellera « l'*âge de l'eau* » et sera pour nous un nouvel âge d'or. Désormais, à Saint-Raphaël, il n'y aura plus d'hiver... même pendant l'été. »

P. S. — Dernièrement, en lisant le compte rendu des concours de voix et d'instruments au Conservatoire de Paris, je pensais à Habeneck et à une réprimande qu'il me fit un jour.

Habeneck, le créateur des fameux concerts du Conservatoire, était notre parent et, qui plus est, grand ami de mon père, avec lequel et quelques autres il avait joué longtemps clandestinement la musique de Beethoven avant de la produire au Conservatoire.

Un jour que nous venions d'entendre et d'applaudir un solo de clarinette joué avec beaucoup de talent par je ne sais plus quel virtuose de ce temps-là, je m'avisai d'émettre à demi-voix une définition de l'instrument qui me venait inopinément.

« La clarinette, dis-je, est un instrument qui rend aveugles ceux qui en jouent, et sourds ceux qui l'écoutent. »

Deux ou trois de nos amis qui nous entouraient rirent ou sourirent ; mais Habeneck, pour qui la musique était une religion avec ses austérités, son fanatisme, et au besoin ses intolérances, me dit d'un ton froid, sec, sévère et fâché : « Mon cousin, il ne faut pas rire de la clarinette. »

La vieille pétroleuse Louise Michel, dans une récente assemblée, a provoqué la grève des femmes : l'espace me manque ; mais j'attends la semaine prochaine avec impatience pour en dire deux mots.

STÉRILITÉ INEXORABLE

Il est des terres si maigres, si pauvres, si maudites, qu'il n'y vient rien de soi-même, et que les mauvaises herbes elles-mêmes, les orties, les chardons, les chiendents, etc., qu'on y voit y ont été apportées, transplantées et semées d'ailleurs.

C'est le cas de la prétendue République et des soi-disant républicains ; on ne saurait trop le remarquer, le redire et le faire voir.

Ce qu'on ne saurait trop répéter non plus, c'est que la Révolution française, s'arrêtant au 4 août 1789, — le clergé et la noblesse ayant renoncé à leurs privilèges, le roi ayant volontairement restreint les siens à ce qui était indispensable à la sécurité et à la prospérité de la nation, le roi déclaré à la presque unanimité « le restaurateur de la liberté française », toutes les barrières abaissées, la carrière ouverte à toutes les capacités, à tous les talents, à tous les dévouements, il ne s'agissait plus que d'étudier les divers problèmes qui se présentaient, de faire pour tout, avec calme et conscience, ce que Louis XVI écrivait à Malesherbes à propos du livre de Mirabeau : « J'ai lu ce livre avec attention ; il renferme des vues profondes. Il faut profiter de tout ce que vous trouverez d'utile dans cet ouvrage, bien se convaincre des abus et remédier promptement au mal. »

Chaque règne, chaque année, chaque jour ont amené leur réforme ou leur progrès, et nous eussions évité les misères et les désastres de l'état révolutionnaire et anarchique dans lequel nous nous débattons depuis bientôt un siècle : de longues, cruelles et inutiles guerres au dehors, et au dedans une permanente, féroce et crapuleuse guerre civile, deux empires, trois invasions étrangères, deux Terreurs et surtout une profonde, cancéreuse et peut-être incurable démoralisation.

Et en quoi aujourd'hui sommes-nous plus avancés, même de l'aveu des soi-disant républicains, qu'au 4 août 1789 ? Ne se trouverait-on pas bien heureux d'en être même à ce point ? Loin de là, les soi-disant républicains eux-mêmes, à l'exception de deux ou trois douzaines, dont les misères de la France ont amené le bonheur, qui « *ont fait leur pelote et leur magot,* » les soi-disant républicains, après douze ans de pouvoir absolu, avouent, prétendent même qu'ils n'ont pas réussi à faire la République, que *ça n'est pas ça du tout,* » que leurs guides, leurs complices d'hier sont des fourbes et des traîtres. On croyait qu'ils avaient débité contre les monarchies toutes les injures, toutes les malédictions possibles ; eh bien, non, ils en trouvent, ils en imaginent et en vomissent de plus grosses, de plus venimeuses, de plus fangeuses encore contre ceux qui, de concert avec eux, déblatéraient contre les monarchies ; on prêche ouvertement le renouvellement de la Terreur de 1793, des assassinats et des incendies de 1871.

Les appétits surexcités par une littérature empoisonnée, par l'exemple des va-nu-pieds devenus riches et puissants en se faisant sans-culottes, font que depuis près de cent ans la France est agitée, tourmentée, bouleversée par quelques centaines d'intrigants, d'affamés, de décavés, de déclassés, de fainéants, de goinfres, qui obtiennent ce résultat en échangeant une soixantaine de phrases bruyantes, creuses, féroces, bêtes, etc., phrases toujours les mêmes, que ceux qui les reçoivent ramassent et jettent à la tête de ceux qui les leur ont lancées, qui les ramassent à leur tour.

Et parmi tous ces « grands hommes, » pas un caractère, pas un talent supérieur, pas une bravoure, même modeste, pas une idée, pas même un tempérament ; personne qui soit quelqu'un.

Si quelqu'un possède le don, cultivé dans les brasseries et les tavernes, de parler longtemps sans s'arrêter, sans hésiter, sans cracher, de débiter résolument les boniments effrontés de marchands d'orviétan, de dentistes de carrefour, on le compare à ses collègues et on le proclame grand homme ; de même, quand un phoque dans un baquet, exhibé par son cornac, grogne quelque chose comme papa, les badauds sortent de la baraque émerveillés en disant : O l'éloquent poisson !

Si quelqu'un d'eux ne menace que de nous ruiner ou de nous pendre, on se groupe autour de lui en disant : il nous protégera contre ceux qui veulent nous couper en morceaux.

Les farceurs que l'on appelle naïvement aujourd'hui les « hommes politiques, » comme s'ils avaient étudié et savaient quelque chose, ne sont que des épreuves effacées de la plupart des hommes de 1848 : maître Gambetta copie Ledru-Rollin, qui imitait Danton. Cela me rappelle une affiche de Bobino, sur laquelle on lisait :

« Entre les deux pièces, M. Alfred imitera M. Ernest. »

La fameuse Louise Michel, qui s'intitule elle-même une « vieille pétroleuse », imite les tricoteuses de 1793 et Théroigne de Méricourt, et il lui arrive à elle comme aux autres de rester au-dessous de son modèle. Théroigne, coquine, féroce, était jeune et extrêmement belle; inférieure sous ce double rapport, Louise Michel fera naturellement un triste rôle; le jour où, nécessairement, elle sera fouettée dans la rue, comme Théroigne, ça sera affreux.

Dans une assemblée récente, la « vieille pétroleuse » a provoqué les femmes à se mettre en grève. « Les hommes, dit-elle à son auditoire, malgré leur forfanterie, arrivent toujours à faire ce que nous voulons, quand nous savons les prendre. » Cette assertion, peu contestable, sinon pour Louise Michel, mais du moins pour beaucoup d'autres, vient contredire singulièrement l'insistance de beaucoup d'écriveuses et d'orateuses à réclamer l'égalité avec le sexe fort, et pourrait donner l'idée plus juste, que s'il faut ramener l'égalité, c'est au secours des hommes qu'il faudrait venir ; à l'égard des femmes, l'homme est bien faible, surtout quand il est fort, et à proportion qu'il est fort ; on pourrait citer Samson et Dalila, Holopherne et Judith, et peut-être vous et moi.

Un certain nombre de femmes, et cela dans diverses classes de la société, quand d'un « certain âge » elles ont passé à un âge certain et impossible à nier, ont imaginé de se faire républicaines, parce qu'elles voient là une chance d'être encore une fois traitées en femmes ; elles ont entendu, dans les réunions, que la prochaine révolution laissera loin derrière elle et 1871 et 1793 ; que l'on pendra et fusillera les détenteurs de l'infâme capital qui fera alors retour au peuple et que le peuple chiffonnera et fripera les robes de soie. Elles ont encore une robe de soie ; c'est tout ce qui leur reste de la femme, et elles espèrent que ça suffira dans l'ivresse de la bataille et du triomphe.

Mais revenons à la grève des femmes. Louise Michel ne l'a pas plus inventée que ses amis politiques n'ont inventé leurs autres sottises, leurs folies, leurs sauvages atrocités. Elle a été maîtresse d'école et s'est, dans le temps, frottée d'un peu de littérature. C'est dans Aristophane qu'elle a pris l'idée de cette grève. Mais, quelle différence ! D'abord le but d'Aristophane comme le but de la belle Lysistrata, est un but honnête, moral et patriotique. Il s'agit de mettre enfin un terme à la guerre entre Sparte et Athènes, qui mine et épuise l'une et l'autre ;

De ramener les hommes à la maison en excitant

par une diète momentanée le désir et l'appétit des joies intimes de la famille.

Par les femmes, dit Lysistrata, la Grèce peut être sauvée et la paix décidée entre Sparte et Athènes.

Et comment, dit Calonice, pourrions-nous accomplir un acte si utile, si raisonnable, si glorieux? Nous vivons renfermées dans nos maisons, vêtues de longues robes flottantes, de légères étoffes de soie jaune, parées de fleurs et chaussées de brodequins riches et élégants.

Et c'est précisément, répondit Lysistrata, sur les tuniques couleur de safran, sur les brodequins, sur le fard et sur les robes transparentes que je compte pour notre salut.

Mais voici venir la gentille et naïve Myrrhine, la belle lacédémonienne Lampito et la foule des conjurées.

Lysistrata leur fait prêter serment de repousser inexorablement les caresses de leurs époux, Athéniens ou Spartiates, jusqu'à ce que la paix soit conclue.

« Je n'accueillerai ni époux, ni amant, avec quelque ardeur qu'ils me sollicitent; je vivrai dans ma maison, vêtue, parée d'une robe transparente couleur de pourpre ou de safran, fardée, parfumée, mais avec la plus opiniâtre chasteté, etc. »

Ah! si Louise Michel n'avait pas été timide! Elle n'a eu qu'un auditoire peu nombreux, froid, indifférent; tandis que, en osant, en récitant, en jouant résolument la Lysistrata, avec quelques autres vieilles et jeunes pétroleuses...

Que d'esprit, que de bon sens, que de verve, que

20.

de gaieté, que de comique triomphant dans le dialogue et dans les scènes ! mais aussi que de verdeur, que de crudités, que de cynique franchise !

Je vois et j'entends d'ici Louise Michel faisant répéter le serment à Hubertine Auclerc, lui détailler ce qu'il ne faut ni faire, ni permettre, sans rien omettre, sans rien « gazer ; »

Et la scène où Myrrhine, par les plus violentes, les plus incendiaires coquetteries, amène à la fureur et au désespoir son mari Cynésias.

Quel succès ! car la génération actuelle n'est pas bégueule et lit Zola et ses disciples ; quelle foule, quels applaudissements, comme on les aurait redemandées, accablées de *bis*, étouffées sous les fleurs !

Ah ! Louise, Louise, vous avez été faible ! c'est à recommencer, et ça aura cent représentations, et à la centième, comme il est d'usage aujourd'hui, vous donnerez à vos artistes un souper à l'Hôtel-de-Ville que M. Songeon ne vous refusera pas. Danton prêtait bien à Marat les presses de l'Imprimerie nationale. Un souper à l'Hôtel-de-Ville, et, au dessert, on y mettra le feu de nouveau.

Après Lysistrata, il y a du même Aristophane une autre pièce intitulée : l'*Assemblée des femmes*, où le rôle de Proxagora vous irait à ravir ; Proxagora, ornée d'une grande barbe, ayant mis les souliers *laconiens* et le manteau, et pris le bâton de son mari Blepyrus, réduit, lui, à sortir vêtu de la robe de sa femme.

Mais vous n'oserez jamais jouer cette pièce. Avec son bon sens, sa gaieté et sa verve inexorable, Aristophane s'y moque très librement de vos amis les socialistes, communistes, etc., ce qui prouve que ces théories sont « renouvelées des Grecs », comme le « jeu de l'oie ».

Mais ce qui est pis, c'est que cette pièce jetterait un jour fâcheux sur les causes qui, aux vieilles pétroleuses, font désirer et proclamer la grève des femmes.

Les femmes, sous la conduite de Proxagora, se sont emparées du pouvoir, et une des lois qu'elles ont édictées, c'est que tout homme jeune et beau, amoureux d'une jeune fille ou d'une belle femme, ne pourra obtenir l'objet de sa passion, qu'il n'ait préalablement porté son hommage aux pieds d'une vieille.

Une jeune fille, une vieille femme sont aux fenêtres de la même maison.

Un jeune homme arrive : — Oh ! si je pouvais trouver seule cette charmante jeune fille !

La vieille :

Bon gré, mal gré, tu commenceras par m'adorer, ça ne se passera pas en chansons. La loi m'autorise, et dans une démocratie, on doit obéir à la loi.

Non, vous n'oserez pas jouer Proxagora, et c'est dommage, mais du moins donnez une nouvelle représentation de Lysistrata, et cette fois telle que l'a écrite l'auteur, et non « corrigée et expurgée à l'usage du Dauphin. »

*
* *

L'histoire du règne de M. Grévy ne sera ni longue ni difficile à écrire.

J'ai lu dans je ne sais plus quelle histoire d'un peuple du Nord : Après Cedric XXXI, qui fut un despote, Cedric XXXII, qui fut un excellent roi, Cedric XXXIII, qui fut un conquérant, Cedric XXXIV, dont on ne dit que ceci : « Il avait un gros ventre. »

Le Dangeau auquel incombera le devoir de transmettre à la postérité les faits et gestes du troisième président de la pseudo-république dira :

1ᵉʳ août. M. le président médite d'aller à Mont-sous-Vaudrey.

2 août. Il fixe à la semaine prochaine son départ pour Mont-sous-Vaudrey.

3 août. On pense que le président rapprochera le jour de son départ pour Mont-sous-Vaudrey.

4 août. Rien n'est encore fixé pour le départ à Mont-sous-Vaudrey.

5 août. Le départ pour Mont-sous-Vaudrey est remis à l'autre semaine.

6 août. Rien de changé quant au projet de départ pour Mont-sous-Vaudrey.

7 août. Le président part demain pour Mont-sous-Vaudrey.

8 août. M. Grévy est parti hier pour Mont-sous-Vaudrey.

9 août. M. Grévy est à Mont-sous-Vaudrey.

10 août. On ne sait pas encore quand M. Grévy quittera Mont-sous-Vaudrey.

11 août. Il serait possible que M. Grévy quittât Mont-sous-Vaudray la semaine prochaine, etc.

Et toujours comme cela pendant sept ans.

Et ça pourra s'écrire, comme dit Tacite, sans haine et sans flatterie, *sine irâ et studio*.

***

On s'étonnera à l'étranger de voir qu'une ville comme Paris compte au nombre de ses conseillers municipaux quelque chose comme le citoyen Cattiaux.

A la distribution des prix de l'école professionnelle de la Villette, un autre conseiller de la même farine, le citoyen Royer, ayant proféré d'immondes saugrenuités antireligieuses, son collègue Cattiaux a voulu aller plus loin que lui, et a déclaré carrément aux enfants que

Dieu n'existe pas.

Je sais bien qu'en se regardant, en s'examinant, le citoyen Cattiaux, s'il juge de l'ouvrier par l'ouvrage, peut se dire : voilà de la jolie besogne, et une propre opération de m'avoir créé ; mais cependant le citoyen Cattiaux ne s'est pas fait lui-même — je ne parlerai pas des objets d'admiration, des splendeurs, des miracles, sur nos têtes, devant nous et sous nos pieds — je ne citerai que les plus humbles des œuvres de Dieu, une fourmi, un brin d'herbe, une goutte d'eau, etc.

Descendons : un idiot, un crétin.

Descendons : une huître, une méduse.

Descendons au dernier degré de l'échelle de la nature. Un citoyen Cattiaux, c'est laid, c'est bête, eh bien ! pour faire le citoyen Cattiaux il a fallu un Dieu comme pour faire les punaises.

Comme ces deux gaillards, Royer et Cattiaux, rendent facile et... obligatoire de ne pas envoyer nos enfants aux écoles laïques, et de mettre à la porte, avec les agréments usités en pareil cas, les agents qui essayeront de venir les inspecter chez nous !

P. S. — Dans un pays et à une époque où il y avait de vrais chefs d'État, choisissant de vrais ministres parmi les plus vertueux, les plus sages, les plus savants, les plus humains, les plus fermes, — le grand philosophe Khoung-Fou-Tseu (Confucius) dit un jour à un empereur de la Chine qui, cédant à des sollicitations intéressées, songeait à faire grâce à un criminel sans excuse et sans repentir :

« La clémence n'est que la seconde vertu du souverain ; c'est la justice qui est la première. »

Je ne vois autour de M. Grévy personne capable de penser, de comprendre et de lui dire cela, — et d'ailleurs le comprendrait-il lui-même ? — J'essaye de le lui dire de loin.

UN PETIT PAPIER

AU ROI

En 1839, beaucoup de mes lecteurs n'étaient pas nés. Il était question déjà du suffrage universel, et les imitateurs de Danton, de Robespierre, de Marat, qu'il était à la mode de réhabiliter, imitateurs qu'imitent les singes, les sous-singes, qu'on appelle aujourd'hui « hommes politiques, » ne tarissaient pas sur les bienfaits, sur la félicité qu'apporterait à la France cette énorme sottise. Je m'expliquai si clairement à ce sujet, qu'on en prit note, et qu'en 1848, je fus cité devant un club de Rouen pour avoir à répondre à l'accusation dont j'étais l'objet sur ce point. Nous sommes en 1882, et je vois avec plaisir qu'un certain nombre de gens commencent à soupçonner que ça pourrait bien être le plus bête et le plus dangereux des mensonges.

Je n'ai pas eu ce seul plaisir cette semaine. Quelques jours après qu'à cette même place, au bas du

Moniteur, j'avais rappelé que la France n'appartient pas à Paris ; que c'est au contraire Paris qui appartient à la France ; que la France ferait sagement d'exiger des garanties de Paris et de ne plus, au moindre retard de la poste, se demander si quelques centaines de voyous, de ramasseurs de bouts de cigares, de souteneurs de filles, de repris de justice n'avaient pas installé à l'Hôtel-de-Ville une douzaine de mauvais avocats, d'ignorants médecins, de bélitres et de fripouilles qui se seraient déclarés gouvernement et auxquels il faudrait obéir, comme on a fait déjà tant de fois, un député a apporté cette question à la Chambre. Nous verrons bien si cette proposition sensée, nécessaire, irréfutable, trouve un certain nombre de représentants pour l'accepter.

En attendant, les impérialistes et les monarchistes ont fait, chacun de leur côté, une manifestation, tous ceux auxquels il reste quelque bon sens comprenant que la République tombe en dissolution, que ce n'est pas d'elle mais de ce qui lui succédera qu'il est prudent de s'occuper.

Les monarchistes, dans un banquet présidé par les députés de la Bretagne et de la Vendée, ont émis de très belles, très nobles, très énergiques idées, de très chevaleresques sentiments ; seulement j'aurais voulu sincèrement arrêter au vol et supprimer trois ou quatre phrases — pas une de plus — ayant un goût de terroir trop prononcé.

Les impérialistes ont résolument et bravement soutenu le paradoxe, on pourrait dire la gageure, de prôner, de proclamer un gouvernement qui serait nommé par le plébiscite, par le suffrage universel, auquel on désignerait, on imposerait d'avance le candidat que les électeurs devraient nommer. Ce qui ajoute beaucoup aujourd'hui à la singularité de la chose, c'est qu'ils ne savent pas bien eux-mêmes quel est l'empereur pour lequel ils demandent les suffrages, ou que du moins ils ne sont pas d'accord sur la personne à laquelle ils se dévouent avec une louable bravoure qui rappelle celle d'Amadis, de don Galaor et de Roland.

La situation de ce parti me rappelle un académicien très disert dont le roi Louis-Philippe disait :

« Villemain commence par faire sa phrase, ensuite il cherche quelle idée on pourrait mettre dedans. »

C'est au moment où se faisaient ces deux manifestations en vue de l'état moribond de la République, que M. Gambetta méditerait d'en faire une à son tour.

Si j'en crois un papier assez griffonné, corrigé, raturé, surchargé, qu'un correspondant inconnu prétend avoir trouvé dans son jardin, voisin des *jardins*, un jour de grand vent, ce n'est que *sous toutes réserves*, comme on dit dans les journaux, que je vais transcrire ce papier. Le voici avec quelques notes en marge, que l'orateur n'a sans doute écrites que pour lui-même :

Et moi aussi, je vais parler à mon Roi, moi aussi je vais affirmer mon dévouement, et mon Roi, c'est le peuple. (En marge : D'une voix émue.)

Si je ne t'aime pas, peuple, cher petit peuple, ô mon Roi, qu'on me râpe sur cette table même avec du fromage pour me mettre en hachis et en saucisses (En marge : Aristophane, les *Chevaliers*) ; mouche-toi avec tes doigts, cher petit peuple, et essuie-les à ma chevelure. (En marge : *Idem*).

Il est temps que je te dise la vérité : on t'a trompé et on te trompe encore ; ceux-là mêmes que j'avais désignés et recommandés à ta confiance et à tes faveurs comme de vrais républicains, désintéressés, dévoués, habiles, amis du peuple ; ceux-là m'avaient trompé moi-même : ce sont des traîtres, des incapables, des gloutons. (En marge : Tendre le bras droit et menaçant vers Ferry, Freycinet, etc.)

On te trompe, ô mon Roi ! Tu te crois en république depuis douze ans, on t'a fait payer chèrement ce bonheur. Eh bien, tu n'y es pas du tout en république, tu n'y as jamais moins été. On t'appelle roi et on te traite en esclave, on te soumet aux corvées les plus fatigantes, les plus répugnantes. Sais-tu ce que c'est qu'un peuple heureux ? L'histoire n'en présente pas des exemples nombreux, car, pauvre peuple, tu as toujours été opprimé. Un peuple heureux, on l'a vu en Chine sous le millième empereur He-Son : « Il respectait et aimait le peuple, disent les historiens ; sous lui, les hommes vivaient en paix sans trop savoir ni où ils allaient, ni ce qu'ils avaient à faire ; quand ils avaient soif, ils buvaient ; quand ils avaient faim, ils mangeaient. Ils se promenaient gaiement en se frappant doucement le ventre, comme si c'eût été un tambour, et ayant toujours la bouche pleine, ils goûtaient une joie pure. »

Voilà ce que j'appelle un peuple libre, un peuple heureux. Voilà ce que je veux que tu deviennes, ô mon Roi ! mais comme nous en sommes loin !

Les farceurs que je ne me consolerai jamais de t'avoir présenté t'appellent le maître, t'appellent le roi, et jamais tu n'as été aussi esclave, aussi malheureux, et sais-tu ce qui cause tes souffrances ta misère et ton abaissement? c'est le scrutin d'arrondissement (En marge : d'un ton attendri).

Rien n'est si beau que le suffrage universel, mais il faut savoir s'en servir. Le vote par le scrutin d'arrondissement qu'on t'a donné, c'est un petit couteau qui ne te sert qu'à te couper les doigts. Vois ce qu'il t'a produit depuis 1848 ; l'empire, la guerre, l'invasion, une Chambre réactionnaire, Napoléon III, les Présidents Thiers, Mac-Mahon..., Grévy (En marge, ce dernier nom prononcé d'un ton discret, et comme si on le disait à l'oreille, quoique clairement articulé).

La Chambre d'aujourd'hui, qui me hait parce que je t'aime, ô mon Roi, et, dans l'avenir, si tu maintenais le scrutin d'arrondissement, les présidences de Ferry, de Freycinet et autres... je ne veux pas dire l'épithète — le mot qui est gros — après quoi retourne à une tyrannie cléricale.

On t'a donné le suffrage universel, et ça a été une arme contre toi ; jamais tu n'as été si malheureux, si tourmenté, si abaissé, si désuni, si haineux, et cela parce qu'on te l'a donné au scrutin d'arrondissement, on te l'a donné comme un bienfait, comme un pouvoir, comme une liberté, comme un bonheur, et ça s'est composé de corvées, de déceptions, de blagues et de misères, parce que le scrutin d'arrondissement est hérissé de chausse-trappes, de pièges à loups et de traquenards.

D'abord, quelle fatigue, quelle corvée, quel écœurement que d'aller vous-mêmes aux élections, d'écouter des discours, de lire des professions de foi, des journaux, des affiches, d'assister aux réunions où on se querelle, où on s'injurie, où ça sent mauvais, où on reçoit des coups de poing !

Sans compter les anxiétés de l'incertitude : celui-là a l'air d'avoir raison ; mais celui-ci, qui le traite de goujat, de réac, de clérical, a l'air d'avoir raison aussi, tandis qu'un troisième l'appelle à son tour traître et mouchard et semble aussi avoir raison.

Quel malheur, te dis-tu, ô peuple, ô mon Roi, si je me trompe dans mon choix, si je me laisse prendre aux boniments des charlatans, c'est ma perte, c'est celle de la liberté, c'est celle de la patrie.

Et que de temps perdu, loin des saintes joies de la famille et d'une paisible partie de boule, dans les clubs, dans les assemblées, dans les réunions publiques et privées, sans compter les quêtes dont le produit a si souvent des destinées obscures, et quel vin sophistiqué, empoisonné, on boit dans les cabarets, jusqu'au jour où le scrutin de liste, dont nous parlerons tout à l'heure, aura fait disparaître le philloxéra, car alors, le vin étant redevenu le vin de France, plus on en boira, plus on sera bien portant, et intelligent de plus ! Il descendra à un prix fabuleux. On boira à deux sols l'heure, et ce n'est qu'un des moindres bienfaits du scrutin de liste.

Le nommé Henri IV, le plus tolérable peut-être

des tyrans qui ont opprimé la France, promettait la poule au pot : des mots et rien de plus, *verba et voces*. — Il a mieux aimé être assassiné que de la donner. Ce n'est pas une vulgaire poule au pot que vous donnera le scrutin de liste, ce seront des poulardes truffées.

Avec le scrutin d'arrondissement, je vous ai dit tout à l'heure une partie des corvées que vous font faire les faux républicains qui s'opposent depuis douze ans au bonheur que je veux vous donner. Est-ce, ô mon cher petit peuple, te traiter en roi ? Est-ce que les rois font quelque chose eux-mêmes ? Est-ce qu'ils n'ont pas des officiers pour découper leur viande ? Est-ce que, à l'enterrement d'un citoyen dont ils veulent honorer la mémoire, ils ne se font pas représenter par une voiture vide ? Est-ce que, quand ils se marient, ils n'envoient pas un prince de leur famille ou quelque autre grand personnage, épouser chez ses parents, en leur nom, la jeune princesse étrangère appelée à devenir reine ?

Et toi, ô mon Roi, on te fait fastidieusement examiner, peser tes députés, on te fait aller au chef-lieu, voter avec mille hésitations et mille angoisses, au risque d'exciter des haines et des vengeances, on te fatigue, on te harcèle, on te surmène, on t'ennuie.

Et tu commences à comprendre cet abus, tu ne vas plus qu'avec dégoût aux élections, et tu n'y vas plus guère, il est bien rare qu'une élection soit faite par la moitié des électeurs, souvent il ne s'en trouve pas le quart ; dernièrement, pour élire deux conseillers municipaux, il s'est trouvé seulement deux électeurs qui se sont nommés réciproquement à l'unanimité ; quelques jours après, à une autre élection, il n'est venu personne.

C'est le commencement d'une grève qui va s'étendre et se généraliser.

Les faux républicains qui gouvernent en ton nom, ô mon Roi ! te font faire leur ménage et leur cuisine, et vider leurs pots de chambre ; ils te font, de nouveau, battre l'eau de leurs fossés pour faire taire les réactionnaires et les vrais républicains, ils te font troubler l'eau pour faire eux-mêmes une pêche plus abondante.

Je le répète, grâce au scrutin d'arrondissement, vous êtes dans la plus triste, la plus misérable, la plus humiliante des situations. On vous a donné, dit-on, le suffrage universel, et on n'a pas seulement pensé à vous enseigner la façon de le pratiquer. Que dis-je ? on a bien pensé à ne pas vous l'enseigner.

Quand un parrain a fait présent d'une montre à un enfant trop jeune, il se charge de la lui remonter tous les jours ; de même que les poupées nageuses, les souris mécaniques, les grenouilles, etc., jouets assez chers que l'enfant aurait bientôt brisés sans avoir le temps de s'en amuser.

Pour choisir nos représentants, tu n'as, ô mon cher petit peuple ! ni les études nécessaires, ni la connaissance des hommes et de leur canaillerie, tu n'as pas toi-même le petit grain de canaillerie indispensable.

Avec le scrutin de liste, — plus de soucis, plus de fatigue — c'est moi qui, désireux de t'éviter la moindre peine, te choisirai tes députés et t'enverrai leurs noms par la poste, avec une liasse suffisante de bulletins de vote tous remplis à leur nom.

Pas d'informations à prendre, tu ne les connaîtras pas, — ni eux, ni leurs femmes, ni leurs enfants, ni leur éloquence, ni leurs vices, ni leurs exigences, ni leurs prétentions ; je te servirai un bonheur tout fait, cuit à point, tu n'auras ni à éplucher les légumes, ni à écumer le pot, ni à souffler le feu.

Je prendrai à mon compte toutes les corvées.

Seulement, comme tu es le souverain, le maître, le roi, je ne toucherai pas à tes privilèges, à tes droits.

A toi la magnificence, à toi le droit de répandre l'or, fruit de ton travail, et de payer les impôts.

Je te laisserai la gloire militaire, toi seul seras vainqueur, seras héros, cueilleras des palmes, moissonneras des lauriers ; à toi seul les arcs de triomphe, les colonnes, les portes Saint-Denis, etc.

Car toi seul, par un privilège de ton rang, toi seul te battras, toi seul exciteras l'admiration par ta bravoure et ton audace, toi seul répandras glorieusement ton sang presque divin sur les champs de bataille.

Je t'ai déjà, ô mon Roi ! donné des preuves irréfragables de cette résolution de m'effacer devant ta grandeur. En 1870, j'aurais pu affronter les balles prussiennes, j'aurais pu me couvrir de gloire et exciter, accaparer l'admiration des contemporains et de l'histoire, j'aurais pu être un héros. Eh bien, je ne l'ai pas voulu, j'ai résisté aux élans de mon cœur, j'ai remporté une seule victoire, et c'est sur ma bravoure retenue captive, parce que, ô cher petit peuple ! tu es le Roi, tu dois être au premier rang, et personne ne doit se permettre de se placer devant toi. Je me suis sacrifié et me sacrifierai toujours.

Maintenant, cher petit peuple (en marge : (δημωχιδίον), toute la félicité que t'ont promise les orateurs les plus effrontés, elle est à toi, si tu le veux ; il s'agit d'obtenir le scrutin de liste, il faut exercer sur le pays une pression salutaire, il faut que la France entière fasse entendre un seul et même cri ; ce cri doit avoir trois syllabes, dût-on avoir recours à des élisions hardies, et pouvoir se chanter sur l'air des lampions : c'est ainsi que tu as amené des révolutions en criant successivement et en sens contraires :

Vive la Chart'!
La Réforme!
Poléon!
Nous l'aurons!

Il faut, dans les palais, dans les chaumières, dans les rues, dans les ateliers, dans les théâtres, au cabaret — partout.

Il faut crier :

Scrutin d'list!

Et c'est alors que la France, grâce au scrutin de liste, sortira du bourbier où elle patauge par la malédiction du scrutin d'arrondissement ; car tout est là — et que tu pourras, ô mon Roi « te frotter le ventre comme si c'était un tambour. »

Ici restent trois lignes à moitié disparues par la déchirure irrégulière du papier :

Croyez en celui qui...

trompés qui vous a donné...

de désintéressement...

Il est vrai que ça n'est pas signé.

ON DEMANDE UN TYRAN

CHAPITRE INÉDIT D'UN LIVRE PUBLIÉ EN 1876

Il convoque ses ministres et leur dit :

— Ça va mal, ou plutôt ça ne va pas, vous ne vous occupez que de défendre et de conserver vos places et vos traitements et de vous supplanter réciproquement. Pendant ce temps-là, la capitale est devenue une forêt ; on y vole, on y assassine dès huit heures du soir et même en plein jour ; les filles publiques et leurs amants, les assassins, les filous de la base et haute pègre, y sont les maîtres ; la police se contente de la défensive, parce que, grâce aux anciens amis et complices que ces gens-là ont dans ce qu'on appelle gaiement les « hautes régions du pouvoir » elle craint d'être désavouée. La capitale est devenue un dépotoir.

Un homme d'écritoire, ajoute le tyran, disait dernièrement : « La capitale est le salon, il faut le nettoyer et ensuite le tenir propre. »

Ces paroles m'ont frappé, et je suis allé trouver cet homme d'écritoire :

— J'ai envie, lui dis-je, de faire étrangler tous mes ministres, et de vous nommer à leur place ; vous mettrez en pratique ce que vous conseillez vous nettoierez la capitale et vous la tiendrez propre, vous serez le maître absolu des moyens et de l'exécution.

Si vous réussissez, je vous donnerai le droit partout, sur terre et sur mer, à la campagne et à la ville, le jour et la nuit, de faire porter devant vous trois queues de cheval teintes en rouge. Si vous ne réussissez pas, vous serez empalé.

L'homme d'écritoire, homme simple, assez rural, nullement ambitieux et vivant de peu, refusa mon offre magnifique. Il s'inclina profondément et me dit :

— Majesté, je me suis fait deux promesses que j'ai toujours tenues : ne pas mettre les pieds dans une ville, n'être jamais rien de rien. De plus, je suis vieux. En ce moment même, mes nénuphars rosés et mes nénuphars bleus sont en fleurs. Peut-être est-ce la dernière fois que je les verrai s'épanouir. Je ne veux pas cesser un instant de les regarder, ni perdre la moindre parcelle de leur parfum.

Depuis que j'ai écrit les lignes que Votre Hautesse a bien voulu remarquer, j'ai pensé à la situation qui me les avait inspirées, et, comme je ne rentre dans la maison que le soir pour me coucher, j'ai écrit mes réflexions au crayon sur des bouts de papier quelconque, que je me ferai un devoir et un honneur de vous donner.

En disant ces mots, il tira de sa poche une poignée de cornets ayant contenu des graines et sur lesquels on voyait des lignes tracées au crayon.

Par exemple, en voici un : *Reseda* — De la liberté. Ça n'est pas ça. *Thumbergia alata* — Sur la peine de mort. Ça n'est pas ça. *Pois de senteur*— Du nettoiement de la capitale. C'est notre affaire : or donc, MM. mes ministres, écoutez bien ceci : c'est aujourd'hui mardi, eh bien, à partir de mardi prochain et à l'avenir, on ne volera plus, on n'assassinera plus dans la capitale, on ne verra plus de filles publiques dans les rues, on ne trouvera plus ni un de leurs souteneurs, ni un repris de justice, ni un voleur, ni un incendiaire, ni un assassin, ni un banquier de bonneteau, ni un orateur de guerre civile et d'anarchie.

Sinon, mercredi matin, c'est-à-dire de demain en huit jours, vous serez étranglés de très bonne heure.

Je vous laisse ensemble, vous n'avez pas beaucoup de temps à perdre.

Les ministres restèrent atterrés, puis ils se disputèrent, puis ils se rejetèrent l'état de la capitale les uns sur les autres. Vous avez fait ceci, vous n'avez pas fait cela, vous aimez les souteneurs, vous avez peur des orateurs. La première journée se passa ainsi, la seconde de même, et la troisième de même: à la quatrième, le tyran les appela : Vous n'avez rien trouvé et vous ne trouverez rien ; c'est comme si vous aviez déjà le lacet autour du col. Ne cherchez plus, je vais faire la chose moi-même, vous ne serez étranglés qu'au bout des huit jours que je me

donne à moi-même, comme je vous les avais donnés ;
je ne vous accorde ce sursis que pour que vous
mouriez convaincus que vous êtes des imbéciles et
que j'en ai été un de vous prendre et de vous garder
quelque temps. Vous allez, en attendant, m'aider à
effectuer les avis de l'homme d'écritoire.

Voici le cornet à la graine de pois de senteur qui
contient des instructions pour la sécurité et la pro-
preté de la ville. Vous, ministre de l'intérieur, combien avons-nous de rues dans la ville ? Le ministre
de l'intérieur, qui n'en savait rien, fit appeler un
sous-secrétaire qui n'en savait pas davantage. On
finit en descendant toujours, par apprendre d'un vieil
employé subalterne qu'il y avait dans la ville trois
mille deux cents rues. Même difficulté quand le tyran
demanda au ministre de la guerre combien il avait
de soldats dans la capitale. On finit par savoir qu'il
y en avait à peu près vingt-cinq mille. Ayez-en
trente mille, et que pendant un mois, chaque nuit,
deux ou quatre ou six soldats se relayant, auxquels on
donnera une haute paye de quelques sous, se pro-
mènent dans chaque rue, le nombre des soldats dé-
terminé par la longueur des rues et pouvant se
réunir à un signal ; que ceux des citoyens qui aiment
à sortir et à rentrer tard se soumettent pendant un
mois à porter sur eux une carte, un papier, qui
puissent les faire reconnaître pour le cas où leur
mauvaise mine les rendrait suspects aux soldats.

Les citoyens voleurs, escarpes, assassins, etc.,
seront ainsi fort gênés dans l'exercice de leur industrie et seront morts de faim avant la fin du mois.
Les plus affamés, les plus désespérés se feront

prendre. Il ne faut plus commettre cette plaisanterie de les faire entrer par une porte de la prison et sortir par une autre. On priera M. de Lesseps de percer n'importe quoi un peu plus loin et de réserver les travaux à cette classe d'électeurs. — Pris en flagrant délit de vol ou de meurtre dans la rue ou dans les maisons, cueillis dans les bouges, sous les ponts et dans les carrières, on les transportera là où M. de Lesseps percera, et on leur dira : Citoyens, ceux de vous qui ont ou qui ont eu un état et ne l'ont pas tout à fait oublié, trouveront ici à l'exercer ; les « travailleurs » qui n'ont pas d'état remueront la terre ou pousseront la brouette, ou laveront le linge des autres. Quand on aura travaillé, on mangera ; quand on n'aura pas travaillé on ne mangera pas. Ceux qui deviendront ou redeviendront de bons et probes ouvriers seront, au bout de quelque temps, privilégiés de façon à pouvoir toujours gagner honnêtement leur vie, mais seulement ceux-là. Quant aux incorrigibles, M. de Lesseps se fera toujours un plaisir de creuser ou de percer autre chose, et puis il y a les frontières de l'Afrique où vous deviendrez, à votre choix, colons ou Kroumirs, et où vous serez traités comme colons ou comme Kroumirs.

Quant aux orateurs et orateuses qui, dans les réunions publiques ou privées, provoqueront les ouvriers à l'insurrection, au meurtre et au pillage, qui conseilleront au peuple de « se faire *restituer* l'argent, les porte-monnaie et les montres des bourgeois », des bourgeois la plupart ouvriers comme eux, qui, au lieu de passer leur vie au club et au cabaret, ont travaillé et économisé ; quant à ceux-là, on leur appliquera sévèrement les lois qui existent dans tous les pays policés contre ce genre de prêche. Il faudrait demander aux Chambres une petite loi accessoire en leur faveur. Cette loi consisterait à donner chaque matin à ceux qui ne sont que fous, pendant la détention que les tribunaux auraient prononcée, une petite douche salutaire. En cas de récidive, ils iraient aussi creuser ou percer pour M. de Lesseps, ou se faire colons ou Kroumirs.

Passons aux filles publiques, à la prostitution. Sur quel cornet l'homme d'écritoire a-t-il crayonné ces idées ? Voici le cornet aux *Volubilis*... De la justice. Ça n'est pas ça. *Giroflée ?*... Nous y sommes, De la prostitution. — Je ne suis pas, dit-il, de ceux qui veulent boucher les égouts tant qu'il y a des ruisseaux fangeux qui alors inonderaient les rues et les maisons. Il faut au contraire canaliser ces ruisseaux fangeux, les faire passer sous les trottoirs et les conduire aux égouts qui sont naturellement sous terre. Je ne m'étendrai pas aujourd'hui sur ce qu'on peut faire pour empêcher la prostitution de se propager, et il y a certes quelque chose à faire, je veux seulement dire pour le moment que les pères et les mères de famille, les honnêtes femmes et les honnêtes filles, les jeunes gens naïfs et béjaunes ne doivent pas rencontrer de prostituées dans les rues de la capitale, pour des causes diverses.

Il faudrait prescrire aux citoyens électeurs et aux citoyens maîtres et maîtresses des maisons spéciales autorisées de les élever sur des points désignés. Ces maisons, comme les maisons turques, n'auraient pas de fenêtres au dehors, elles consisteraient en un parallélogramme au centre duquel un assez grand jardin permettant aux habitantes l'air et l'exercice nécessaires à la santé. Elles ne sortiraient pas ; ceux qui les veulent sauraient où les trouver, ceux qui ne les veulent pas ne seraient pas attaqués, provoqués, harcelés dans la rue. Il faudrait aviser aussi à faire rentrer dans le droit commun, comme autrefois, toutes les prostituées. Toute fille ou femme convaincue de vivre de cette triste profession, sans que le luxe, fruit de la honte, quelque scandaleux et effronté qu'il fût, devînt une cause d'exception et d'immunité, serait inexorablement « mise en carte » et obligée de prendre retraite dans une de ces maisons, qui pourraient se distinguer les unes des autres par le choix et le prix, mais seraient également fermées ; une police attentive veillerait sévèrement à ce que ces pauvres filles et femmes fussent traitées humainement par les citoyens électeurs et les citoyennes maîtres et maîtresses de ces établissements...

Il y a encore, dit le tyran, un autre petit papier sur lequel j'ai vu des idées sur un point intéressant et urgent, *Petunia*... Des cercles, tavernes et cabarets ; ça n'est pas ça, mais nous en parlerons quelque autre jour. Mettons le cornet de côté, *Coquelicots*, du duel ; également ajourné. *Reine-Marguerite*, des usines et ateliers dans la capitale... à revoir. *Giroflée de Mahon* ; de la rage et des chiens enragés ; c'est ce que je cherchais, c'est intéressant, c'est urgent, et ça peut s'exécuter en trois jours ; lisons :

« Si on vous disait qu'une ménagerie a laissé échapper un tigre qui se promène dans les rues de la capitale, la terreur serait à peu près générale, beaucoup n'oseraient sortir de leur maison et s'y barricaderaient. Certes, il est très fâcheux d'être déchiré et dévoré par un tigre, mais c'est une mort moins horrible que de mourir enragé. Eh bien, ce n'est pas beaucoup, ce n'est probablement pas assez de dire qu'il y a dans la capitale vingt mille chiens dont chacun peut être mordu demain par un chien vagabond enragé, devenir enragé et vous mordre vous-même à son tour : ce danger épouvantable peut être conjuré, en très grande partie, dans l'espace de trois jours : invitez par des affiches, par des proclamations de tambour, par les journaux, tous les possesseurs de chiens à tenir ces animaux enfermés pendant trois jours à dater d'un jour que vous précisez ; ensuite, pendant ces trois jours, faites détruire inexorablement tous les chiens trouvés sur la voie publique ; tenez ensuite la main sévèrement à l'observation des ordonnances qui prescrivent de mettre à chaque chien un collier portant le nom et l'adresse de son maître... »

Et, cela exécuté, dit le tyran, en attendant que j'aie consulté une poignée d'autres petits papiers qui me restent, notre capitale sera une capitale, tandis que ce n'est aujourd'hui qu'une forêt plus que suspecte et un lupanar mal tenu.

Je vous fais grâce — vous ne serez pas étranglés, à condition que vous reconnaîtrez hautement que vous êtes des incapables, des imbéciles, des voraces, des vaniteux, des propres à rien, des rien du tout, que vous ne vous immiscerez plus jamais sous aucun prétexte dans la politique, et que vous vous livrerez à quelque métier plus ou moins utile dont je laisse le choix à chacun selon ses aptitudes et ses goûts : avocats, ferblantiers, médecins, garçons de café, lampistes, marchands de peaux de lapins, cabaretiers, marchands de pastilles du sérail, repasseurs de couteaux, tondeurs de caniches, marchands de poudre à détacher et à gratter, faiseurs de tours de gobelets, perruquiers en postiche, raccommodeurs de faïence, joueurs d'orgue, négociants nomades en vieux habits, vieux chapeaux, vieux galons ; mireurs d'œufs à la halle, balayeurs, récureurs d'égout, vidangeurs, montreurs de monuments aux étrangers, ouvreurs de portières, colleurs d'affiches, agents électoraux, reporters de *La Casquette de loutre indépendante*, athées en chambre, vivisecteurs, etc., etc., homme-poisson, femme à barbe, etc., etc.

Les ministres s'inclinèrent jusque dans la poussière et s'occupèrent de rentrer dans le tas et de disparaître dans la foule dont ils étaient un moment sortis au grand détriment de leur patrie.

P. S. — Les nombreuses nuances de la prétendue République sont pour l'instant, à peu près toutes d'accord pour prêcher la « conciliation » et la réunion des tronçons coupés du serpent — c'est un spectacle des plus grotesque.

Les repus disent aux affamés : vous sauverez la République en nous aidant à conserver ce que nous avons pris.

Les affamés disent aux repus : vous sauverez la République en nous donnant d'abord la moitié de ce que vous avez pris, ce qui ne nous empêchera pas de tâcher de vous enlever l'autre moitié.

Rien ne les représente mieux que les nombreux ouvriers piémontais attirés dans notre région méditerranéenne par l'abondance du travail.

Le dimanche, ils se rassemblent dans les cabarets, se placent vis-à-vis les uns des autres à une table sur laquelle sont des verres et des bouteilles : puis ils s'invitent à jouer « *amicalement* » leur « *consommation* » à la *morra* — mais chacun, en s'asseyant, a soin de planter son couteau ouvert sous la table à la portée de sa main, pour le cas de tricherie ou de simple discussion qui ne manquent presque jamais d'arriver et de se terminer par de sanglantes batailles.

FIN

TABLE

	Pages.
DANS LA LUNE.	1
SYMPOSIAQUES.	6
TARTE A LA CRÈME OU LA THÉORIE DES RÉVOLUTIONS.	16
LE 21 JANVIER. — RENGAINE.	29
LES CLOCHERS.	39
LA RÉPUBLIQUE S'AMUSE.	52
LES GRANDS EXEMPLES.	66
DE QUELQUES HOMMES FORTS.	78
REMINISCERE.	92
LES TITANS DE LILLIPUT.	104
AU NOM DE LA LIBERTÉ.	114
NAÏVETÉS.	124
PARENTHÈSE.	135
RECHUTE EN SAUVAGERIE.	143
L'ÉCOLE.	155
LA ROSE BLEUE.	168
LA TERRE.	182
LA TYRANNIE ET LA RÉPUBLIQUE.	204
ÇA MARCHE.	215
SOUS LA COMMUNE.	226
?	237

	Pages.
ARRÊTONS LES FRAIS	249
DÉMOLITIONS ET DÉCOMBRES	259
LES SOTTISES DE LA SEMAINE	271
NOS VOISINS	286
SIMPLIFIONS	296
PARIS	309
LE CHAR DE L'ÉTAT	318
DÉSORGANISATION. — DÉCOMPOSITION. — POURRITURE.	333
STÉRILITÉ INEXORABLE	348
UN PETIT PAPIER	359
ON DEMANDE UN TYRAN	369

Imprimerie D. Bardin et Cie, à Saint-Germain. — 2631-83.

www.ingramcontent.com/pod-product-compliance
Lightning Source LLC
Chambersburg PA
CBHW050439170426
43201CB00008B/735